陕西社科著作出版资助项目（编号：2024SKZZ017）
延安大学研究生教材建设项目（编号：YJC202403）

历史想象概论

贾鹏涛·著

陕西师范大学出版总社　西安

图书代号　SK25N0883

图书在版编目（CIP）数据

历史想象概论 / 贾鹏涛著. -- 西安：陕西师范大学出版总社有限公司，2025.4. -- ISBN 978-7-5695-5113-6

Ⅰ．G633.512

中国国家版本馆CIP数据核字第2025T8R029号

历 史 想 象 概 论
LISHI XIANGXIANG GAILUN

贾鹏涛　著

出 版 人	刘东风
责任编辑	雷亚妮
责任校对	王文翠
封面设计	重庆允在·张晗
出版发行	陕西师范大学出版总社
	（西安市长安南路199号　邮编 710062）
网　　址	http://www.snupg.com
印　　刷	陕西龙山海天艺术印务有限公司
开　　本	720 mm×1020 mm　1/16
印　　张	14.5
插　　页	2
字　　数	191千
版　　次	2025年4月第1版
印　　次	2025年4月第1次印刷
书　　号	ISBN 978-7-5695-5113-6
定　　价	69.00元

读者购书、书店添货或发现印装质量问题，请与本公司营销部联系、调换。
电话：（029）85307864　85303629　　传真：（029）85303879

序　言

甲辰年末，贾鹏涛君寄来《历史想象概论》的书稿，嘱我为他的新著写一篇序文。我对"历史想象"并无研究，但一直抱有浓厚的兴趣。说起那份兴趣，还是源自读金岳霖先生的《知识论》所引发的。

20世纪八九十年代，史学理论界掀起了一股"历史认识论"的研究热潮，与之同时，是西方史学理论著作翻译出版的小高潮。当时国内理论界关注的，都是诸如"历史研究的主体""历史研究的客体""历史认识的客观性"等问题，有关的讨论也集中在这些话题上。读金先生的《知识论》才知道，有关史学理论的研究，尚有一个"历史知识论"的领域有待开发。遗憾的是，"历史认识论"的研究热潮渐趋消退之后，期待中该接踵而来的"历史知识论"的研讨却未能出现。金岳霖先生的《知识论》，文字平实而饱含深意，行文中常有随手拈来的日常生活的案例，帮我化解了理论解读上的艰涩，读来亲切有味又情趣盎然。所以，当时随读随记，在笔记本上做了不少摘录。乙巳之初，拟写序文，又重读了笔记本上的金氏金句，其中有一段是这样写的：

> 想象两字也许有两个用法，一是把所想的限制于已经经验的境界，一是限制到未曾经验过的情形。我们也许说这样的话，"想象当时的景况十分难堪"。说这样话的时候，说此话的人也许是谈自己的经验，他自己也许是记忆此经验，但是他也许要听

· 1 ·

话的人想象这经验中的景况。①

这一段话，按照本文讨论的需要，不妨分作两段来解读。

前一段话从首句开始，到第一个句号为止。金先生在这里说的"两个用法"，实在就是想象的两种类型。如果我们画出一条时间轴线，分出左右两截，那么左侧可以表示对"已经经验"的想象，右侧可以表示对"未曾经验"的想象。关于后者，书中用日常生活中的案例来加以解释。金先生说："厨子买菜非有想象不可，在市上呈现的是生菜，他究竟买些什么生菜要靠他所想象的桌子上的熟菜来决定。到布店里去买衣料，究竟买些甚么也要靠想象中的衣服来决定。"② 这里说的熟菜、衣服，都还未烹饪、未缝制，都是未曾发生的事情，但这不妨碍我们在思维中想象它们的实有。所以金先生认为：这样的想象，在日常生活中"非常之重要"，"是我们应付环境的非常之重要的工具"③。历史学的对象，是以往发生的史事。想象的事情既未发生，当然不能称之为"史事"或"史实"，如此说来，它似乎不应出现在历史著述里。其实不然。史学家吕思勉写过一篇《度地居民》的读史札记，他说："大抵古时度地居民，自有定法，过少则其力不足以相澹，过多则人不相狎而其情不亲，是非不足凭，人言不足恤矣。"可惜，这种良好的规制，后来慢慢废弛了。但今日议论社会改革，尤其是都邑的建设和改革，古时"度地居民"的做法仍"大有参考的价值"。④ 又如，他论明代的史事，说："明初用茶易西番之马，含有振兴中国马政，及制驭西番两种用意。因为内地无广大的牧场，亦且天时地利等，养马都不如西番的适宜，而西番马少，则不能为患。其用意，亦是很深远的。当时成绩极佳。后因官吏不良，多与西番私行交易，把好马自

---

① 金岳霖：《知识论》（上册），北京：商务印书馆，1983年，第204页。
② 金岳霖：《知识论》（上册），第207页。
③ 金岳霖：《知识论》（上册），第207页。
④ 吕思勉：《度地居民》，见《吕思勉全集》（第10册），上海：上海古籍出版社，2015年，第939页。

私,驽马入官,而其法才坏。现在各民族都是一家,虽不必再存什么制驭之意,然借此以振兴边方的畜牧,亦未尝不是善策。这又是前朝的成法,可以师其意而变通之的。"①这些由古而及今的论述,都体现了作者对当下或未来的一种期待,其背后则是对"未曾发生"的情形的想象。再如,吕思勉撰写的几种本国史的教科书,其最后一章,往往写有"中国对世界之使命""国际现势下之我国地位""国际现势下吾国之地位与复兴运动"等章节。②这些展望愿景式的论述,也是对"未曾发生"的情形的想象。可见,在历史学里,不仅存在着大量的对"已经经验"的想象,也存在着对"未曾经验"的想象;而后者往往为前者指明了方向,没有后者的引导,那么单纯的对"已经经验"的想象,很可能变为"无聊老人对无知青年讲述一些无用的故事"③。

其实,历史想象是非常自由的。如果允许人们在思维上进行历史的假设,那么"未曾发生"就可以假想它在历史上"已曾发生",历史上的"已曾发生"也可假想为"未曾发生"。这类"反事实"的想象,在我们日常生活是很常见且非常重要的。一件事情做错了,我们就会想象:如果没做错,它会怎样?一件事情做对了,我们也会想象:如果没做对,它会怎样?这种应实际生活的需求而产生的"反事实"的想象,催生出历史学中的"反事实的研究"。比如,计量史学的反事实假设,就是做这种"反事实"的想象。美国计量史学家富格尔做过一项研究:假设没有铁路,那会对19世纪的美国经济产生怎样的影响和结果?这类"反事实"的想象,在历史著述中也很常见。如吕思勉的《三国史话》有一章论说关羽失败的远因是刘备的心计太工。吕氏说:"倘使刘备老实一些,竟替刘璋出一把

---

① 吕思勉:《吕著中国通史》,见《吕思勉全集》(第2册),第110页。
② 吕思勉:《吕思勉全集》(第20册),第571—574页;《吕思勉全集》(第21册),第137、437—438、691—692页。
③ 原话是:"无聊老人对无知青年的谈话。"参见[英]培根:《新工具》,北京:商务印书馆,2005年,第51页。

力，北攻张鲁，这是易如反掌可以攻下的。张鲁既下，而马超、韩遂等还未全败，彼此联合，以扰关中，曹操倒难于对付了。"而实际发生的史事正好相反："刘备心计太工，不肯北攻张鲁，而要反噬刘璋，以至替曹操腾出了平定关中和凉州的时间，而且仍给以削平张鲁的机会。后来虽因曹操方面实力亦不充足，仍能进取汉中，然本可联合凉州诸将共扰关中的，却变做独当大敌。于是不得不令关羽出兵以为牵制，而荆州丧失的祸根，就潜伏于此了。"①比如，钱穆在《国史大纲》写周公摄政事。钱氏说："武王克殷二年，天下未宁而崩。此乃周初一个最严重的局面。不得已乃有周公之摄政。"虽说是"不得已"，但也是一个较为完满的选择。钱氏用"反事实"的方式想象："若传子，则成王尚幼，不足支此危局。若传弟，先应及管叔，周公知管叔亦不足膺此重任。若传贤，自属周公，（周书度邑：武王谓周公曰：'乃今我兄弟相及。'则武王固有意传周公。）然周公居中主政，嫌于自取，不得已乃奉孺子王而摄政。"②比较富格尔、吕思勉和钱穆的三个案例，可见历史著述中"反事实"的想象不仅很普遍，且内容很丰富，效用上也多种多样。

回到上文所引的金氏金句的第二段，即从"我们也许说这样的话，'想象当时的景况十分难堪'"起，到段末为止。我想借助金氏的一段论述，来讨论一下达成历史想象的三种状况。这同样需要用史书上的案例来加以说明。陈寅恪有两段关于读《建炎以来系年要录》（下文简称"《要录》"）的文字，可以用作我们讨论的案例。陈氏说：

> 寅恪侨寓香港，值太平洋之战，扶疾入国，归正首丘……回忆前在绝岛，苍黄逃死之际，取一巾箱坊本《建炎以来系年要录》，抱持诵读。其忤京围困屈降诸卷，所述人事利害之回环，国论是非之纷错，殆极世态诡变之至奇。然其中颇复有不甚可解

---

① 吕思勉：《三国史话》，见《吕思勉全集》（第25册），第359页。
② 钱穆：《国史大纲》，北京：商务印书馆，2002年，第41页。

者，乃取当日身历目睹之事，以相印证，则忽豁然心通意会。平生读史凡四十年，从无似此亲切有味之快感，而死亡饥饿之苦，遂亦置诸度量之外矣。①

辛巳冬无意中于书肆廉价买得此书。不数日而世界大战起，于万国兵戈饥寒疾病之中，以此书消日，遂匆匆读一过。昔日家藏殿本及学校所藏之本虽远胜于此本之讹脱，然当时读此书犹是太平之世，故不及今日读此之亲切有味也。②

读这两段话，不妨想象正坐在课堂上听课，陈氏说到"汴京围困"的那一段史事，感慨着"想象当时的景况十分难堪"。这里讲到的这部史书，就是宋代史学家李心传的名著《建炎以来系年要录》。李心传生于宋孝宗乾道二年（1166），卒于宋理宗淳祐三年（1243），他在42岁时［宋嘉定元年（1208）］完成了《要录》一书的撰写。《要录》200卷，所记仅宋高宗一朝的三十六年［高宗建炎元年（1127），至绍兴三十二年（1162）］的史事，包括陈氏所说的"忤京围困屈降诸卷"的史事，自然都不可能来自李心传的身历目睹。据学者研究，《要录》一书的撰写主要依据的是国史、实录、日历等材料③，而追溯其源头，则"忤京围困屈降诸卷"的史事，总是来自当时亲历者的回忆或记录。这是由当事人借助"回忆"而展开的历史想象。此类想象的达成，主要依靠当事人观察的仔细周全、记忆的正确无误和转述成文字的恰如其分。这是达成历史想象的一种状况。

---

① 陈寅恪：《金明馆丛稿二编》，北京：生活·读书·新知三联书店，2009年，第264页。
② 陈寅恪：《陈寅恪集·讲义及杂稿》，北京：生活·读书·新知三联书店，2002年，第445页。
③ 仓修良主编：《中国史学名著评介》（第2卷），济南：山东教育出版社，2006年，第188页。

七百多年之后，源自当事人的记载，后人读之已有"不甚可解"的感慨了。1941年，陈寅恪说自己早先读此书时，对其"所述人事利害之回环，国论是非之纷错，殆极世态诡变之至奇"等颇有"不甚可解者"。这里说的"不甚可解"，自然不是文字上的不解，而是借助《要录》的这些记载，难以理解"国论是非"何以如此纷错，"世态诡变"何以如此"至奇"，而这些理解上的隔阂，也就是历史情形的难以想象。历史上的情形难以想象，理解上的隔阂自然难以打通。到1941年冬，陈氏再读此书，乃"取当日身历目睹之事，以相印证，则忽豁然心通意会"。比较前后两次阅读《要录》，文字上的解读不会有什么变化，所变化的是后一次陈氏已有了"当日身历目睹"之经验。当日陈氏究竟身历目睹了什么？上面的引文没有具体说及。借助陈寅恪女儿陈流求的笔记，我们知道此年冬天陈氏的身历目睹是："一九四一年十二月八日珍珠港事变发生，第二次世界大战爆发，香港迅即被日军占领，一时社会秩序混乱，孤岛上生活困难，交通阻断，学校停课，商店闭门，人心焦虑不安。"①大约就是有了这样一些当下的亲身经历，就可以用类比推论的方式，达成对古书所载史事情形的想象，并打通了理解上的隔阂。这样一种历史想象，主要是受当下身历目睹的刺激而联想到《要录》所记"忭京围困屈降诸卷"的往事，这种由今及古、打通古今的能力，在陈先生的这两段话里，表现得淋漓尽致。而史学家的身历目睹，是此类历史想象能否达成的关键。

　　至于听课的学生或今日一般的读者，他们的历史想象，自可以前人的经验为基础，站在前人的肩膀上进行：已有了《要录》的记载，且经过许多学者的整理研究，故《要录》在阅读理解上的困难越来越少了；已有了陈先生的现身说法，在方法上明白了需有一个古今类比打通的环节，可"依样画葫芦"式地进行思维操作。但是，由于缺乏自己的身历目睹，即

---

① 卞僧慧：《陈寅恪先生年谱长编（初稿）》，北京：中华书局，2010年，第207页。

便他反复熟读古书，即便他一再模仿陈先生的方法，但终因没有这样的经验，无法激活联想，无法与古书相印证，自然也就不能达成历史情形的想象，无法达到陈先生那样"心通意会"的真理解。然而，学生读者也是有差异的，每个人的经验阅历也不尽相同。年长一点的读者，或许经历过太平洋战争时的上海沦陷，那么上海成为"孤岛"时的"学校停课，商店闭门，人心焦虑不安"的情形，或许尚能记忆犹新，都可借来用作历史想象的素材。年纪稍小一点的，或许经历过"文革"时代，那么"学校停课，商店闭门"，停学停工"闹革命"的情形，是他们所身历目睹，这是他们进行类比、想象的资源。再年轻一点的读者，"学校停课，商店闭门，人心焦虑不安"等情形，一无经历，但在书本上还是读到过的，或闻之于家中的老人，虽未经验，仍可做一些零星或片断的想象。于是，各人就各自调动自己已有的、部分亲历的或未曾亲历的经验，去与古书的记载比较推论而达成历史想象。这当然与陈氏所做的想象不可同日而语，也远未达到对历史的"真理解"，但也不会一无所得。因为历史上有许多事情，原也是常人常事，是人人都能了解的；学问能够普及通俗，原因就在于此。[①]然而，历史想象既然与想象者的经验阅历有着密切的关系，并随着想象者的经验阅历不断变化，那么想象就不可能是完成式的，想象也不可能定于一。

以上所叙，都是笔记本上所记的金句，以及附记在旁的史学案例。我的这些论述既不深入，也无系统，整理成文，或可用作阅读贾君《历史想象概论》的引子。贾君早年就读于山西大学的哲学系，2009年考入华东师范大学历史学系，成为史学史与史学理论专业的研究生，当时，历史认识论的研究，已题无剩义，于是他学着金先生的《知识论》，就以《论历史想象》为硕士论文的题目。硕士毕业后，贾君又考入胡逢祥先生的门

---

① 吕思勉：《三国史话》，见《吕思勉全集》（第25册），第320页。

下，攻读博士，仍以《论叙事中的历史想象》为他的博士论文。毕业后，先后在大连大学、延安大学任教，教学之余，已出版了《杨宽与20世纪中国史学》《杨宽先生编年事辑》等著述，而"历史想象"的书稿，一直放在案头修改、增补，有些章节几乎是推倒重写。自求学于华东师范大学至今，屈指算来，也有十余年了，可谓"十年磨一剑"。如今书稿即将付梓刊印，我作为曾经的指导教师，为他高兴、为他点赞！

有学者说，给人作序，文字不宜太长。前辈学者也曾告诫：一袋茶，只能沏一杯水；硬要泡成一壶茶，那一定是淡而无味了。[①]自当戒之，就此打住。

是为序。

张耕华

乙巳年正月

[①] 田余庆先生的原话是："假如你有一包茶叶，是沏一杯茶呢，还是泡一壶茶？"参见张继海：《田余庆先生如何示来学以轨辙》，《中华读书报》2025年1月22日。

目 录

绪 论 001

第一章 | 历史想象是什么 025

第一节 想象与历史记忆 028
第二节 逻辑推理与想象 040
第三节 文学虚构与想象 057
第四节 小结 069

第二章 | 装饰性的历史想象 073

第一节 何谓装饰性的想象 076
第二节 合理性 085
第三节 理论困境 091

第三章 | 非事实的历史想象 099

第一节 非事实想象的使用情形及其分类 109

第二节　非事实想象的意义...124
　　第三节　能成立与有意义...130

第四章 ｜ 填补空白处的历史想象................................137

　　第一节　填补空白处想象的两种情形.................................140
　　第二节　理论困境...147

第五章 ｜ 建构性的历史想象..159

　　第一节　柯林武德的结构性想象...161
　　第二节　海登·怀特情节建构的想象.................................168
　　第三节　情节建构性想象在历史书写中的使用.................179
　　第四节　大屠杀可以建构想象成喜剧吗?.........................186

第六章 ｜ 中学历史教学中的想象................................195

结　语...208

参考文献...210

后　记...214

绪论

一、选题旨趣及国内外研究现状

在中西方史学史上，无论是司马迁的《史记》，还是希罗多德（Herodotos）的《历史》、修昔底德（Thucydides）的《伯罗奔尼撒战争史》，它们除了被史学家认为是优秀的历史著作外，也都被看作文笔优美、叙事生动的文学作品。叙事生动、有趣基本上依赖于史学家高超的历史想象[①]，因此，可以说司马迁、希罗多德和修昔底德都在自觉或者不自觉地运用历史想象使历史书写形象生动、引人入胜。

近代以来自然科学取得了巨大成就，一切其他学科都尽可能想使自己成为自然科学意义上的学科，历史学也不例外，于是历史学就踏上了学科史上科学化的征程。历史学的第一次科学化起始于18世纪思辨的哲学家，其中以维科（G. Vico）、康德（Immanuel Kant）、赫尔德（J. G. von. Herder）、黑格尔（Hegel）等为代表。思辨的历史哲学家试图在历史之中找到一种"放之四海而皆准"的普遍规律。然而，这种尝试却成了以任意剪贴历史事实来证明自己的理论。麦考莱（Thomas Macaulay）批评他们："近代最好的历史学家都偏离了真理，不是由于想象的诱惑，而是由于理智的诱惑。但不幸的是，他们犯了歪曲事实以迎合普遍原理的错误。他们通过观察现象的某个方面达成理论；其他方面则通过夸张或割裂事实以适

---

① 对于"想像"和"想象"，学界无固定用法，笔者皆用"想象"，至于其他学者使用"想像"，书中遵循之。

应理论。"①显然，在麦考莱看来，史学家所需要的想象已经完全被追求普遍真理的目标遮蔽。但在第一次历史学科学化的过程中，仍然有一些富有想象力的历史著作给读者留下了深刻的印象，如吉本（Edward Gibbon）的《罗马帝国衰亡史》。

19世纪被称作历史学的世纪，也是属于客观主义史学家兰克（Leopold von Rank）的世纪，这是历史学科学化的又一个阶段。兰克认为史学家"仅仅如实地说明历史"就已足够。在卡尔（Edward Hallett Carr）看来，"这并不怎么深刻的格言却获得了惊人的成功"②。德国、英国甚至法国的三代历史学家就以"如实直说"这一口号在历史战场上勤勤恳恳地耕耘着。在这次科学化的过程中，史学家认为凭借档案材料把朴素的史实讲清楚即可，其他的都不必去考虑。自然，想象性的历史叙事就受到了严重的忽视。虽然如此，在历史学科学化风头强劲的19世纪，仍然有不少的史学家强调历史叙事的文学性和想象性，如麦考莱、鲁宾逊（J. H. Robinson）和屈威廉（George Macaulay Trevelyan）等。③此间也出现了一些叙事生动的著作，如麦考莱的《英国史》和卡莱尔（Thomas Carlyle）的《法国革命史》。狄尔泰（Wilhelm Dilthey）、克罗齐（Benedetto Croce），特别是柯林武德（R. G. Collingwood），都从理论上对历史想象进行了一定程度的

---

① ［英］麦考莱：《论历史》，见何兆武主编：《历史理论与史学理论——近现代西方史学著作选》，北京：商务印书馆，1999年，第270页。

② ［英］E. H. 卡尔：《历史是什么？》，陈恒译，北京：商务印书馆，2008年，第89页。

③ 麦考莱认为一个完美的历史学家应该具有足够的想象力，参见［英］麦考莱：《论历史》，见何兆武主编：《历史理论与史学理论——近现代西方史学著作选》，第260页；鲁宾逊认为历史学家可以使用科学的想象力，但是科学的想象力和文学的想象力是很不相同的，参见［美］鲁宾逊：《新史学》，见何兆武主编：《历史理论与史学理论——近现代西方史学著作选》，第488页；屈威廉也认为想象力对于史学家极其重要，参见［英］屈威廉：《历史女神克利奥》，见何兆武主编：《历史理论与史学理论——近现代西方史学著作选》，第626—627页。

探讨。进入20世纪，马克思的经济解释模式、法国的生态-人口学模式以及美国的计量经济学一定程度上也算是科学化历史学的表现形式。然而，追求历史学科学化的过程却是以牺牲叙事为代价的，就像1972年勒华拉杜里（Emmanuel Le Roy Laduri）所言："今日的史学方法偏好量化、统计及结构分析法，为了要生存，不得不压制其他方法。在过去数十年中，事实上已将事件史及传记写作宣判死刑。"①1979年，劳伦斯·斯通（Lawrence Stone）的《历史叙述的复兴：对一种新的老历史的反省》，则宣布史学家的注意力重新回到了历史的叙述中来。②1973年，后现代主义的著名理论家海登·怀特（Hayden White）的代表性著作《元史学：十九世纪欧洲的历史想像》的出版则表明了理论家已将想象、建构的历史叙事纳入了一种前所未有的历史哲学的讨论范围。此后，学界则出现了大量的叙事性历史著作，如勒华拉杜里的《蒙塔尤：1294—1324奥克西尼的一个山村》、史景迁（Jonathan Dermot Spence）的《王氏之死：大历史背后的小人物命运》《胡若望的困惑之旅：18世纪中国天主教徒法国蒙难记》《太平天国》，

---

① 转引自［美］劳伦斯·斯通：《历史叙述的复兴：对一种新的老历史的反省》，古伟瀛译，见陈恒、耿相新主编：《新文化史》，郑州：大象出版社，2005年，第26页。即使如此，年鉴学派的创始人马克·布洛赫（Marc Bloch）认为对古文献所记载情景的理解，要依靠想象力才能完成。参见［法］马克·布洛赫：《为历史学辩护》，张和声、程郁译，北京：中国人民大学出版社，2006年，第38页。

② 彼得·伯克（Peter Burke）认为斯通所言历史叙事的复兴，这种叙事是不同于传统叙事的，它是揭示事件和结构的联系，并表现出视角的多元化。它是一种革新化的叙事。参见Peter Burk, "History of Events and the Revival of Narrative", Peter Burke, eds., *Historical Writing*, The Pennsylvania State University Press, 1992. p. 246。安托万·普罗斯特（Antoine Prost）却认为所谓"回归叙事"并不正确，因为叙事从来没有消失。布罗代尔习惯于将历史叙事等同于他公开谴责的事件史，可是为了形容他所赞赏的那些叙事，布罗代尔造出了"局势的宣叙调"。经济史、文化实践史或表象史也可以和政治史一样很好地使用叙事，如科尔班在《对海岸的渴望》一书中分析了海滨的表象如何取代之前的表象，以及这种变化的意义何在。参见［法］安托万·普罗斯特：《历史学十二讲》，王春华译，北京：北京大学出版社，2012年，第214页。

罗伯特·达恩顿（Robert Darnton）的《屠猫记：法国文化史钩沉》、卡洛·金兹堡（Carlo Ginzburg）的《奶酪与虫子》、娜塔莉·泽蒙·戴维斯（Natalie Zemon Davis）的《马丁·盖尔归来》等。至此，不管理论上还是实践上，史学界对想象建构性历史书写的关注达到了一个高潮。

就当前所收集到的材料来看，国内外对历史想象的讨论，主要表现在三种不同的层次。

第一，肯定历史想象的存在及其正面功能，并概论性地论述主要特征或主要弊端。这类研究，大多见之于史学理论概论性的研究，也见之于单篇的史学论文。此类文章，国外以克罗齐、沙耳非米尼（Gaetano Salvemini）、麦考莱、朗格诺瓦（Ch. V. Langlois）和瑟诺博司（Ch. Seignobos）、施亨利（Henri Sée）、马克·布洛赫、耶日·托波尔斯基（Jerzy Topolski）、约恩·吕森（Jörn Rüsen）以及娜塔莉·戴维斯、田中萃一郎等为代表，中国以胡适、齐思和、李剑鸣、杜正胜、王汎森等为代表。

国外学界，克罗齐说："对于历史学家来说，无疑想象不可或缺：空洞的批评、空洞的叙述、缺乏直觉或想象的概念，都是不结果实的；……历史学家真正不可或缺的，是同历史综合不可分离的想象，是寓于思想并为了思想的想象。"① 沙耳非米尼认为，历史留给史学家的材料常常支离破碎、残缺不全，这些缺陷就需要借助史学家的想象去努力补填。但这种补填不是随意的，而是受"所供给的史料"严格限制。② 麦考莱在《论历史》一文中认为，历史学一直以来都是在理性与想象之间不断地争论，处于理性与想象之间。想象并不会破坏历史的真实性和客观性，反而会改进和滋润历史学。一个完美的历史学家应该有足够的想象力，但是他必须将其限

---

① ［意大利］克罗齐：《历史学的理论和历史》，田时纲译，北京：中国社会科学出版社，2005年，第26页。
② ［意大利］沙耳非米尼：《史学家与科学家》，周谦冲译，上海：商务印书馆，1945年，第29—31页。

制在证据和材料的基础上。①朗格诺瓦、瑟诺博司认为"物质之事实""人类之行为""心理之事实"三者并非由直接观察所得，皆为"想象"："一切历史家，几于皆不自觉，而自拟其能观察彼'真实'，实则一切历史家，其唯一之所具有者，仅想象而已"②。施亨利说："发明之中占最大位置的是科学性质的想像，至于经验，只是'助成思想的程序'。……此等能力的运用，于历史家尤其是必需的。"③马克·布洛赫认为："只有置身于现实，我们才能马上感受到生活的旋律，而古代文献所记载的情景，要依靠想象力才能拼接成形。"④托波尔斯基在《史学方法论》中对历史想象在史学中的作用给予了充分的肯定。他认为历史的想象"既干预着综合的构成，也干预着叙述"⑤，即历史想象既能建构历史，又在表现历史的叙述上可以起装饰性的效果。约恩·吕森把历史文化分为三个维度：政治维度、审美维度和认知维度。其中，审美维度探讨了历史诠释的精神作用以及历史诠释中与人类感官有关的意义和内容。审美式的想象力对于历史研究有重要的功效，对于那些将历史想象等同于虚构的学者，约恩·吕森明确给予否定。历史意识的想象力是一种通过再创造的形式将过去鲜活的历史予以再造。过去的历史某种程度上是死的、没有意义的、不真实的，历史意识的想象力则给过去的历史赋予现实的意义，使它有了用武之地。⑥

---

① ［英］麦考莱：《论历史》，见何兆武主编：《历史理论与史学理论——近现代西方史学著作选》，第259—280页。

② ［法］朗格诺瓦、瑟诺博司：《历史研究导论》，李思纯译，北京：中国人民大学出版社，2011年，第116页。

③ ［法］施亨利：《历史之科学与哲学》，黎东方译，上海：商务印书馆，1933年，第95—96页。

④ ［法］马克·布洛赫：《为历史学辩护》，第37—38页。

⑤ ［波兰］耶日·托波尔斯基：《历史学方法论》，张家哲、王寅、尤天然译，北京：华夏出版社，1990年，第600页。

⑥ ［德］约恩·吕森：《历史思考的新途径》，綦甲福、来炯译，上海：上海人民出版社，2005年，第99页。

娜塔莉·戴维斯认为历史写作和历史研究中有想象的成分，基斯·托马斯（Keith Thomas）认为想象力对历史研究很重要，丹尼尔·罗什（Daniel Roche）、罗伯特·达恩顿认为想象力对于从事档案研究的研究者来说非常重要，昆廷·斯金纳（Quentin Skinner）认为历史学家应该既是想象力丰富的人又是有理论功底的人。[1]田中萃一郎认为，历史研究不仅仅是为了弄清楚某种制度和某一事件是否存在，或者仅仅为了追求叙述准确的历史事实，更重要的是揭示出这些历史事实的意义，而要做到这一点，史学家必须借助于丰富的想象力："事实只是骸骨，要给予它生命、使之显示意义，就要想象"[2]。

中国学界，胡适指出史学家需要两种能力：一种是精密的功力，一种是高远的想象力。没有高远的想象力，则不能很好地构建历史的系统。[3]姜蕴刚认为历史学家应该有人类天赋之同情而深入于生命当中的艺术玄想，如此配作一个史学家。所谓"艺术玄想"亦即想象。[4]齐思和认为历史材料纷繁复杂，史学家需要运用合逻辑的想象使之连接成一个历史故事。[5]李剑鸣指出史学的研究和写作处处需要想象力的帮助，历史学家的想象不是单独存在着，它只是一种获取灵感的辅助手段，只有同研究者本人的

---

[1] ［英］玛利亚·露西亚·帕克蕾丝-伯克：《新史学：自白与对话》，彭刚译，北京：北京大学出版社，2006年，第79、106、150、201、299页。

[2] 转引自［日］佐藤正幸：《历史认识的时空》，郭海良译，上海：上海三联书店，2019年，第335页。

[3] 陈平原编：《胡适论治学》，合肥：安徽教育出版社，2010年，第125页。民国期间许多学者都认可想象的作用，如李璜认为历史学家的工作步骤为搜求、批判和综合三步，当史学家要从考订好的事实中寻求事情发生和进展的条件和性质时，非得加一番想象才能使人理解。把不完整的片段遗迹连接成一整片，就得使用推理的办法。在使用推理和想象补充残缺不全时，也应注意添加的东西。要使添加不妨碍或改变原意，所增加的应合理明了。参见李璜：《历史学与社会科学》，上海：东南书店，1928年，第46页。

[4] 姜蕴刚：《历史艺术论》，重庆：商务印书馆，1943年，第14页。

[5] 齐思和：《齐思和史学概论讲义》，天津：天津古籍出版社，2007年，第14页。

学识结合起来才有效。而且，想象所得必须经过史实和常识的检验才具有学术价值。历史的想象并不是任情发挥和随意立论，而是"戴着镣铐跳舞"。①罗志田认为，当史料所蕴含的意义不显露时，便需要史学家的想象力来解释。②葛兆光提出，学术研究是需要想象的，但必要的、大量可靠的证据，是确定历史想象合理性的基础。没有证据的想象，只是幻想和瞎想。③杜正胜认为，研究唐以前的历史，史学家除了组织零碎材料的能力外，还需要想象的辅助。想象自己是两三千年之前的人，回到他们的世界，就是"同其情"。如此，才能更好地研究历史。④王汎森指出，历史想象能力的培养非常重要，因为它能使历史世界在人的脑海中活起来、亮起来。⑤

第二，对历史想象的专题研究。

一是专题著作研究。国外以柯林武德、海登·怀特和约恩·吕森等为代表，中国以金岳霖、李振宏、张耕华、陈新、余英时、杜维运等为代表。

国外学界，柯林武德在《历史的观念》一书中专设一个章节来讨论何谓历史想象、历史想象的必要性、历史想象与文学想象的异同点以及历史想象的作用等问题，并认为想象所起的作用是建构性的。⑥海登·怀特的《元史学：十九世纪欧洲的历史想像》是20世纪下半叶一部重要的历史哲

---

① 李剑鸣：《历史学家的修养和技艺》，上海：上海三联书店，2007年，第158—162页。
② 罗志田：《史学最需要想象力》，《南方周末》2009年12月10日。
③ 葛兆光：《思想史研究课堂讲录：视野、角度和方法》，北京：生活·读书·新知三联书店，2005年，第364—366页。
④ 杜正胜：《古典与现实之间》，台北：三民书局股份有限公司，1996年，第288—289页。
⑤ 王汎森：《天才为何成群地来》，北京：社会科学文献出版社，2019年，第64页。
⑥ [英]柯林武德：《历史的观念》，何兆武、张文杰译，北京：商务印书馆，1997年。

学著作，他认为所有的历史著作，无论是实践的史学家还是历史哲学家，都依赖于"历史想象的深层次结构"，都有一定的情节建构。史学家在不违背历史研究规范的基础上，可以将同一历史事件写成不同的情节模式，或者喜剧，或者悲剧，或者讽刺剧，或者闹剧。显然，这是史学家想象构建的结果。这些情节模式的选择不是出于认知上的考虑，而是出于伦理或者审美层上的考虑。①

中国学界，金岳霖《知识论》从知识论的角度论述了想象的成分，想象的用处，想象与官觉，想象中的关系与想象的时间关系，想象与记忆的分别及想象的原料，想象的内容，想象的对象。②金岳霖的讨论大致属于哲学意义上的讨论。李振宏、刘克辉在《历史学的理论与方法》中认为，历史人物的精神面貌以及思想观念、历史人物的性格和形象的描写都需要想象，但是想象乃是不得已而为之的。由于想象本身的自由性，因此，需要注意"度"，至于如何判断想象的真实性，他们认为合乎当时人们生活的社会背景、符合人物的性格特征即可。③张耕华的《历史哲学引论》对历史想象也多有讨论，他认为狄尔泰的"心灵想象"、柯林武德的"移情体验"和波普尔的"境况分析"从某种程度上来说都具有想象的成分。与此同时，张耕华也指出，"体验、移情式的理解既是可能的，又是不可能的；既是有效的，又是无效的；既是绝对的，又是相对的"④。陈新的《历史认识——从现代到后现代》中有一节讲到了逻辑推论与历史想象的关系。文中认为，想象和推论是不可分割的统一体，在历史思维中，逻辑推

---

① ［美］海登·怀特：《元史学：十九世纪欧洲的历史想像》，陈新译，彭刚校，南京：译林出版社，2004年。
② 金岳霖：《知识论》（上册），第204—208、307—318页。
③ 李振宏、刘克辉：《历史学的理论与方法》，郑州：河南大学出版社，2008年，第578页。
④ 张耕华：《历史哲学引论》（增订本），上海：复旦大学出版社，2009年，第88页。

理就像历史的框架，它规定历史想象运用的范围与限度；历史想象则如同血肉，在逻辑推论之上形成一副富有表情的外形，使历史意识有了传达的载体。①

特别值得注意的是，余英时对于想象的讨论颇多，且在多篇文章中直接用想象进行研究。在《章实斋与柯林武德的历史思想——中西历史哲学的一点比较》一文中，余英时认为柯林武德的"先验想象"与章学诚的"别识心裁"某种意义上是互通的。②在《一个人文主义的历史观——介绍柯林武德③的历史哲学》中，余英时分析了柯林武德具有建设能力的想象，认为历史想象为史学家不可或缺的要素，并认为历史想象的作用"绝不止于装潢门面的工作，更重要的乃是树立间架；只有在间架已经构成之后，我们才能开始装潢门面的工作"④。在《试论陈寅恪的史学三变》中，余英时以《柳如是别传》为例，认为陈寅恪在细节上的考证绝对精致，但考据只能搭起一座楼宇的架子，《柳如是别传》中的人物之所以个个生命力充沛，那是因为陈寅恪的想象力在起作用。正因为他丰富的想象力，我们才能感觉到书中人物的喜怒哀乐以至于他们的虚荣、嫉妒、轻薄、负心等心理状态。这种想象力是"基于史家对于人性和人世的内在面所具有的深刻了解，因此它必须深入异代人物的内心活动之中而与之发生共鸣"⑤。在《胡适"博士学位"案的最后判决》中，余英时指出虽然傅斯年提出"有一份证据说一分话"，但其却在《性命古训辩证》中大量使用想象力，比

---

① 陈新：《历史认识——从现代到后现代》，北京：北京大学出版社，2010年，第28页。
② [美]余英时：《史学、史家与时代》，桂林：广西师范大学出版社，2004年，第166页。
③ 该文发表时写作"柯林伍德"，本书统一作"柯林武德"。
④ [美]余英时：《史学、史家与时代》，第136页。
⑤ [美]余英时：《现代学人与学术》，桂林：广西师范大学出版社，2011年，第166页。

如书中论述"天"时就有很多推测。胡适的《说儒》中也有很多靠想象力来填补证据的不足。①在《谈郭沫若的古史研究》一文中，余英时认为郭沫若能在古史研究中取得成绩，很大程度上都来自他"诗人的想像力"。②在《说鸿门宴的座次》中，由于《史记》没有明文记载，余英时用历史想象的方法指出鸿门宴的座次是为了政治需要而特别安排出来的。③杜维运在《史学方法论》中认为，正因为有了想象，历史才有了"连贯性"，凭借想象可以获取历史真理，并认为引发历史想象的媒介有专注、同情、物证的刺激以及学术的基础。同时，杜维运指出，历史想象也有它的局限性和危险性，提醒史学家使用时要慎之又慎。④

二是专题论文研究。

国外学界，1975年美国芝加哥大学佩林（Ronald Edward Perring）的哲学博士论文题为《历史想象》，作者解释为何选择这一标题时言："论述是虚幻的，充满想象力的。通过在标题中增加想象，这一工作尝试着告诉人们真相。想象可以表示出我们所坚持的谦虚，承认有人会拒绝我们发出的邀请。"这说明，该文标题与论述内容无关，它只是一个方法。文中的观点是作者自己的真实想法，读者可能同意，也可能不同意。"历史想象意味着，我们要将自己视作真实的，这就是我们的方法。而不是说，我们就是历史的。在我们寻求判断的时候，自己也需要被判断。"历史想象的目标就是让人有判断力。⑤

中国学界，2005年北京师范大学董立河的博士论文《历史与想象——对西方后现代历史哲学的研究与回应》是在后现代的语境中讨论了想象与

---

① ［美］余英时：《现代学人与学术》，第370页。
② ［美］余英时：《现代学人与学术》，第405页。
③ ［美］余英时：《史学、史家与时代》，第75页。
④ 杜维运：《史学方法论》，北京：北京大学出版社，2006年，第149—159页。
⑤ Ronald Edward Perring, "Historical Imagination", History of Culture Department University of Chicago, 1975.

语言、想象与叙事、想象与隐喻等历史哲学问题。2006年吉林大学崔巍的博士论文《先验哲学中的想象力学说》则认为对世界的认识和知识的客观性获取离不开想象力直观、抽象、联结、创造的活动。作者通过对康德、费希特、谢林和胡塞尔哲学中想象力学说的考察,论证想象力在先验哲学中的性质和作用。2010年华东师范大学张小忠在其博士论文《历史、证据与想象:柯林武德的历史哲学研究》第三章"历史想象与思想的重演论"中涉及柯林武德的历史想象。此章介绍了柯林武德历史想象的认识论基础、想象的类型及其功能,以及从想象的视角看历史是科学还是艺术等问题。1980年辅仁大学哲学研究所杨茂秀的《想象——西方近代及当代知识论与心灵哲学之间的一个困扰问题之研究》是一篇讨论哲学意义上的想象问题的论文。2006年成功大学中国文学系陈致远在其博士论文《〈左传〉之叙事与历史解释》第二章第二节"《左传》历史想象与叙事解读"专节讨论,他认为想象是历史叙事中不可或缺的因素。历史想象就是研究者以本身的才、学、识为基础,设身处地地运用联想与想象力,将片段残缺的史料进行重组、填补与建构的一种工作。历史想象不同于文学想象,前者以史料、文献为依据,且需入情合理;后者则视作者需求而任意驰骋。《左传》中想象叙事的功能有四:一为组织史料文献,二为丰富叙事内容,三为表现或刻画,四为解释。对细节的描写,是《左传》中历史想象运用最明显的例子。

三是国内外重要的论文。

国外学界,爱德华·吉本是一位叙事形象的高手,他的《罗马帝国衰亡史》就因为富有想象力,叙事才引人入胜。普林斯顿大学古代史教授鲍尔索克(G. W. Bowersock)的《吉本的历史想象》是一篇为吉本辩护的文章,有学者指责吉本在《罗马帝国衰亡史》中的想象力过于丰富,比如在第八章描述波斯贵族时,遵照人性的前后一致性,吉本将公元3世纪波斯贵族的材料用在了描述公元前5世纪的波斯贵族上。但是在鲍尔索克看来,吉本的弱点正是他的优势,高超的历史想象可以使他不受史料的约束,在刻画人物、复活罗马故事、展现历史场景时更加游刃有余。①牛津大学的特雷孚·罗伯（H. R. Trevor Roper）教授作退休演讲时以《历史和想象》为题,他认为如果我们将历史当作一门生动有趣而不是古代研究者的编年史或者一幕隐蔽计划的学科,确实不应该沉醉在无价值的推断中,但是必须给予想象一定的空间,没有想象力的史学家是不配研究历史的。他认为吉本的《罗马帝国衰亡史》仍然受史学家喜爱,是其想象力使然。②哈特（Aibert Bushnell Hart）的《历史中的想象》一文认为"想象"是一个有疑问的术语,它经常指两种想象中的前者,这两种想象用于阐述两种平行的衍生物,一个是"富有想象力的",一个是"假想虚构的"。而富有想象力能够帮助史学家对历史中的伟人产生同情,也能够理解他们所处环境的局限性。这种想象是由内而外的,让读者和史学家一样看待历史人物的真正性格,洞察历史人物的动机,感受人性的弱点以及所处不利环境下的压力,从而告诉我们这些人物、这个年代、这个标准是否能够推进文明,为自由思想和精神打开大门。"没有大量的想象,就没有伟大的历史。"③罗杰·史密斯（Roger Smith）的《反思历史想象》认为,对于那些对世界怀有不同观点和信念的想法,历史想象倾向于通过各种可行的方式来表现,并且对之采取对称的同情态度。同时,作者更进一步指出想象和叙述之间的联系,大部分叙述性的文学作品和公众对传记、"纪实小说"叙述形式的阅读兴趣有非常密切的关系。叙事是历史的一种表现形式。无论是历史

① G. W. Bowersock, "Gibbon's Historical Imaginations", *The American Scholar* Winter, 1988. 此文后收入［美］G. W. 鲍尔索克：《从吉本到奥登：古典传统论集》,于海生译,北京：华夏出版社,2017年,第1—28页。

② H. R. Trevor Roper, "History and Imagination", Oxfod: Clarendon Press, 1980, pp.357-369.

③ Aibert Bushnell Hart, "Imagination in History", *The American Historical Review*, Vol.15, No.2, Jan.,1910.

研究、文学虚构还是连载漫画，历史想象用时间维度来联系世界。它根据发生的时间来表示顺序、因果、偶然、目的和行动等之间的关系。作者认为，所有的叙述结构中都包含历史想象。就像想象存在于学术史中一样，这种想象也存在于自传与传记中，以及自我身份认同中。无论自然科学家和社会科学家如何构建形式主义和技术预言，当他们想要解释己意时都会利用叙事和历史想象。[①]

中国学界，《史学理论研究》2005年第2期和第4期分别刊登了两篇文章，一篇是陈新的《历史·比喻·想象——海登·怀特历史哲学述评》，一篇是张耕华的《试论历史叙事中的想象问题》。陈新主要介绍了海登·怀特历史哲学中的比喻理论，指出海登·怀特试图通过比喻理论来寻找想象和历史之间的合理关系。张耕华讨论了历史叙事中五种想象形式：第一，为叙事生动而加入的想象；第二，借用文学虚构来补正史实的想象；第三，联接史实节点、保持叙事完整的想象；第四，运用反事实而进行的想象；第五，架构历史情节的想象。他还以史学文本中的例子为佐证。张小忠的《叙述的主体间性：历史想象与文学纪实》和《虚实之辨：历史想象的认识论探析》也值得注意，前一篇认为历史叙述的主体间性标识了融合文学创作与史学规范为一体，囊括了历史想象和文学纪实。[②]后一篇认为，历史想象具有认知史实与构建图景的双重功能。就事实而言，历史想象构建了事实之间的关联性，表现为事件叙述的连续性和事实推论的因果性，要求以史料证据为基础。就图景而言，史学不仅关注事实的关联性与证据的规范性，更注重由事实到图景的诠释性关系，涉及概念图式如何统辖事实及确认主题。由此可见，想象的历史图景并非任意的，人类经

---

① Roger Smith, "Reflections on the Historical Imagination", *History on the Human Science*, Nov.1, 2000.

② 张小忠：《叙述的主体间性：历史想象与文学记实》，《学术研究》2009年第3期。

验、逻辑理性及事件遗迹和概念对其起限制作用。①顾晓伟的《从常识的历史学到构造的历史学——以柯林武德的历史哲学为中心》和《试析历史事实、历史推论与历史想象的关联——以布莱德雷和柯林武德的历史哲学为讨论中心》探讨了柯林武德的历史想象，并分析了其与历史事实、历史推论之间的联系。②张淑香探讨了《文心雕龙》中的"神思"，并与西方艺术理论中的想象进行比较。想象有"再现的想象"和"创造的想象"。神思也分两种：一种是神思，这是一种回想，在心底浮现超现实经验的意象，即再现的想象；一种是文之思，这是"神与物游"，即创造的想象。两者在本质上与分类上是一样的。"想象"一词的普遍运用是在19世纪以后，但对想象的讨论实际上是从亚里士多德开始的。经过古典主义、浪漫主义、自然主义与19世纪崛起的心理学派的讨论，想象具有三个特点：一，想象是一种意识的、思维的活动；二，想象的作用有两重，一是感，一是知；三，想象活动不能脱离经验，而神思也具有想象的这三个特点。虽然神思与想象有很多相同的地方，但亦有不同的地方，如神思特别强调生理因素的影响，而想象无。③王汎森则以余英时《朱熹的历史世界》为文本，认为书中处处可以看到余英时高度运用历史想象的例子。比如，余英时巧妙运用周必大《思陵录》中的材料，将高宗病故前大臣们之间钩心斗角的隐曲勾勒出来，让八百年后的读者看到有亲在眼前之感。④江政宽《历史、虚构与叙事论述——论黄仁宇的〈万历十五年〉》一文将黄仁宇的《万历

---

① 张小忠：《虚实之辨：历史想象的认识论探析》，《江海学刊》2019年第5期。
② 顾晓伟：《从常识的历史学到构造的历史学——以柯林武德的历史哲学为中心》，《史学史研究》2013年第3期；顾晓伟：《试析历史事实、历史推论与历史想象的关联——以布莱德雷和柯林武德的历史哲学为讨论中心》，《史学月刊》2014年第1期。
③ 张淑香：《"神思"与"想像"》，《中华文化复兴月刊》1975年第8卷第8期。
④ 王汎森：《历史方法与历史想象：余英时的〈朱熹的历史世界〉》，《中国学术》2004年第2辑。

十五年》放入西方传统叙事复兴的背景下,认为黄著与西方著述的视界和关注点有着极大的差异,但都同为叙事历史的作品。这种叙事方式并不新颖,西方历史叙事可追溯到希罗多德和修昔底德,中国则可追溯到司马迁。《史记》对历史人物的刻画,历史想象始终扮演着突出的角色。而黄仁宇对历史人物的刻画以及对历史事实的拿捏,与司马迁的叙事笔法相似,他是衔接中国历史书写传统的。黄著使用了许多文学手法,如情节的预演、伏笔的安插等,此外,还以大量的推论和虚构来铺陈他的叙述。[①]

第三,历史想象在历史教学中的讨论。国外以格拉夫(Harvey J. Graft)、雷蒙思科(Lynn. Speer. Lemisko)、班诺维茨为代表,中国以李友东、陈新民、黄琇苓等为代表。

国外学界,格拉夫认为,在诸多对历史思想有贡献的特质中,历史情境和历史想象是其中最重要的两个。学习历史的学生对过去能够构建到什么程度,完全取决于他们批判检验的历史想象能力到达什么程度。历史情境规范历史想象,历史想象可以推进历史理解。[②]雷蒙思科的《历史想象:柯林武德在课堂》是一篇关于柯林武德的历史想象如何在历史教学中使用的文章。柯林武德的想象是一个包含重演过去的思想,用想象连接历史的断裂处,用想象重建过去。雷蒙思科认为柯林武德的历史想象是让学生更好地想象过去的一个绝佳方法。因此,老师可以按照下列五个步骤运用柯林武德的想象来指引学生想象过去:第一,确定一个主题;第二,寻找和收集原始材料;第三,用一些尖锐的问题来质询你寻找的材料;第四,引入柯林武德的"重演",并尝试用想象来连接材料没有的地方;

---

① 江政宽:《历史、虚构与叙事论述——论黄仁宇〈万历十五年〉》,见卢建荣主编:《文化与权力:台湾新文化史》,台北:麦田出版社,2001年,第207—235页。

② 转引自李友东:《历史想象与历史假设的理论与实践尝试》,《历史教学》(中学版)2007年第6期。

第五，用问题想象、分析和解释你的主题。[1]罗伯茨（Scott L. Roberts）在《使用反事实历史来增强学生的历史理解》一文中认为，老师在课堂中使用历史假设可以增强学生对于历史的理解。作者还提出在课堂中有效使用反事实的七个步骤：一，介绍一个主题；二，提出五个反事实的历史问题；三，制作KWL图表；四，制作一个提案；五，画出一个关于历史可能发生的地图；六，绘制一个反事实的维恩图；七，讨论。通过这七个步骤，反事实就可以很好地在历史课堂上使用。[2]伊万诺尼（Ron Iannone）在《想象：课程和教学之间丢失的联系》一文讨论了想象对于课程和教学的意义，从历史的观点来表现想象如何统一认知和审美过程。此外，文章还建议通过戏剧、叙述、比喻的课程教学方法帮助学生激发想象力。[3]英国学者有关于学生历史神入的心理研究。通过研究，他们认为不同年龄的学生在历史理解和神入的表现方面是有差别、有层次的。美国学者关注历史神入的应用研究，代表性的文章有布鲁克斯的《展示历史的神入：一篇写作作业产生的影响》、詹森的《通过辩论来发展历史神入：一个行动研究》、达尔伯格的《参与历史：儿童历史思维中的神入和观点陈述》。他们指出，神入活动在历史教学中并不是随意进行的，是需要一定条件的。其中一个重要的前提条件，就是学生要了解一些有关历史问题的基本史实和时代背景。为了使历史神入顺利进行，学生必须学会：第一，获取权威的历史资料，并对这些资料进行批判性的检验，以理解其历史推论的本质。第二，在富有想象力的推测和有条理的探究之间寻找一个平衡点。第三，通过对历史本身考查而获得启发式的证据来再现历史人物的

---

[1] Lynn. Speer. Lemisko, "The Historical Imagination: Collingwood in the Classroom", *Canadian Social Studies*, Vol. 38, No. 2, Winter, 2004.

[2] Scott L. Roberts, "Using Counterfactual History to Enhance Students' Historical Understanding", *The Social Studies*, Vol. 102, 2011.

[3] Ron Iannone, "Imagination: The Missing Link in Curriculum and Teaching", *Education*, Vol. 122, No. 2, Winter, 2001.

思想。第四，检验、评价和通晓历史人物的观点，并使其易于被当代人理解。第五，除了会站在某种立场上来重构历史当事人的一整套信仰、价值、目的以及所伴有的情感外，还要会做理性的证据重构。第六，从历史当事人的角度来理解历史事件，而不是用当代人的价值标准来进行评判。①

中国学界，李友东的《历史想象与历史假设的理论与实践尝试》介绍了学界有关历史想象与历史假设的理论现状，并认为历史假设不仅存在于历史研究中，且是历史教学的一条可行之路。②陈新民的《论"神入"在历史教学中的运用》一文指出，"神入"一词由西方历史学界传入，指研究者置身于历史情境中观察历史，站在历史人物的角度研究历史，即史学家进入研究对象之中去想象观察。③此即指我们平常所言的移情，其中亦会用到历史想象。赵士祥的《神入历史与想象力培养的教学建构》认为神入历史，是以想象力还原真实的历史。其目的不仅是验证原有知识结论，而且是超越一定的知识条件，形成理性的历史建构，从而展示生动的细节或新形象。④台湾地区历史教学界亦关注到历史想象问题。他们认为"神入"是教学的一种基本概念，需要一定程度的想象，但不纯然是想象，因为理解古人的想法、观念，需要以史料为证据，不能凭空虚构。⑤他们将此方法

---

① 转引自陈新民：《"神入"在英美两国历史教学中的运用》，《全球教育展望》2010年第5期。

② 李友东：《历史想象与历史假设的理论与实践尝试》，《历史教学》（中学版）2007年第6期。

③ 陈新民：《论"神入"在历史教学中的运用》，《历史教学》（中学版）2003年第12期。

④ 赵士祥：《神入历史与想象力培养的教学建构》，《历史教学》（中学版）2012年第1期。

⑤ 黄琇苓：《谈历史教学中的"神入"概念》，《清华历史教学》2006年第17期。

放入具体的历史教学,如对"雾社事件"[①]、"俗民文化"[②]等的解释,学者对欧美史学界关于"神入"观点亦有叙及[③]。此外,由于历史教学趋于僵化的趋势,张元认为,教师应该发挥想象力来教历史,才能把历史内容讲得生动感人。想象力的作用有三点:提高课堂的教学效果,达到教学的目的;帮助教师做好备课;帮助学生取得历史知识。[④]

综上所述,从肯定了历史想象的存在,到对历史想象进行专题研究以及将历史想象应用于中学历史教学;从对历史想象传统意义上的理解到在历史叙事意义下对历史想象新的解释;从对历史想象概述式、模糊地阐述到对历史想象有意识地分类、更细化地讨论其合理性;可以看出,这是对历史想象进行不断深化和拓展的研究过程。但是,有些问题仍然需要更深入的讨论。

国内外学术界虽有博士论文专题讨论想象问题,但都是哲学意义上的探讨,对于历史学意义上的想象言之甚少;虽专著中部分章节、单篇论文有讨论,但皆不成系统,缺乏对历史想象的整体认识。因此,对历史书写中想象专题的讨论是非常必要的。学者或明或暗都提出了自己对历史想象的定义,但这些定义或略显简单,或涵盖不够,或未击中要害。本书通过讨论历史书写中的想象与历史记忆、逻辑推理与想象、文学虚构与想象三组概念后,重新给出历史书写中想象的定义。另外,学者都承认想象在历

---

① 张志祥:《"神入"的历史教学新尝试——以"雾社事件"为例》,《清华历史教学》2006年第17期。
② 庄佩柔:《历史想像与神入的教学方法——将俗民文化融入历史教学:从〈木兰诗〉〈思想起〉〈何处是故乡?〉谈起》,《清华历史教学》2004年第15期。
③ 吴翎君:《"神入"历史与观点陈述——引导学童历史思维的教学方法初探》,《花莲师院学报》2003年第17期。
④ 张元:《谈想像力在历史教学中的作用》,见"人文及社会学科教育指导委员会"主编:《历史科教学研究》,台北:幼狮文化事业公司,1993年,第39—48页。

史研究中是必不可少的，但却把不同类型的想象相混淆，使问题简单化。[①]

总的来说，本书在认识论的视域下，从史学理论的角度，重新给出历史书写中想象的一个描述性的概念，并尝试讨论学术界以及中学历史教学中想象的类别、功能以及可能面对的理论困境。本书的完成，可使学术界对历史书写中的想象有一个整体的、新的认识。此外，本书对核心概念的讨论，亦可起到整理问题、梳理逻辑、找出症结的作用，使学术界在现有问题的基础上更加深化对想象问题的研究。

二、研究方法与撰写思路

本书在综合运用历史学研究方法基础上，也借鉴文学、语言学、后现代等理论和方法，这对增加材料的分析力度、提升论题的理论水平起到了重要作用。史学理论的题目，常常不受做具体史学研究学者的待见，甚至反感。原因之一，就是结论距离史实太远，且常常不举例子予以说明。暂且不管这种批评是否正确，如何从史学实践内部引出问题，并加以说明，是当下史学理论界应该注意的问题：既不能像西方史学理论那样抽象，也不能像以前的理论文章那样空洞说教。章学诚言"古人未尝离事而言理"[②]，这种"理事融合"的传统似值得我们借鉴。因此，本书将以"理

[①] 关于黄仁宇的《万历十五年》到底是历史小说还是历史著作，学界是有争论的。江政宽的《历史、虚构与叙事论述——论黄仁宇的〈万历十五年〉》一文认为黄著是历史著作，并指出历史想象在书中扮演着突出的角色。其实，就细节来看，黄著中有点与点连接的想象，有反事实的想象，有装饰性的想象。就整体而言，黄著是一部以悲剧情节结构建构的想象。因此，如果仅仅以一个模糊的想象去分析黄著，会掩盖许多问题，也将问题简单化，说服力自然下降。本书的着眼点即在此。

[②] 章学诚：《文史通义》，吕思勉评，李永圻、张耕华导读，上海：上海古籍出版社，2008年，第1页。

事融合"为原则，以大量的历史例子为依托来说明历史想象是什么，历史想象的类型，以及各类历史想象面临的理论困境。在秉持这个理念的基础上，本书主要遵循下列写作思路：

第一章通过讨论想象与历史记忆、逻辑推理与想象、文学虚构与想象三组概念之间的区别与联系后，得出历史想象的描述性概念，即研究历史时，在学术界研究成果的基础上，史学家根据自身的生活阅历、研究经历以及整个人类的生活经验，对历史事件体验、移情、理解，建构起一张动态的、形象的历史画面，并尽可能地给出一个合理的或者合逻辑的诠释。

第二、三、四、五章讨论历史想象的类型及其面临的理论问题。在前人的研究基础上，按照想象的功能将历史想象分为四类：第一，装饰性的历史想象；第二，非事实的历史想象；第三，填补空白处的历史想象；第四，建构性的历史想象。

第二章以"淝水之战"为例分析得出，装饰性的历史想象的功能是使历史叙述生动感人。此类想象性叙述虽会溢出材料之外，但只要叙述合情合逻辑，就是合理的，而那些虽依据史料但文学色彩过于浓厚的描述性想象则是不合理的。它引起的理论问题值得史学家深思。

第三章论述非事实的历史想象。非事实想象在历史叙事中经常被使用，有显性的也有隐形的，而历史假设就是其中最典型的代表。非事实想象可以分为三种：第一种是选择性的历史假设，第二种是替代性的历史假设，第三种是叙事中补白的假设。假设所面临的理论问题是能否成立和有无意义，能成立则有意义，但有意义的未必成立。

第四章论述填补空白处的历史想象。连接历史割断处的想象有两种：第一种是填补空白以求历史叙事的连续和完整，第二种是填补空白以求历史解释的贯通和合理。而此类推测想象有三个特点：第一，推测性想象具有很大的诱惑性，因为它给了史学家更大的发挥空间，史学家可以在类似的地方大做文章，充分发挥自己的史识；第二，对同一历史事件，史学家可能会有多种不同的解释,但由于历史事件结论的不可实证性,得出的结论似乎都算是一种历史解释;第三,如果对一个历史事件的推测、想象、解释过头,就会受到其他史学家的质疑或者批评。

第五章讨论建构性的历史想象。首先论述柯林武德结构性的想象是什么。其次论述海登·怀特的情节建构的想象理论,他认为史学家总是按照不同的情节来编写历史,这些情节有浪漫剧、悲剧、喜剧和讽刺剧。此理论在中国的历史书写中也能找到回响,书中以"隋炀帝杨广"和"孝文帝改革"为例予以说明。最后,则讨论海登·怀特情节建构理论面临的困境。

第六章讨论中学历史教学中的想象。中学历史教学界非常重视想象在历史教学中的运用,讨论很深入,但在运用历史想象时对逻辑推理和想象概念不分,在讨论非事实想象时未能区别"能成立"和"有意义"的概念,还存在着误解海登·怀特建构性想象的理论。

第一章
历史想象是什么

对历史书写中的想象进行专题研究，搞清楚历史想象是什么，是非常重要的，因此，这是笔者要面对的第一个问题。学术界给对想象下过多种定义，如余英时认为，所谓的想象"就是把许多孤立而相关的证据联系起来，想像其间究竟发生过什么事"①。杜维运将其定义为："所谓的历史想像，是将自己放入历史之中，进入历史的情况，进入历史的时间，进入历史的空间，然后由此想像当时可能发生的一切。"②陈志宏认为，历史想象是"历史文献材料所无者，撰史者以本身的才、学、识及价值观为判断基础，设身处地运用联想与想象力，将片段残缺之史料进行重组、填补与建构的一种工作"③。罗杰·史密斯认为历史想象用时间维度来联系世界，它根据发生的时间来表示顺序、因果、偶然、目的和行动等之间的关系。④但这几种定义显然不够涵盖本书所要研究的范围，因此笔者首先需要重新讨论一下历史书写中的想象是什么。需要指出的是，本书不准备以传统的方式，立即给出历史想象一个具体而明确的定义，而是希望通过讨论历史书写中的想象与历史记忆、逻辑推理与想象以及文学虚构与想象三组概念的区别及联系后，给出历史想象一个描述性的定义。

---

① [美]余英时：《史学、史家与时代》，第135页。
② 杜维运：《史学方法论》，第150页。
③ 陈致宏：《〈左传〉之叙事与历史解释》，成功大学中国文学系博士论文，2006年，第57页。
④ Roger Smith, "Reflections on the Historical Imagination", *History on the Human Science*, Nov., 2000.

第一节　想象与历史记忆

一般来讲，历史想象是建立在历史记忆的基础上的，但在具体的历史书写中，想象与记忆之间有着复杂的关系。[①]

一

在日常生活中，想象有两种不同的指向：一种是对过去事情的想象，一种是对未来事情的想象。[②]对过去事情的想象也可以分为两种：一种是对过去已发生事情的想象，一种是对过去未发生事情的想象。这些情形在日常生活中都可以遇到，前者的例子，如小王可以想象昨天做过的事情，她先是去图书馆，然后去上课，下课后去超市买了东西，买完东西去看了电影；后者的例子，如小王可以想象要是昨天不去上课，而是躺在床上睡觉，那么老师可能会点名，要是老师点到了她的名字，她不在课堂，那么老师会不会让她考试不及格，要是她考试不及格，就要交钱补考，交钱补考自己的生活费就要紧张一点；等等。可以这样一直想象下去。对未来事

[①] 关于记忆和想象的区别以及记忆和想象的关系，已有学者讨论过。如〔英〕大卫·休谟：《人性论》（上卷），贾光来译，西安：陕西师范大学出版社，2009年，第14—15页；金岳霖：《知识论》，第197—209、310—318页；赖国栋：《历史记忆研究——基于20世纪西方历史理论的反思》，复旦大学历史系博士论文，2009年。

[②] 金岳霖认为，想象有两种用法，一种是把所想限制于已经经验的境界，一种是限制于未曾经验的情形。所想的整体虽然未经验过，但部分是经验过的。"比如想象一整个图案，一座银城，其中房子街道都是银的。任何人不曾经验过银城，银城不是实在的。然而我们想象一座银城，所以能想象着，因为我们有'城'底象，有'房子'底象，有'街道'底象，有'银'底象，把这许多象结合起来就成为银城底想象。"金岳霖的解释似乎适用于历史学，对于历史学而言，历史是发生在过去的事情，史学家要对未曾经历的事件进行研究。按照金岳霖的说法，历史想象应是限制于未曾经验的情形。虽然整个过去的历史我们未经历过，但部分情形在我们的现实生活中是经历过的，凭此史学家可以建构想象的过去。参见金岳霖：《知识论》，第204—205页。

情的想象在现实生活中也会遇到，比如，小王早上躺在床上想象一下今天要做的事情，她想象先去图书馆借两本书，然后去教室上课，下课以后再去超市买用的东西，买完东西后和同学一起去看电影。

上述所谈的日常生活中的想象在历史学中都会遇到，让我们返回具体的历史书写中看看它是如何被运用的。对历史进行想象性的书写，在司马迁的《史记》、班固的《汉书》、希罗多德的《历史》、修昔底德的《伯罗奔尼撒战争史》、恺撒的《高卢战记》以及吉本的《罗马帝国衰亡史》等著作中都比较常见。笔者仅以《罗马帝国衰亡史》中的例子加以说明。比如，吉本在描述罗马皇帝奥勒良凯旋罗马时这样写道：

> 自从罗马建城以来，没有哪个将领能像奥勒良这样，对于凯旋式的荣耀当之无愧，也没有任何一次凯旋式，有这样无与伦比的盛大和华丽（274 A.D.）。壮观的队伍最前面是二十头大象和四只皇家的老虎，还有两百多只来自帝国北部、东部和南部的珍奇动物，接着是一千六百名角斗士，要在圆形竞技场上献身于残酷的搏斗活动。……一长串被押解在凯旋式行列的俘虏，包括哥特人、汪达尔人、阿勒曼尼人、萨尔马提亚人、法兰克人、高卢人、叙利亚人和埃及人，证明奥勒良辉煌无比的胜利。……芝诺比娅苗条的身材套上黄金做的镣铐，锁在颈项上的黄金链条由一个奴隶拿在手里，身上珠宝的重量使她几乎要晕倒。……奥勒良在凯旋式乘坐的车辆（过去是哥特国王的座车），特别是为了这个场合，用四头雄鹿或四头大象拖拉前进。……群众是如此的快乐、惊奇和感激，不由自主发出巨大的欢呼声音。泰特里库斯的出场亮相，使元老院的愉悦心情蒙上一层阴影，甚至情不自禁地喃喃私语，抱怨这位皇帝实在太过分，竟让一位担任过高官厚爵

的罗马人当众受辱。①

这样细致入微地描写奥勒良、芝诺比娅、群众的心理、动物、俘虏，给读者非常真实的感觉，就像是在身临其境地参加奥勒良恢宏的凯旋欢迎仪式。其中除了作者吉本的学识外，恐怕更多的是想象的产物。想象不仅出现在西方史学家的著作中，在司马迁的《史记》中也频频出现。比如，刘邦将死，吕后问刘邦国家政事应该交给谁辅佐时有这么一段对话：

> 已而吕后问："陛下百岁后，萧相国即死，令谁代之？"上曰："曹参可。"问其次，上曰："王陵可。然陵少戆，陈平可以助之。陈平智有余，然难以独任。周勃重厚少文，然安刘氏者必勃也，可令为太尉。"吕后复问其次，上曰："此后亦非而所知也。"②

商讨这一有关国家机密的大事，肯定不可能有第三人在旁边。既然只是高祖、吕后两人的对话，那么司马迁是怎么知道的呢？这一段对话很可能就是司马迁想象出来的。

在历史学中，对于过去未发生事情的想象可以分为两种，一种是假设的反事实想象，一种是计量史学的反事实模型。前者的例子在史学家的著作中经常见到，比如吕思勉在讲三国史时，为孙策北伐如果没死而渡过江，陈登如何应对做了假设的反事实想象。吕思勉说：

> 孙策用兵甚锐，这一次大举而来，假如不死而渡过了江，陈登能否抵抗，自然是一个问题。然而陈登不是像刘繇等武略不济的人，即使一时失败，必不至于一蹶不振，总还能收拾余烬，求救于中央，或者和别一支兵马联合，和孙氏相持。况且孙策善战，陈登未必和他野战，还可用守势对付呢。所以陈登在广陵，

---

① ［英］爱德华·吉本：《罗马帝国衰亡史》（第1卷），席代岳译，长春：吉林出版集团有限责任公司，2008年，第254—255页。
② 《史记》卷八《高祖本纪》，北京：中华书局，1982年，第391—392页。

确是孙氏的一个劲敌。现在孙策北伐未成，先已自毙，那是中央最好的机会了。曹操却把陈登调做东城太守，于是隔江之地，就无能牵制孙氏的人，这是曹操的一个失策。①

孙策没有渡过江而死，曹操也没有将陈登继续留任于广陵，这很明显是吕思勉在进行假设的反事实想象。西方学者也在史书中使用。在《罗马帝国衰亡史》中，吉本在写到马约里安皇帝时，不无遗憾地写道：

> 设若英勇的皇帝能把他的精神灌输给意大利的青年，若在战神教练场恢复使他出人头地的训练项目，便有可能亲自率领一支罗马军队，挥军前去对抗根西里克。……马约里安还是和以前那些最软弱的皇帝一样，明知羞辱也只有采用权宜的办法，招募蛮族协防军取代自己不习军旅的臣民。②

计量史学将反事实的历史想象精细极致地运用于历史研究，并且取得了重大成果。这种模式的特点是：针对历史上确实发生过的某一事件，按照该事件并没有发生的态势制成模式，再把由此获得的结果和数据同历史上真正发生过的事情做比较，从而得出该事实是否起了传统史学家所判定的作用。③比如，新经济学家代表人物福格尔（Robert Fogel）假设19世纪美

---

① 吕思勉：《吕思勉讲三国》，北京：九州出版社，2008年，第58页。吕思勉在讲三国的故事中还认为"赤壁之战"孙、刘未必有必然胜利的理由，之所以会形成三国鼎立乃在于赤壁之战曹操败北后专心用力于关西、关中。吕思勉说道："赤壁之战，曹操固然犯着兵家之忌，有其致败之道，然而孙、刘方面，也未见得有何必胜的理由。由此以后，曹操幸而用兵于关西、汉中，未曾专注于南方。倘使曹操置别一方面为缓图，尽力向荆州或扬州攻击，孙权的能否支持，究竟有无把握呢？孙权和刘备不同。刘备投降曹操，曹操是必不能相容的，所以只得拼死抵抗。孙权和曹操，本无嫌隙，当时假设投降，曹操还要格外优待，做个榜样给未降的人看的。所以当时孙权假使迎降，就能使天下及早统一，免于分裂之祸；而以孙权一家论，亦系莫大的幸福。"见该书第62页。

② ［英］爱德华·吉本：《罗马帝国衰亡史》（第3卷），第297—298页。

③ 何兆武、陈启能主编：《当代西方史学理论》，上海：上海社会科学出版社，2003年，第337—338页。

国完全没有铁路,在广泛运用了各种数学方法的基础上,通过计算机计算出仅仅使用传统的公路和水路的费用;然后与已知的铁路运费做比较,从而确定铁路的效用。他的研究结果表明,如果不使用铁路,只是按照旧的公路和水路进行运输,比利用铁路的实际数值只低了3.1%;如果增加已有的公路和水上的航路,那么数值仅仅是1.8%。因此,他得出结论,这个数值是微不足道的,如果没有铁路,美国经济也会照样增长。

在历史学中,史学家对于未来的想象虽少,但是也能看到,这类想象大多以对未来的展望和预测的形式出现。比如,在钱穆著于抗战时期的《国史大纲》中,他认为三民主义最初并未被广大国民党党员理解,以至于三民主义没有被顺利实行,但当时的钱穆相信三民主义将在中华民国的建设过程中发挥巨大的作用。钱穆写道:"可惜三民主义之真意与真精神,一时未能为信从他的一般党员所切实了解。因此三民主义在建国工作上,依然有不少顿挫、不少歧趋。然而辛亥革命、民国十七年之北伐,以及当前之对日抗战,全由三民主义之领导而发动。将来三民主义之充实与光辉,必为中华民国建国完成之惟一路向。"①

二

历史学是一门实证的学科,它的研究必须以史料为依据,因此,言之有据就是历史学的基本原则和方法。所谓的以史为据,也就是以史料为根据,而史料大多数都是前人的记忆,历史叙事就是以前人的记忆为依据。

众所周知,历史学必须靠记忆,没有记忆也就没有历史学。就像雅克·勒高夫(Jacques Le Goff)认为的,记忆是历史的原材料,"无论是思维中的、口头的还是书面的,它都是历史学家汲取的活素材"②。阿兰·梅

---

① 钱穆:《国史大纲》(修订本),北京:商务印书馆,2010年,第914页。
② 转引自[美]阿兰·梅吉尔:《历史知识与历史谬误:当代史学实践导论》,黄红霞、赵晗译,北京:北京大学出版社,2019年,第35页。

吉尔（Allan Megill）认为，记忆在史学研究中有四种不同的存在方式。第一，历史记忆可以作为历史学家的证据，证明过去客观发生的事情。史学家在对过去进行建构或重建时要利用"痕迹"和"材料"，记忆是史学家构建有关过去的一种资料来源。第二，记忆可以作为史学家的证据，来证明后来保存了记忆的人是如何经历过去的。换言之，史学家力图建构或重建参与者的经历。第三，记忆可以作为史学中应注意到的一个对象本身而对史学家有价值，即人们是如何记住过去的也是史学家研究的对象。第四，以记忆为基础的叙事变成了类似宗教崇拜对象的事物，有了崇拜的因素，记忆变成了纪念。这种研究超出了史学家研究的对象。[1]本节涉及的记忆，仅限于阿兰·梅吉尔第一种和第二种记忆在史学研究中的存在方式。

在历史书写中，记忆大致以两种形态存在，一种为静态的，一种为动态的。静态的历史记忆就是简单记录某年某月发生什么事情，即我们经常所说的年代记、编年史。如司马光的《资治通鉴》中就有编年史的例子，比如：

> （安王）元年，秦伐魏，至阳孤。
>
> 二年，魏、韩、赵伐楚，至桑丘。
>
> ……
>
> 三年，王子定奔晋。虢山崩，壅河。
>
> 四年，楚围郑。郑人杀其相驷子阳。
>
> 五年，日有食之。[2]

相对而言，动态的历史记忆内容丰富一些，比如，传教士在见过大清皇帝以后这样写道：

> 3月22日他离开江宁返回北京。因为职责，我们这几天成为他随从的一部分，我们跟他走了大约九十英里，随后我们在岸边等

---

[1] [美]阿兰·梅吉尔：《历史知识与历史谬误：当代史学实践导论》，第41—42页。
[2] 《资治通鉴》卷一《周纪》，北京：中华书局，2011年，第22—23页。

候他（当时他去拜访金山的寺庙）。他看到我们，亲切地招呼我们的小船靠近，他的船拖着我们的小船走了约六英里。他坐在平台上，先读了我们的奏本，那是我们按照中国习俗向他书面表达谢意……他问我们如何渡过扬子江，他在路上是否会遇到任何一种我们的教会组织。他给我们看他随身携带的几本书，当我们的面向被他唤来满清官吏下达不同的命令；把他桌上的糕点和其他大量的食品装进我们的小船后，他满怀敬意地送别我们。①

传教士记录下来的文字成为一种历史记忆，这种历史记忆就成为后世史学家研究历史的依靠了。当后世史学家来尝试按照这份记录回顾当时传教士与皇帝的交流时，就需要用想象的思维来还原那个场景。这也就是说，历史想象是建立在历史记忆的基础之上的。这是历史记忆与历史想象的一种关系。

还有一种关系也应该注意，这是大多数史学家没有考虑过的。史学家根据当时人的言说或者所存下来的记录来写历史，这是没有疑问的。但这里需要注意的是，时人的言说或者所存下来的记录本身就是想象，史学家根据这种想象来记录一段历史，而其他史学家研究这段历史时，又会根据前人的想象来想象，因此，就会出现对于历史的"双重想象"甚至"多重想象"。比如，钱穆在回忆老师吕思勉时说：

①一次考试，出四题，每题当各得二十五分为满分。余一时尤爱其第三题有关吉林省长白山地势军情者。乃首答此题，下笔不能休。不意考试时间已过，不得不交卷。如是乃仅答一题。②诚之师在其室中阅卷，有数同学窗外偷看，余不与，而诚之师亦未觉窗外有人。适逢余之一卷，诚之师阅毕，乃在卷后加批。此等考卷本不发回，只须批分数，不须加批语。乃诚之师批语，

---

① 转引自［美］史景迁：《曹寅与康熙：一个皇室宠臣的生涯揭秘》，陈引驰、郭茜、赵颖之等译，上海：上海远东出版社，2005年，第154页。

一纸加一纸，竟无休止。手握一铅笔，写久须再削。诚之师为省事，用小刀将铅笔劈开成两半，俾中间铅条可随手抽出，不断快写。铅笔又易淡，写不出颜色来，诚之师乃在桌上一茶杯中蘸水书之。所书纸遇湿而破，诚之师无法粘贴，乃以手拍纸，使伏贴如全纸，仍书不辍。①

①句为钱穆的记忆，而当读者阅读的时候就需要通过想象去还原当时的场景，这是建立在历史记忆基础之上的历史想象。②句为钱穆根据偷看吕思勉批改卷子的同学记忆所得，也就成了钱穆的记忆。当钱穆在写这段文字的时候，他就要按照同学的记忆来想象吕思勉批改自己卷子时一丝不苟、全神贯注的情境。也就是说，钱穆这段回忆老师的文字首先是建立在自己想象的基础之上，而后才成了历史记忆。而当其他学者去读这段历史记录时，他们也会用想象来还原当时的场景、画面，于是就可以说，其他史学家的想象建立在钱穆想象的基础之上。换个意思来说，想象与记忆之间的关系并非固定的，两者之间随着诉说者和倾听者以及时间、空间的转化会发生变化，诉说者的记忆就成了倾听者的想象，倾听者的想象就成

---

① 钱穆：《八十忆双亲 师友杂忆》，北京：生活·读书·新知三联书店，2010年，第59页。非常巧合的是，同样的例子是发生在邓尔麟回忆赴钱穆故乡考察时，"1986年4月初，我又回到台北北部的素书楼。当我重登上楼前的台阶时，脑海中充满了各种错综矛盾的形象。我刚访问了七房桥回来；此时此刻，仿佛还能听到啸傲泾的流水轻轻拍打着行船，仿佛还站在那五世同堂殿的废址，闻到怀海义庄小学办公室的霉味。我仿佛又回到了七房桥，热情的主人从古老的祠堂里搬来了大圆桌，用鲜美的池鱼在穹里盛情地款待我。在洪山吴泰伯墓前我曾伏首磕头，也看到年轻的艺匠在梅村泰伯庙里精心地细雕着神像。华氏大浮墓如今已成桑田一片，但它的幽幽古情仍令人深有感触。我的形迹踏遍了鹅湖的堤坝，老华氏义庄的粮仓，也去了荡口小学——钱穆当年学习和教学的所在地。在形形色色的回忆中，我仿佛又听到村民熙熙攘攘的嘈杂声。他们之中有六十、七十、八十岁的老人，有教师、商人、农人、乐师、道士和仆人。这些昔日世界中的男男女女与钱穆先生一起使我对那逝去的岁月有所认识和了解。"这段叙述中既有想象又有记忆。参见［美］邓尔麟：《钱穆与七房桥世界》，兰桦译，北京：社会科学文献出版社，1998年，第122页。

了后世读者的记忆。回到"钱穆忆师"的例子来说，钱穆的这段文字有记忆、有想象，当钱穆的这段文字成为研究者可依靠的历史材料时，研究者就需要凭借"想象"和"想象之上的想象"来重温这段历史场景。

三

在海登·怀特看来，编年史或者年代记是按照事件发生的年代顺序单纯罗列下来的一组事件的序列，它没有开头和结尾，没有高潮和低潮，没有紧密的联系而只是时间的相接，没有事件的深入剖析，只是停留在时间的表面记录。而故事却不一样，故事则有明显可以辨认的开头、过程和结尾。历史的意义正是通过故事来实现的，那么历史必须被构造成富有情节的故事。[①]故事是通过历史叙事的形式表现出来的，因此，从某种意义上说，历史叙事是把死的、单一的编年史或者年代记转变成活的、生动的、有意义的历史故事或者历史图画。

在历史书写中，史学家是如何将简单的历史记录转换成动态的历史画面的呢？以史景迁《王氏之死：大历史背后的小人物命运》为例，史景迁是这样书写王氏被丈夫杀死的过程的：

①当任（王氏的丈夫）的双手紧紧掐着王氏的脖子时，她从床上弹了起来，但挣不掉任的手。②他的双手紧紧掐在她喉咙上，并且用力跪在她肚子上，压住不让她动。③她的双腿奋力踢打，把睡垫都踢成稀烂，她的内脏也裂开了，她的双腿把垫子下面的稻草也蹬裂了，但他一直不松手。④王氏死时，邻居们没有一个听到一点异声。[②]

为了与史景迁的这段历史书写相比较，我们也把史景迁所参考的县官

[①] [美]海登·怀特：《元史学：十九世纪欧洲的历史想像》，第6—7页。
[②] [美]史景迁：《王氏之死：大历史背后的小人物命运》，李孝恺译，李孝悌校译，桂林：广西师范大学出版社，2011年，第146页。

黄六鸿《福惠全书》中关于王氏之死的原文摘抄如下：

> 及其解衣就寝，汝乘其睡熟，①乃以左膝压其腹，右手扼其喉，彼声不能出，②仅以两足撑蹬，时气绝。[①]

比照史景迁的叙述和县官黄六鸿的记录，我们发现《福惠全书》中描述王氏之死的文字只有37个，而史景迁却用了122个字描述王氏死时的情景。《福惠全书》中的①②句要表达的意思其实在史景迁的②句就已经表达清楚了，但是史景迁却不厌其繁地又用①③④句来更为形象地描述王氏被杀的动态场景，因此，可以说这①③④句其实就已经是史景迁的想象了，这是史学中有直接证据的历史想象。[②]此外，当史学家在进行一段历史书写时，由于没有直接证据来支撑，史学家就会利用间接证据来推测想象以形成一种可能的叙事，这在史景迁《雍正王朝之大义觉迷》中就曾用到。曾静被乾隆关进北京大牢，历史记载中没有留下牢内情形的内容，于是史景迁借助间接材料来描述北京大牢内的设置。方苞曾经因为戴名世案被关进大牢，他奇迹般生还并将牢内的情形记载下来，因此，方苞的记载就成了史景迁描述牢内情形的间接材料。史景迁写道：

> 方苞还记得，大牢有四排牢房，每一排牢房的配置都类似，中间是狱卒住的地方，有门窗可透光通风。但是两侧的牢房既无光线，通风也不好。五十名囚犯挤在没有窗户的牢房里，入夜之后都锁成一排，门上拴了锁，直至天明。这门在晚上是不曾打开

---

① 黄六鸿：《福惠全书》卷三二，清光绪十九年（1893）文昌会馆刻本，第168页。
② 历史著作中一些较为明显的想象自然不需要我们返回原始史料去辨别，比如，魏斐德在写到豫王多铎与史可法见面时，先引用了一段材料，然后说："这份材料没有告诉我们，多铎在20日审问史可法时什么打扮，但是有一点是容易想象的，即在身材魁梧、衣着华丽的满族王侯和粗壮、面色阴晦、仍然穿着带有血迹衣服的中原将军之间，实在有天壤之别。"没有材料，但是魏斐德运用他高超的想象力为我们展现了胜者和败者会面时的衣着打扮。参见［美］魏斐德：《洪业：清朝开国史》，陈苏镇、薄小莹等译，南京：江苏人民出版社，2005年，第190页。

的。每天早上，狱卒把死去的囚犯拖出去，这样，活着的囚犯在新的犯人关进来之前活动的空间可以大些。除非犯人有什么有钱有势的亲戚，愿意花些钱打点打点，让犯人脱去枷锁，情况才可能稍有舒缓。①

通过间接材料的使用，史景迁让读者看到了北京大牢的内部设置、恶劣环境以及对犯人的严酷管理，我们就可以想象出曾静身处其中时的画面。虽然上述历史叙事中想象的成分也不少，但毕竟还受历史材料的约束，比如史景迁对于王氏被丈夫杀死的叙事是以县官黄六鸿《福惠全书》记载为依据，对关押曾静的北京大牢内的环境描述是依据方苞的记录。那么，在历史书写中，不受记录限制的历史想象在史学著作中存在吗？显然是存在的。历史记录总会出于这样或者那样的原因，导致事件记录的不完整或者缺失。历史学家出于复原历史原貌的渴望，就会发挥想象力去弥补事件之间的空隙。②比如，1669年康熙南巡，4月30日和5月1日在苏州，5月5日在望亭。但是《大清圣祖仁皇帝实录》中没有一处提及5月2日、3日、4日这三天康熙在干什么，甚至连具体的日期也没有提到。虽然官方的记录在这几天出现缺失，但是一份杂记却记录了康熙5月2日的所作所为。杂记记载："5月2日皇帝离开苏州，在遇见几个渔夫并且自己钓了几条鱼后，他独自与巡抚宋荦坐上两只独木舟。然后两人来到岸上与几群不同的村民

---

① ［美］史景迁：《雍正王朝之大义觉迷》，温洽溢、吴家恒译，桂林：广西师范大学出版社，2011年，第253页。
② 对于此问题更为具体详细的讨论可参见第四章。

谈论庄稼和当地民情，皇帝评论说凡事必亲见。"①康熙南巡三天的所作所为在实录上没有记载，这是一段空白，通俗史学家自然会抓住这千载难逢的机会来弥补这段空白，凭借想象推测出一场皇帝离开众随从官员而微服私访的画面。

总而言之，我们发现，在历史学中存在着大量不同类型的历史想象，而史学家对其给予的关注明显不够。历史记忆与历史想象的关系非常复杂。历史记忆是历史想象的基础，但历史记忆与历史想象之间的关系并不是固定不变的。如以上述钱穆忆师来说，对于钱穆来说是记忆，对于读者来说就是想象；对于钱穆来说是想象，对于读者来说就是建立在想象之上的想象。有些历史想象是比较明显的，因为史学家在历史叙事中已有所说明。但是对于隐性的历史想象，史学家只有回到引文的源头，才能发现哪些是历史记录（记忆），哪些是历史想象；哪些是有直接证据的想象，哪些是有间接证据的想象，哪些是没有证据的想象；哪些地方是实证性的，哪些地方是推论性的。这样的分析可以让我们知道史学文本是如何生成的，史学家是如何对材料进行取舍的。

---

① ［美］史景迁：《曹寅与康熙：一个皇室宠臣的生涯揭秘》，第150页。史景迁的其他著作中也有类似没有历史记忆的想象，这里以史景迁的《胡若望的困惑之旅：18世纪中国天主教徒法国蒙难记》为例子。在讲到从法国回到故乡的胡若望晚年生活时，史景迁写道："回到故乡的胡若望常坐在夕阳下，瞅着气根满身、枝梢下垂的老榕树。收割季节才过，满目的稻梗在夕阳的照耀下发出金色的亮光。脚下，儿时看惯的河水此时在一边静静地淌着，抬头向远处看去，极目之处是连绵的山峦，它们将天边割出条蜿蜒的曲线。'胡伯伯，胡伯伯！'孩子们围绕在胡若望的身边，不停地欢叫着，他们的眼睛睁得大大的，心里满怀着期待。他们尖细、充满信心的声音冲向那无声无际的天空：'胡伯伯，告诉我们，山外那边的地方是什么样儿？'胡若望眯着眼，顿了一会，然后闭上眼柔声慢语道：'嗨，孩子们，那地方和咱这儿一样，没什么不一样。'"这一段文字是没有历史记忆可以凭借的，完全是史景迁想象的产物，这大概已属于小说家的笔油了。参见［美］史景迁：《胡若望的困惑之旅：18世纪中国天主教徒法国蒙难记》，吕玉新译，上海：上海远东出版社，2006年，第162—163页。史景迁也在注释中说："本节最后几行以本书作者的想象而作。"见该书第203页。

与此同时，在比较原始史料和历史书写的过程中我们发现，历史书写中添加了许多原始史料中没有的元素。这些元素除了史学家的想象之外，还有史学家的逻辑推理。历史想象和逻辑推理的关系，以及逻辑推理在历史学中的表现形式如何等问题，将在下节论述。

第二节　逻辑推理与想象

在历史书写中，逻辑推理、历史想象各自扮演着重要的作用①，二者时而单独使用，时而混合使用，既有联系，又有区别。

一

柯林武德认为历史学与自然科学是不同的，自然科学属于精确性的科学组织，历史学则不是。自然科学家的出发点是一种假设，由此运用的是演绎的逻辑推理。而历史学则是从所观察到的各种事实来推论问题的答案，由此运用的是归纳的逻辑推理："它是一种科学，其任务乃是要研究为我们的观察所达不到的那些事件，而且是从推理来研究这些事件；它根据的是另外某种为我们的观察所及的事物来论证它们，而这某种事物，历史学家就称之为他所感兴趣的那些事件的'证据'。"②柯林武德所谈的论

---

① 关于逻辑推理和历史想象在历史叙述中各自的表现形式以及它们之间的关系，参见陈新《历史认识：从现代到后现代》第一章第三节"逻辑推论与历史想象"（第24—36页）。
② [英]柯林武德：《历史的观念》，第350页。屈威廉和兰克都持类似的观点。屈威廉认为："历史并不是一种科学的演绎，而是一种对于最可能的概括的想象的猜测。"参见[英]屈威廉：《历史女神克利奥》，见何兆武主编：《历史理论与史学理论——近现代西方史学著作选》，第626页。兰克认为："'特殊'确实可以从容不迫、放心大胆地上升到'一般'；但是却没有一条道路从'一般'通向'特殊'，两者之间只有单行线。"参见[德]列奥波德·冯·兰克：《世界历史的秘密：关于历史艺术与科学的著作选》，[美]罗格·文斯编，易兰译，上海：复旦大学出版社，2012年，第30页。

证方法正是归纳的逻辑推理。归纳推理的方法大概是历史学中运用最广泛的方法。虽然史学家的研究对象是个别的、非重复的历史事件，但是史学家总会在文章的结尾或者一些段落的结尾做一些史学家认为可能的、合适的归纳推理。因系归纳推理，史学家会使用"一言以蔽之""总之""概括之""以此而论"等类似归纳的词语进行表述。如魏斐德在叙述到吴三桂进兵到湖南停止不前的原因时使用了归纳推理，他说："不是因为他希望保住被扣在北京的儿子的性命，就是因为他考虑到在继续北上之前建立一个强大的根据地具有重要的战略意义，总之，吴三桂到湖南后便停止不前了，从而使清军有时间在湖北集结兵力，建立防线。"①在有的历史叙述中，虽不见上述较明显的概括性词语，但也隐形地使用了归纳推理。如陈寅恪在讲唐代小说体例的原则时就使用了隐形的归纳推理，他写道："唐人小说例以二人合成之。一人用散文作传，一人以歌行咏其事。如陈鸿作长恨歌传，白居易作长恨歌。元稹作莺莺传，李绅作莺莺歌。白行简作李娃传，元稹作李娃行。白行简作崔徽传，元稹作崔徽歌。此唐代小说体例之原则也。"②

回到历史书写中，我们就会发现，其实演绎推理也常被史学家用到。史学家会按照当时社会的一般情况，通过常理或者生活经验去推理，得出结论。陈寅恪著述中此类例子颇多，比如在《柳如是别传》中，陈寅恪认为柳如是许多词中颇有似曲者，是因为柳如是善"解曲"，而善解曲是由于柳如是所居地有许多善"度曲"的学者，因此，柳如是受当地的风气影响而善"解曲"。③又如，黄仁宇根据两千年根深蒂固的家族观念，即一旦家族中有名望的人做过高官，那么该人回到家乡就必须肩负更多的家族

---

① [美]魏斐德：《洪业·清朝开国史》，第382页。
② 陈寅恪：《论再生缘》，见《韩柳堂集》，北京：生活·读书·新知三联书店，2001年，第105—106页。
③ 陈寅恪：《柳如是别传》，上海：上海古籍出版社，1980年，第240页。

事务，演绎推理李贽出家的原因。黄仁宇叙述道："李贽一意孤行，一定要和两千年来根深蒂固的家族观念联系起来观察，才能使人理解，因为按照当时的习惯，他一旦回到泉州，他所需要照顾的决不能仅止于自己的家庭。他是族中有名望的人物，又做过知府，那就一定会陷入无数的邀劝纠缠之中而不可自拔。"①

把演绎推理理论化、系统化地运用到历史学中无疑属于德国史学家亨佩尔（Carl Gustav Hempel）的"覆盖定律模型"。亨佩尔在其《普遍定律在历史中的作用》中指出，有的学者认为历史学只是对具体历史事件的讨论，而不是寻找对这些事件起支配作用的规律。他认为这种观点虽然具有某种合理性，但也"断然不能接受"。亨佩尔认为历史学与其他科学相比，并没有什么特殊性。普遍规律"不但在历史中起着与在自然科学中十分相似的作用，而且也是研究历史必不可少的手段"②。于是，亨佩尔提出了他的"覆盖定律模型"。这种演绎解释模式的特点是：它包含两个前提，一个是最终事件发生的初始条件和边界条件，一个是经验的普遍规律。有了这两个前提后，就可以对具体的事件进行解释了。亨佩尔列举一例加以说明：美国大草原干燥地带的农民移居到加利福尼亚，是因为持久的干旱和肆虐的风沙对他们的生存威胁越来越大，而加利福尼亚可以给他们提供更好的生活条件。这一解释就隐含着这样一种普遍假设：人们总是向能够提供更好生活条件的地方移居。吕思勉似乎也持类似亨佩尔的观点，他说现代史学的格言是"求状况而非求事实"。只要理解了某时代某地方的一般状况，史学家就可以借此明白具体的历史事实了。吕思勉说："所以求状况的格言，是'重常人，重常事'，常人、常事是风化，特殊的人所做的特殊的事是山崩。不知道风化，决不能知道山崩的所以然，如

---

① ［美］黄仁宇：《万历十五年》（增订本），北京：中华书局，2011年，第193页。
② ［德］亨佩尔：《普遍规律在历史中的作用》，见何兆武主编：《历史理论与史学理论——近现代西方史学著作选》，第860页。

其知道了风化,则山崩只是当然的结果。"[①]

上述的几个例子是归纳推理和演绎推理在历史学中的单独使用,但在有的历史叙述中,两者是混合使用的。陈寅恪的文章中这种情形特别典型,我们以《论隋末唐初所谓"山东豪杰"》一文举例说明。陈寅恪首先将山东豪杰分为三类,第一类为窦建德、刘黑闼等,第二类为翟让、徐世勣等,第三类为青、齐、徐、兖诸豪雄。对于第一类,陈寅恪先引《新唐书》《旧唐书》《资治通鉴》《全唐文》中关于窦建德和刘黑闼的材料得出,窦建德、刘黑闼等党徒被视为隋末唐初最善斗而且有坚固组织的集团。窦建德是鲜卑后裔;刘黑闼的"刘"是胡人所改汉姓的最普遍者,"黑闼"的名字与宇文黑獭的"黑獭"都是胡语,且刘黑闼以神勇著称,因此,刘黑闼是胡人(此为演绎推理)。对于第二类,陈寅恪在引大量史料后得出,唐太宗之所以在宣武门政变中战胜建成、元吉,是因为利用了守卫宫城要隘玄武门的山东豪族。翟让死后,徐世勣是山东豪杰的领袖,关陇集团和山东豪杰是当时中国武力集团的主要力量,故其在政权中起着举足轻重的作用。对于第三类,青、齐、徐、兖诸豪杰,或为唐功臣,或为李朝叛贼,但仍属于山东豪杰的范围。由此归纳推理总结出山东豪杰的特征是骁勇善战,多胡人姓氏,从事农业,组织力强。根据记载,北魏时常以高车或丁零族充任镇营户,而此族是诸胡中最善战者。因此演绎推理

[①] 吕思勉:《吕著史学与史籍》,上海:华东师范大学出版社,2002年,第23页。

出：此集团是北魏镇兵之后裔。①

由上可见，归纳推理和演绎推理不仅适用于自然科学，也适用于历史学。众所周知的是，自然科学与历史学有着很大的不同。自然科学通过客观、抽象的认识来进行，而以精神科学为对象的人文学科则涉及理解。史学家在研究历史的时候，必须深入历史亲身体验。狄尔泰说："［精神科学的］建立来自亲身体验，它从实在来，到实在去；它总是更深入历史实在之中，总是在历史实在中进一步寻找并获得对历史实在更开阔的眼光。我们在其中引入的假设没有一条是基于直接经验之外的东西。因为，理解是从个人充沛的经验出发，通过一种位置的调换，渗透进他人的生命表现之中。""我们理解自己以及理解其他存在，只能通过我们将自己的生命内涵迁移到一种生命的所有表现形式之中，不管这种生命是属于我们还是异于我们的。这样，由亲身经验、表现和理解所组成的整体就是一种无所不在的特殊方法，通过它，人文科学对我们来说是作为精神科学的对象而存在着。"②那么，想要理解或者解释历史现象，史学家以何种方式进行呢？以类比推理来进行。因为从逻辑角度来看，"历史学家的解释与老百姓的解释并无二致"。比如法国大革命爆发的原因在于经济形势、观念变迁，资产阶级兴起，君主制的财政危机，1787年歉收，等等。与此类似，

---

① 陈寅恪：《陈寅恪史学论文选集》，上海：上海古籍出版社，1992年，第324页。关于陈寅恪对演绎推理与归纳推理的交相使用，参见陈弱水：《现代中国史学史上的陈寅恪——历史解释及相关问题》，《中国文化》2002年第19、20期合刊。在胡适看来，乾嘉学派并用"归纳和演绎"的方法，如钱大昕在古音韵学上考定"古无舌头舌上之分"，首先从古文献上搜集例证，归纳出"古读直如特""古读竹如笃""古读猪如都"等通则，然后将这些通则贯串综合，归纳出"古读舌上音皆为舌头音"等大通则，再用演绎法，将此通则套用于其他个例。整个过程包含了几层归纳和演绎的功夫。王念孙、王引之、俞樾、孙诒让等人的训诂学，以文字假借、声类通转、文法条例为中心，用的也是这些方法。参见胡适：《清代学者的治学方法》，见葛懋春、李兴芝编：《胡适哲学思想资料选》（上），上海：华东师范大学出版社，1981年，第194—211页。

② 转引自［法］安托万·普罗斯特：《历史学十二讲》，第139—140页。

在日常生活中，例如，交通事故的目击者对赶到现场的警察说："我来给您解释……老太太过人行横道，那辆车开过来，速度太快……司机刹车，但是路上滑，车没有及时刹住。就是这样……"或者人们在聊到选举时的解释："他们输掉选举，是因为丑闻让选民不再信任他们，是因为他们没拿出任何计划，是因为经济危机和大量人口失业。"日常生活的思维方式和史学研究的思维方式是一样的，它可以通过一些补充使得解释更精确、更完善。比如，要完善对交通事故的解释，可以诉诸司机醉酒驾车、地面湿滑或者汽车质量问题等。"这个世界和社会生活让历史学家学会有些事情会发生，有些则不会，如果不是基于他自身对这个世界与社会生活的经验，历史学家又是基于什么来接受或拒绝其史料给他提供的解释呢？"①史学家的推理是通过与现在进行类比进行的，他把日常生活、社会经验中得到的解释模式转用于过去。

马克·布洛赫表达了类似的意思，他说："我多次读过或叙述、描绘过战争，可在我亲身经历可怕而令人厌恶的战争之前，我又是否真正懂得'战争'一词的全部含义呢？军队被包围，国家遭惨败，究竟意味着什么呢？在我亲身感受到1918年夏秋胜利的喜悦之前（啊！虽然胜利的芬芳不会完全一样，但我仍衷心渴望它再次重现），我是否真正理解'胜利'这美丽的词所包含的全部意义呢？最终，人们总是自觉或不自觉地借用日常生活经验，并加以必要的取舍，赋予新的色彩来再现历史。"②陈垣在抗战时期提倡作"有意义之史学"，代表作《通鉴胡注表微》。陈垣要作这部书，原因之一即他身在沦陷区的北平，在日伪统治下，与胡三省有相似的遭遇，并且有共同的爱国情怀，所以感同身受。比如，胡三省注梁武帝时韦叡救钟离，联系到南宋末年襄阳被元军围困六年后，守将投降云："比年襄阳之守，使诸将联营而前，如韦叡之略，城犹可全，不致误国。

---

① ［法］安托万·普罗斯特：《历史学十二讲》，第140—141页。
② ［法］马克·布洛赫：《为历史学辩护》，第38页。

呜呼痛哉！"陈垣指出，这是胡三省"有感于当时事实，援古证今"。又如，胡三省亲见南宋、后晋记国之痛，在注中"呜呼痛哉"，陈垣不禁也在《通鉴胡注表微》感慨："人非甚无良，何至不爱其国，特未经亡国之惨，不知国之可爱耳！身之身亲见之，故其言感伤如此。"可见，正因为陈垣在写作此书时，大片国土被日本侵略者占领，又身在沦陷区的北平，与胡三省情况相似，所以他才能深切体会到胡三省的亡国之痛。①陈寅恪亦曾因生活经验，多了一层对史学的理解。他说："回忆前在绝岛，苍黄逃死之际，取一巾箱坊本建炎以来系年要录，抱持诵读。其汴京围困屈降诸卷，所述人事利害之回环，国论是非之纷错，殆极世态诡变之至奇。然其中颇复有不甚可解者，乃取当日身历目睹之事，以相印证，则忽豁然心通意会。平生读史凡四十年，从无似此亲切有味之快感，而死亡饥饿之苦，遂亦置诸度量之外矣。"②

马克·布洛赫、陈垣、陈寅恪等人经历了战争，他们凭借此对历史有了新的、深刻的理解。但大多数史学家经常会在图书馆或者档案馆阅读史料，所以他们不得不依靠他人的经验，通过朋友、熟人或者目击者的叙事来类比理解历史。③贝林认为，人依靠想象力可以敏锐地描述自己未经历的事情。他举例说，佩里·米勒不信教，也没有直接的宗教经验，却能对清教思想做出深刻的阐释。类似的例子很多，如司马迁不是伍子胥的朋友，却对其一生做了绘声绘色的描述；吉本没有在罗马帝国生活的经验，但罗马的历史景象在他的笔下同样生动有趣。④可见，类比推理对于史学家理解历史也有着重要的作用。

---

① 陈智超：《陈垣先生与〈通鉴胡注表微〉》，见陈垣：《通鉴胡注表微》，北京：商务印书馆，2011年，第361页。
② 陈寅恪：《陈述辽史补注序》，见《金明馆丛稿二编》，第264页。
③ ［法］安托万·普罗斯特：《历史学十二讲》，第31页。
④ 李剑鸣：《历史学家的修养和技艺》，第160页。

二

虽然中外学者对于历史想象的表述因人而异,但都不同程度地认识到历史想象是研究和理解历史的一种有效方法。

吕祖谦认为读史要"当如身在其中,见事之利害,时之祸患,必掩卷自思,使我遇此等事,当作如何处之。如此观史,学问亦可以进,知识亦可以高,方为有益"[①]。王夫之在《读通鉴论》中道:"使能揆之以理,察之以情,取仅见之传闻,而设身易地以求其实,则尧、舜以前,夏、商之季,其民之淳浇、贞淫、刚柔、愚明之固然,亦无不有如躬阅者矣。"[②]"设身于古之时势,为己之所躬逢;研虑于古之谋为,为己之所身任。"[③]戴名世认为治史要"知人论世",应仔细辨别众说。如何辨别?他说:"众不可矫也,亦不可徇也,设其身以处其地,揣其情以度其变。"[④]龚自珍认为史的范围非常广泛,包罗万象,他提出了史"心"的"善入""善出"说。他说:"史之尊,非其职语言、司谤誉之谓,尊其心也。心何如而尊?善入。何者善入?天下山川形势,人心风气,土所宜,姓所贵,皆知之。……其于言礼、言兵、言政、言狱、言掌故、言文体、言人贤否,如其言家事,可谓入矣。又如何而尊?善出。何者善出?天下山川形势,人心风气,土所宜,姓所贵,国之祖宗之令,下逮吏胥之所守,皆有联事焉,皆非所专官。其于言礼、言兵、言政、言狱、言掌故、言文体、言人贤否,如优人在堂下,号咷舞歌,哀乐万千。堂上观者,肃

---

① 吕祖谦:《吕祖谦全集》(第2册),杭州:浙江古籍出版社,2008年,第218页。
② 王夫之:《读通鉴论》(中册),舒士彦点校,北京:中华书局,2013年,第612页。
③ 王夫之:《读通鉴论》(下册),第977页。
④ 戴名世:《戴名世集》,王树民编校,北京:中华书局,2000年,第404页。

然踞坐,眯睐而指点焉,可谓出矣。"①如何"善出""善入"?则需史学家设身处地,对历史上发生的史实了如指掌,入乎其内,又能出乎其外,将历史与现实沟通起来。章学诚的《文史通义》言:"恕非宽容之谓者,能为古人设身而处地也。"②曾国藩在给其弟的家书中写道:"读史之法,莫妙于设身处地。每看一处,如我便与当时之人酬酢笑语于其间。"③吕祖谦的"当如身在其中,见事之利害、时之祸患",王夫之的"设身易地以求其实""设身于古之时势",戴名世的"设其身以处其地,揣其情以度其变",龚自珍的"善入""善出"说,章学诚的"能为古人设身处地",曾国藩的"莫妙于设身处地",都是历史想象的另类表述。

陈寅恪在《冯友兰中国古代哲学史上册审查报告》中说:"凡著中国古代哲学史者,其对于古人之学说,应具了解之同情,方可下笔。盖古人著书立说,皆有所为而发。故其所处之环境,所受之背景,非完全明了,则其学说不易评论。而古代哲学家去今数千年,其时代之真相,极难推知。吾人今日可依据之材料,仅为当时所遗存最小之一部,欲借此残余断片,以窥测其全部结构,必须备艺术家欣赏古代绘画雕刻之眼光及精神,然后古人立说之用意与对象,始可以真了解。所谓真了解者,必神游冥想,与立说之古人,处于同一境界,而对于其持论所以不得不如是之苦心孤诣,表一种之同情,始能批评其学说之是非得失,而无隔阂肤廓之论。"④钱锺书说:"史家追叙真人实事,每须遥体人情,悬想事势,设

---

① 龚自珍:《龚自珍全集》,上海:上海人民出版社,1975年,第80—81页。
② 章学诚:《文史通义》,第82—83页。
③ 曾国藩:《曾国藩全集·家书(一)》,长沙:岳麓出版社,1985年,第55页。
④ 陈寅恪:《冯友兰中国哲方史上册审查报告》,见《金明丛馆二编》,第279页。彭华研究指出,如何理解古代人物、古代历史、古代思想,"同情的理解"是重要的方法之一。持有此法的不仅有史学家陈寅恪、钱穆,还有哲学家、哲学史家贺麟、唐君毅、汤用彤。从时间上来看最早行诸文字的是陈寅恪,但并不能因此认为其他学者因袭陈说,不如说"英雄所见略同"。参见彭华:《"同情的理解"略说——以陈寅恪、贺麟为考察中心》,《孔孟学报》2011年总第90期。

身局中，潜心腔内，忖之度之，以揣以摩，庶几入情合理。盖与小说、院本之臆造人物、虚构境地，不尽同而可相通。"①陈寅恪所说的"神游冥想""处于同一境界""表一种同情"和钱锺书的"遥体人情""设身局中""潜心腔内"也是对于历史想象的一种表述。

总体而言，吕祖谦、王夫之、戴名世、龚自珍、章学诚、曾国藩、陈寅恪所说的属于对于历史背景和环境的想象理解，钱锺书所说的既有心理上的揣摩想象，也有对历史背景的想象理解。

西方学者对于历史想象也有他们的表述方式。狄尔泰将科学分为自然科学和精神科学，二者有根本不同的研究对象。精神科学研究的对象是人类内在的精神生命。历史学是精神科学的主要学科，那么应该如何进入精神生命的深处，即理解历史如何可能？狄尔泰认为，史学家需要设身处地进入历史人物的精神世界，体验移情，像历史人物那样想他所想，思他所思。可以说，狄尔泰的"移情"是偏重心理上的体验和想象。他举例道：

> 当我看了路德的书信，知道了他的同时代人的报告、宗教讲演的仪式和宗教会议，以及他的职业交往时，我便体验到一种具有火山爆发那样威力、具有关系到生死危险那样力量的宗教过程，这远远超出了我们今天任何人的体验的可能性。但是我能再体验到它。我能把自身投入到那样的环境中，其中的一切都紧迫地朝向一种宗教感情的非常的发展。我在修道院看到了一种与不可见的世界交往的方法，它总是使修道士的灵魂持续地注视着彼岸的事物，神学的争论在此成了内在的生存问题。我看到了修道院中形成的东西是如何通过无数条途径，如讲道坛、忏悔、讲座、著作扩展到世俗的世界，我看到教法会议和宗教运动如何到外传播着关于不可见的教堂和普遍的僧侣精神的学说，它是如何

---

① 钱锺书：《管锥编》（第1册），北京：中华书局，1979年，第166页。

关系到世俗生活中人格的自由，那些在修道士的小室中、在已叙述的激烈斗争中的获得物是如何反对着教会。①

柯林武德认为史学家在研究历史事件时，可以将历史事件分为事件的外部和内部。"事件的外部，我是指属于可以用身体和它们的运动来加以描述的一切事物；……事件的内部，我是指其中只能用思想来加以描述的东西。"②史学家不能仅仅研究事件的外部，更重要的是对于事件内部的研究。应该如何对事件的内部进行研究呢？柯林武德认为史学家必须在自己的心灵中重演过去。他予以举例：

> 假设他正在阅读狄奥多修斯法典，而且在他面前有着皇帝的某一敕令。仅仅阅读这些文字并且能翻译它们，并不等于懂得了它们的历史意义。为了做到这一点，他就必须看清楚这位皇帝正在企图对付的那种局势，而且他必须看它就像这位皇帝看它那样。然后他必须为他自己看出这样一种局势如何加以对付，正好像那个皇帝所处的局势就是他自己所处的一样；他必须看到各种可能的选择，以及选定这一种而不是另一种的理由；这样，他就必须经历皇帝在决定这一特殊办法时所经历的过程。因此，他就是在他自己的心灵中重演那个皇帝的经验；而且只有在他做到了这一点的时候，他才对那个敕令的意义具有真正的历史知识，而不同于单纯的语言学知识。③

---

① ［德］狄尔泰：《对他人及其生命表现的理解》，见何兆武主编：《历史理论与史学理论——近现代西方史学著作选》，第331页。历史主义有两层意思，其中之一为一种研究历史的方法论，它重视直觉的把握与体会，同情之理解。狄尔泰的"移情体验"就是历史主义方法论的一种表现方式。因此，就这个意义上来说，具有历史主义观点的还有维科、赫德等学者。参见黄进兴：《历史主义与历史理论》，西安：陕西师范大学出版社，2002年，第7页。
② ［英］柯林武德：《历史的观念》，第300页。
③ ［英］柯林武德：《历史的观念》，第390页。

这也就是柯林武德"一切历史都是思想史"的具体表述。不同于狄尔泰的心理移情体验,他的这种"心灵重演"侧重于对过去经验的想象性重演。

柯林武德认为,理解历史重要的是史学家对过去经验的想象性重演,而不是分析境况本身。也就是说,分析境况只是史学家"心灵重演"的一个辅助。然而,与之相反,波普尔认为理解历史时重要的是对于境况的分析,而不是史学家重现历史当事人的精神过程。波普尔的"境况分析"侧重于对历史背景的想象性重建。他说:

> 我认为重要的不是重现而是境况分析。历史学家对境况的分析是他的历史猜测,在上述例子里是关于皇帝的思考过程的元理论。这种历史猜测由于跟皇帝的思考过程处于不同的层次上,所以不能把皇帝的推理过程重现出来,但试图对这个过程进行理想化的和经过推理的重建工作,略去那些不重要的因素,也许还要增加些东西。因此,历史学家的中心的元问题是:在这个皇帝的问题境况中决定的因素是什么?历史学家在成功地解决这个元问题的限度内理解历史境况。
>
> 所以,作为历史学家,他必须做的事情不是重现过去的经验,而是整理客观证据来证明或者反驳自己推测性的境况分析。[1]

由上可见,西方学者对于历史想象的理解仁者见仁智者见智,但不管是狄尔泰的"移情体验"、柯林武德的"心灵重演",还是波普尔的"境况分析",与王夫之所谈的"设身于古之时势"、章学诚的"能为古人设身处地"、曾国藩的"莫妙于设身处地"、陈寅恪的"神游冥想"、钱锺书的"遥体人情",造相发明,心同理同。史学家应如何理解和研究已经烟消云散的历史呢?马克·布洛赫说:"只有置身于现实,我们才能马上

---

[1] [英]卡尔·波普尔:《客观知识——一个进化论的研究》,上海:上海译文出版社,1987年,第198—199页。

· 051 ·

感受到生活的旋律,而古代文献所记载的情景,要依靠想象力才能拼接成形。"①因此,史学家要理解和研究过去,就必须不断地在过去与现在之间来回穿梭,这种穿梭需要史学家进行"设身处地"、"境况分析"、"移情体验"和"对过去经验的重演"。

三

上述两节分别讨论了逻辑推理和历史想象在历史叙述中的表现形式,两者在历史学中都有其用武之地。逻辑推理和历史想象是不同的,两者之间的区别以及联系也值得探讨。逻辑推理是从一个命题到多个命题或者是由多个命题得出一个命题的抽象思维过程,不需要史学家考虑太多的、具体形象的人物、事物和由事物、人物组成的生动活泼的场景。逻辑推理在乾嘉诸老的考证中用得最多,比如崔述考证周昭王"南征不复"一事就用了逻辑推理。他说:

> 《帝王世纪》云:"昭王德衰;南征,济于汉。船人恶之,以胶船进王。王御船,至中流,胶液船解,王及祭公俱没于水中而崩。"余按:昭王不复之故,经传文缺,不可详考。若果别无他故,但见恶于船人,何至遽行弑逆?船人自以私怨弑王,其国之君何以不讨,嗣王何以亦不问乎?"船人"或作"楚人",然是时楚境尚未至于汉也。恐皆后人之所附会。②

由于周昭王没有回去的原因历史没有记载,所以具体情况不得而知。崔述用逻辑推理的方式对《帝王世纪》这个记载表示怀疑,他说如果没有其他原因,仅仅以自己的好恶,怎么能够弑君呢?船人以私怨杀周王,为什么船人的国君不去讨伐,周昭王的继承人也为何问都不问呢?句中

---

① [法]马克·布洛赫:《为历史学辩护》,第37—38页。
② 崔述:《崔东壁遗书》,顾颉刚编订,上海:上海古籍出版社,1983年,第231页。

的"船人"作"楚人"讲不通，因为当时的楚国疆界还没有和汉水相接。因此，崔述认为这个记载是后人附会的。另如，郑成功率军攻打南京失败后，清朝开始处理与此次事件相关的江南缙绅，陈寅恪引材料证明当时受此事件牵累的缙绅不在少数。据陈寅恪考证，钱谦益也属于复明运动的积极分子，很可能也是郑成功这次攻打南京的联络人之一，但为什么钱谦益没有被牵累？陈寅恪说"实难有确切之解答"，但也做了一个推理，猜测其原因。其中一个原因是，钱谦益集子中有颇多与郎廷佐、梁化凤的相关文字，如"奉贺郎制府序""梁提督累荫八世序""海宴亭颂序"，还有为梁化凤父亲写的墓志铭等，而郎廷佐、梁化凤都是当时清朝有影响力的高官，因此，陈寅恪推测这些谄媚的序和墓志铭成了钱谦益免祸的护身符。①

不同于逻辑推理，历史想象常常是对一个有具体时空坐标下的历史事件的想象性描述，它的产物是一个活灵活现的具体的场景或者画面的具象。这种想象可以使读者仿佛置身于历史的氛围中，倾听人物的对话并体验历史人物的喜怒哀乐和思想感情。如在《史记·淮阴侯列传》中有这样一段叙述：

---

① 陈寅恪：《柳如是别传》，第1193—1197页。另如，汉武帝打击富商大贾最直接的措施是"缗钱"制度，商人不经商会去干什么呢？杨联陞认为必定有许多人弃商就农。因为缗钱的税收不及田地，汉朝的田税三十税一，地主能去佃户的十分之五。这就对地主非常有利，而整个汉代最大的问题就是土地兼并问题。由此可知，富人的投资趋向从商业转到土地上了。参见杨联陞：《东汉的豪族》，北京：商务印书馆，2011年，第2页。关于秦国咸阳都城布局，其遗迹因渭水泛滥而湮灭，杨宽诵讨两种方式推论复原了秦都咸阳。一种方式是依据文献。张仪曾仿照咸阳的布局营建了蜀的成都，考察成都的布局可推测出咸阳是小城大郭相连接的方式。另一种方式是根据秦始皇陵现存形态推测，历代君王实行"事死如事生"的礼制，君王死后的陵墓一般是仿照生前的都城建造的，因此，以秦始皇陵的现有形态来说，咸阳也定是小城大郭东西相连接。参见杨宽：《中国古代都城制度史研究》，上海：上海古籍出版社，1993年，第101—107页。由于史无明文，对晋、楚争霸中小国依附霸国的两种义务及"堑山填谷"交通改进对军事的影响，张荫麟是用推论复原的。参见张荫麟：《中国史纲》，上海：上海古籍出版社，2006年，第54、91—92页。

> 陈豨拜为钜鹿守，辞于淮阴侯。淮阴侯挈其手，辟左右与之步于庭，仰天叹曰："子可与言乎？欲与子有言也。"豨曰："唯将军令之。"淮阴侯曰："公之所居，天下精兵处也；而公，陛下之信幸臣也。人言公之畔，陛下必不信；再至，陛下乃疑矣；三至，必怒而自将。吾为公从中起，天下可图也。"陈豨素知其能也，信之，曰："谨奉教！"①

梁玉绳在评论这段叙述时说："左右辟则挈手之语谁闻？"②梁玉绳的观察确实够敏锐，韩信与陈豨的私密谈话司马迁如何知道？既然不可知，那么这段叙述很可能就是司马迁想象的产物了。当后人在看到这段叙述时脑海中就会自动浮现出这样一幅活泼的画面：韩信在庭院里向陈豨倾吐真言，两人以一问一答的形式阴谋起兵叛乱。《汉书》中讲陈万年深夜教育儿子陈咸时这样记载：

> 子咸字子康，年十八，以万年任为郎。有异材，抗直，数言事，刺讥近臣，书数十上，迁为左曹。万年尝病，召咸教戒于床下，语至夜半，咸睡，头触屏风。万年大怒，欲杖之，曰："乃公教戒汝，汝反睡，不听吾言，何也？"咸叩头谢曰："具晓所言，大要教咸谄也。"万年乃不复言。③

深夜父子两人的谈话肯定不会有外人知道，那么这段叙述可能就是班固想象出来的。当后人在阅读这段历史时，脑海中就出现了陈万年深夜教训儿子时的愤怒，以及儿子据理反驳后陈万年的尴尬景象。

在上述的例子中，历史想象就是历史想象，逻辑推理就是逻辑推理，两者是独立使用的。但在有的历史书写中，历史想象与逻辑推理之间融合

---

① 《史记》卷九二《淮阴侯列传》，北京：中华书局，1982年，第2628页。
② 梁玉绳：《史记志疑》卷三二，北京：中华书局，1981年，第1333页。
③ 《汉书》卷六六《公孙刘田王蔡陈郑传》，北京：中华书局，1964年，第2900页。

得非常紧密，逻辑推理中有想象，想象中也有逻辑推理，两者共同作用才完成了历史叙述。如胡适在青年时期因为醉酒被逮捕进巡捕房，胡适对于醉酒后的自己有一段回忆，他说：

  我住在海宁路的南林里，那一带在大雨的半夜里是很冷静的。我上了车就睡着了。车夫到了南林里附近，一定是问我到南林里第几弄。我大概睡得很熟，不能回答了。车夫叫我不醒，也许推我不醒，他就起了坏心思，把我身上的钱摸去了，又把我的马褂剥去了。帽子也许是他拿去了的，也许是丢了的。他大概还要剥我的皮袍，不想这时候我的"下意识"醒过来了，就和他抵抗。那一带是没有巡捕的，车夫大概是拉了车子跑了，我大概追他不上，自己也走了。皮鞋是跳舞鞋式的，没有鞋带，所以容易掉下来；也许是我跳下车来的时候就掉下来了，也许我拾起来了一只鞋子来追赶那车夫。车夫走远了，我赤着一只脚在雨地里自然追不上。我慢慢地依着"下意识"走回去，醉人往往爱装面子，所以我丢了东西反唱起歌来了，——也许唱歌是那个巡捕的胡说，因为我的意识生活是不会唱歌的。

  这是我自己用想象来补充的一段，是没有法子证实的了。[①]

在这段回忆中，胡适运用自己的想象来补充醉酒后的状况。因为醉酒没有其他人看见，所以胡适与车夫之间到底发生了什么是不得而知的，胡适运用了逻辑推理来充实这段想象。如帽子丢失了，胡适认为有两种可能，要么丢了，要么被车夫拿走了。又如，巡捕说他酒后唱歌，他根据醉人酒后爱面子，丢了东西反而唱歌来作演绎推理，认为巡捕说得对。同时，他认为可能巡捕在胡说，因为自己是不会唱歌的。所有这些推理由胡适整理成了一段文字，就成了胡适也"没法子证实"的历史想象。

[①] 胡适：《四十自述》，合肥：安徽教育出版社，2006年，第90—91页。

一般而言，在考古学中，一个历史书写的形成必须先有原始的材料，接下来在历史材料的断裂处或者空白处，史学家的逻辑推理就派上了用场。当史学家根据研究结论尝试复原历史场景时，历史想象走上了表演舞台。在此舞台上，类比推理也经常用到。因此可以说，逻辑推理与想象还有一种关系，即逻辑推理中不会有想象，但想象中一定会有推理。比如，半坡遗址房屋的类型可分为圆形和方形两类。圆形房屋中的小型圆屋又分为A、B、C三种，其中B为半穴式。此种房屋的特点是穴壁周围有一圈柱洞，形成矮墙。由于地穴很浅，故没有伸出地穴以外的门道。以半坡F3为例，"该房屋略呈正圆形，直径5、深约0.18米，地面平滑，为一厚8厘米的人工土层。其下铺一层手指粗的树枝，目的可能在于隔潮。室内中央有瓢形火塘，火塘两旁并列6个柱洞。进门处有柱洞，可能有矮门槛。门道设在屋内，由左右两道墙隔开。房子周围有一圈较小的木棍洞，应有较矮的木骨泥墙。屋顶设烟窗"[①]。在分析报告中，半穴式的特点为归纳推理后所得的结论，现将此结论用在半坡F3上，于是演绎推理就派上了用场。报告中的"可能""应有"都属于研究者的推测。在做完分析后，研究者会尝试按照研究的结果想象、复原此类房屋。据周围残墙遗迹和板椽屋盖的残块，可复原墙体上屋盖的形式——锥体，屋盖大于墙体——出檐，屋顶上有排烟通风的窗户。如此，半坡F3的遗址房屋就算复原了。在此复原的过程中，研究者也经常用到类比推理来证明自己想象的正确。在此例中，武功出土的一个圆尾形陶器钮，入口一侧的屋盖上开有天窗，就可为此想象复原图做证。[②]基于此，想象比逻辑推理复杂一点，也多了一点东西，即史学家想象具象时常会用类比推理来证明相关结论。

总之，在历史书写中，逻辑推理是以归纳、演绎两者相混合以及类

---

① 严文明：《仰韶文化研究》（增订本），北京：文物出版社，2009年，第196—197页。
② 杨鸿勋：《仰韶文化居住建筑问题的探讨》，《考古学报》1975年第1期。

比推理的形式存在的,历史想象以"设身处地""移情体验""心灵重演""境况分析"的形式存在。在历史书写中,逻辑推理和历史想象各自发挥着不同的功能。在有的历史书写中,逻辑推理和历史想象是单独使用的。在有的历史书写中,逻辑推理和历史想象是混合使用的。它们之间是有区别的,逻辑推理将一种抽象的思维形式运用于历史书写,而历史想象的产物则是历史事件或者场景的具象。此外,在历史书写中,想象比逻辑推理复杂一点,也比推理多了一些东西,即想象中一定会有推理,而推理中不必一定有想象。

第三节 文学虚构与想象

一段历史书写如何生动有趣,除了学者的文采外,恐怕还需要足够的想象虚构。在文学中,说某位学者的著作想象力十足,虚构的人事和场景都恰到好处,那么无疑是对这位学者所具有的文学气质的极大肯定。在历史学中,当说某位史学家的著作就像小说,那无疑是对史学家含蓄的批评了。①但是当你说这位史学家的著作言之有据,其中的历史想象使这本著作读起来生动有趣、引人入胜时,史学家可能就可以接受了。这里就引出了诸多问题,如文学虚构是什么?历史想象是什么?文学虚构和历史想象的区别是什么?

---

① 汪荣祖批评史景迁的《中国皇帝康熙自画像》时说:"殊非史家传神之言,而是小说家的想当然耳。"参见汪荣祖:《史景迁论》,《南方周末》2006年12月14日。美国作家约翰·厄普代克(John Updike)在评黄仁宇的《万历十五年》时说:"《万历十五年》尽管是一部严谨的学术作品,但却具有卡夫卡小说《长城》那样的超现实主义的梦幻色彩。后者是一篇好看而又令人伤感的小说。"参见[美]黄仁宇:《万历十五年》(增订本),第283页。

一

说到历史书写中的虚构和想象，我们自然就想到了司马迁的《史记》，因为《史记》既被当作一部史书，也被当作一部伟大的文学作品。《史记·项羽本纪》可能是司马迁特别用力去写的一部分，很多人对其中鸿门宴一节更是耳熟能详。《史记·项羽本纪》所依据的材料是什么，我们今天已不得而知，但其中的细节叙述使后世史学家有理由怀疑其情节叙事是虚构出来的。明朝的董份质疑鸿门宴叙事的真实性，他说：

当时鸿门之宴必有禁卫之士诃讯出入，沛公恐不能辄自逃酒，且疾走二十里，亦已移时，沛公、良、哙三人俱出良久，羽在内何为竟不一问，而在外竟无一人为羽之耳目者。矧范增欲击沛公，惟恐失之，岂容在外良久而不亟召之耶？此皆可疑，史固难尽信哉。①

吕思勉也对鸿门宴的真实性提出了质疑，他认为，早期的历史是人的口耳相传，古人的历史意识不强，真正的历史事实往往和史学家自己的意思相混合，有时甚至全篇的话都是有意构造的。到秦汉之际，这类情况仍然不少，如赵高的指鹿为马和流俗所谓的鸿门宴。吕思勉特别以鸿门宴为例来说明，他首先质疑道：

且军门警卫，何等森严，安有樊哙能撞倒卫士，直达筵前，指责项王之理？古人筵宴，中间诚有离席休息之时，且或历时颇久，然亦必有一个限度；乃汉高祖可招张良、樊哙等同出，与哙等脱身回向本军，张良度其已至，然后入谢。筵宴间的特客，离席至于如此之久而无人查问；带有敌意的宾客，与数人间行出军，亦无人盘诘，项羽的军纪，有如此之废弛者乎？张良献玉斗

---

① 转引自梁玉绳：《史记志疑》卷六，第202—203页。

于范增，范增受而碎之，骂项王"竖子不足与谋"，且当场言"夺项王天下者，必沛公也，吾属今为之虏矣"。增年已七十，素好奇计，有如此之鲁莽者乎？

在经过上述情理的剖析后，吕思勉说："种种事迹，无一在情理之中。然则汉高祖与项羽此一会见，真相殆全然不传；今所传者，亦一则想象编造的故事也。"①在吕思勉看来，鸿门宴显然是虚构想象的产物。其实《史记》中的此类虚构想象还有很多②，一般来讲，这类记载都属于文学虚构，而不是历史实录。

西方"史学之父"希罗多德也时常在历史叙事中加入想象虚构。麦考莱批评他道："讲述他的历史就像是一位懒散的见证人，为爱好和偏见所激励，无视证据的既成法则，不知道对其诺言应当承担什么责任，把自

---

① 吕思勉：《吕著史学与史籍》，第87页。
② 《史记·韩信卢绾列传》："至，宿传舍，晨自称汉使，驰入赵壁。张耳、韩信未起，即其卧内上夺其印符，以麾招诸将，易置之。信、耳起，乃知汉王来，大惊。"梁玉绳认为这段叙事是司马迁虚构想象出来的，他说："此事余疑《史》笔增饰，非其实也。康顺之《稗编》宋杨时论韩信曰：'信、耳勇略盖世，窃怪汉王入卧内夺其印符，召诸将，易置之，而未之知，此其禁防阔疏，与棘门、霸上之军何异耶？使敌人投间窃发，则二人者可得而虏也。'费衮《梁溪漫志》曰：'凡用兵之法，敌人动息，尚当知之，岂有其主宿传舍，而军中不知，斥候不明矣？周亚夫屯细柳天子先驱不得入。今乃入卧内，召诸将易置，而犹不知，纪律安在？项羽死，高祖又袭夺其军。夫为将而其军每为袭夺，则真成儿戏。信号能军，恐不应至是。'邵氏《疑问》曰：'细柳营天子先驱不得入，汉使而即驰入壁乎？入壁犹可，而符印在将军之肘腋，可易夺乎？亦从谁手而夺之？必亲夺之信、耳也，又胡为起而知汉王始警乎？况麾招诸将易置之，为时亦少间矣，岂信、耳偃仰高卧，待易置毕始起乎？左右不得其解。'"参见梁玉绳：《史记志疑》卷三二，第1331页。《史记·伍子胥列传》写伍子胥破楚入郢后报仇雪恨的举动；《史记·魏世家》中赵使人劝魏王杀范痤，范痤被围，被逼"上屋骑危"；也都是司马迁虚构出来的。有见可永雪：《〈史记〉文学成就论衡》，北京：中央民族大学出版社，2012年，第380—381页。另可参阅相关论文，如何旭光：《〈史记〉情节的虚构性和传奇性》，《四川师院学报》（社会科学版）1985年第3期；杨树增：《〈史记〉的想象与虚构》，《贵州社会科学》1989年第10期。

己想象的东西与见闻的东西混在一起,大量地制造事实、报告、推测和幻想。""他写作了一部无与伦比的著作。他写作了一部也许比最好的历史还要好的历史著作;但他并未写出一部真正的历史著作。他自始至终都是一位虚构者。"①甚至有学者谴责希罗多德是"谎言之父"②,其批评的严厉程度可想而知了。可见,在历史学中,文学虚构是多么不受史学家待见。

那么,什么是文学虚构呢?麦考莱做了这样的比喻,他说:

> 如果一位有教养的人叙述政府最近的变化,他会说:"哥德里奇勋爵辞职;后来,国王请来了威灵顿公爵。"一位搬运夫讲述这个故事时,就会像他曾躲在温莎行宫的帷幕后一般。哥德里奇勋爵说:"我干不了这事,我得走。"于是国王说:"那好,我只好请威灵顿公爵出山了。"就是这样。③

夏曾佑《小说原理》从详略的角度讨论历史与小说的区别时也表达了类似的意思,他说:"小说者,以详尽之笔,写已知之理者也,故最逸;史者,以简略之笔,写已知之理者也,故次之。"④麦考莱的"有教养的人"就是夏曾佑所说的"史者","搬运夫"也就等于夏曾佑所说的"小说者"。就他们的意思来说,历史学者只能"如实直说",最好是用最简单的叙述来如实记录,丝毫不得添加其他成分。而文学虚构则可以无中生有、添枝加叶,让想象力随意地驰骋,只要生动有趣、吸引读者即可。

---

① [英]麦考莱:《论历史》,见何兆武主编:《历史理论与史学理论——近现代西方史学著作选》,第270、261页。
② [美]唐纳德·R.凯利:《多面的历史:从希罗多德到赫尔德的历史探寻》,陈恒、宋立宏译,北京:生活·读书·新知三联书店,2006年,第49页。
③ [英]麦考莱:《论历史》,见何兆武主编:《历史理论与史学理论——近现代西方史学著作选》,第263页。
④ 别士:《绣像小说》第3期,转引自陈平原:《中国小说叙事模式的转变》,北京:北京大学出版社,2010年,第200页。

二

在法国小说家大仲马的《基督山恩仇记》中有这样一段：午夜，弗兰士和基督山伯爵进入圣·西坦斯坦墓中看到了一幕奇特的场面，即盗首罗杰·范巴手肘靠着廊柱，聚精会神地看书。如此出神的阅读使他对进来的这两个人没有任何的察觉。据罗杰·范巴说，自己所读的书正是恺撒的《高卢战记》。[1]此情节固属大仲马的虚构，但却暗示着《高卢战记》这部史学著作阅读群体非常广泛。该书叙事生动有趣，引人入胜。笔者在阅读完《高卢战记》时，发现其中有大量的想象性描写。[2]既然此书经过时间的洗礼仍然被史学家看重，那么什么程度上的想象叙述是史学家可以接受的呢？

《史记·魏其武安列传》中有这样一段与灌夫、魏其侯有关的历史叙事：

> 灌夫有服，过丞相。丞相从容曰："吾欲与仲孺过魏其侯，会仲孺有服。"灌夫曰："将军乃肯幸临况魏其侯，夫安敢以服为解！请语魏其侯帐具，将军旦日蚤临。"武安许诺。灌夫具语魏其侯如所谓武安侯。魏其与其夫人益市牛酒，夜洒扫，早帐具至旦。平明，令门下候伺。至日中，丞相不来。魏其谓灌夫曰："丞相岂忘之哉？"灌夫不怿，曰："夫以服请，宜往。"乃驾，自往迎丞相。丞相特前戏许灌夫，殊无意往。及夫至门，丞相尚卧。于是夫入见，曰："将军昨日幸许过魏其，魏其夫妻治具，自旦至今，未敢尝食。"武安鄂谢曰："吾昨日醉，忽忘与

---

[1] 转引自张广智：《克丽奥之路 历史长河中的西方史学》，上海：复旦大学出版社，1989年，第37页。
[2] ［古罗马］恺撒：《高卢战记》，任炳湘译，北京：商务印书馆，2002年，第122—123页。

仲孺言。"乃驾往，又徐行，灌夫愈益怒。及饮酒酣，夫起舞属丞相，丞相不起，夫从坐上语侵之。魏其乃扶灌夫去，谢丞相。丞相卒饮至夜，极欢而去。

丞相尝使籍福请魏其城南田。魏其大望曰："老仆虽弃，将军虽贵，宁可以势夺乎！"不许。①……武安由此大怨灌夫、魏其。

....

夏，丞相取燕王女为夫人，有太后诏，召列侯宗室皆往贺。魏其侯过灌夫，欲与俱。夫谢曰："夫数以酒失得过丞相，丞相今者又与夫有郄。"魏其曰："事已解。"强与俱。

司马迁在这一段叙事中称武安侯田蚡为"丞相"；魏其侯与灌夫语也称武安侯"丞相"，而不满武安侯时称之"将军"；灌夫始终都称武安侯"将军"，而与魏其侯言又称武安侯"丞相"。如此称谓不一，让人读起来很别扭，不通畅。为什么会这样呢？钱锺书认为这是司马迁设身处地，依凭人物的性格身份移情想象的结果，是司马迁的精妙之笔。他说：

武安固自"以为汉相尊"，乃至"负贵"而骄己之兄者。灌夫与人语，亦从而"丞相"武安，及武安对面，则恃旧而不改口，未

---

① 《史记》卷一〇七《魏其武安列传》，第2848—2849页。《史记·平原君列传》中在讲述毛遂要求和平原君一同出使楚国时，这样写道："平原君曰：'先生处胜（平原君自称）之门下，几年于此矣？'毛遂曰：'三年于此矣。'平原君曰：'……今先生处胜之门下三年于此矣，左右未有所称颂，先生无所有也。先生不能。先生留。'"虽然平原君认为毛遂无才，但最终还是带了毛遂出使楚国。毛遂依靠自己的口才以及勇气说服了楚国一起抵抗秦，平原君出使的目的也达到了。这时，平原君说："胜不敢复相士（识别人才）。胜相士多者千人，寡者百数，自以为不失天下之士。今乃于毛先生而失之也！……毛先生以三寸之舌强于百万之师，胜不敢复相士！"在前面一段，平原君认为毛遂三年来没有什么突出表现，可能没有什么才能，因此直呼先生。而到了毛遂舌战楚王，凭借三寸不烂之舌达到了自己的出使目的时，平原君喜出望外，又改称毛遂为"毛先生"。前后称呼的变化，正反映出司马迁在对人情冷暖体验移情后的巧妙描述。参见姚大力：《读史的智慧》，上海：复旦大学出版社，2010年，第40—41页。

以其新贵而生新敬，若不知其已进位为相者。魏其达官谙世故，失势而肯自下，然愤激时冲口而"将军"武安，若言其不次暴擢而忘却本来者。马迁行所无事，名从主人，以头衔之一映衬称谓之不一焉。夫私家寻常酬答，局外事后只传闻大略而已，乌能口角语脉以至称呼致曲入细如是？貌似"记言"，实出史家之心摹意匠。①

只有与古人处于同一境界，了解古人的性格，设身于古人当时的社会环境，然后想象当时可能发生的场景或者画面，才能产生被史学家接受的历史想象。

张荫麟的《中国史纲》文笔流畅，叙事清楚，没有烦琐的考证，以讲故事的方式娓娓道来，引人入胜，在读者中留下了良好的口碑。《中国史纲》也有一些历史想象，这些想象也大致属于史学家可以接受的范围，因为这些想象是建立在一定材料基础之上的。张荫麟在第三章"霸国与霸业"中有这样一段叙事：

> 鲁君也虑及小白捷足先归，早就命管仲带兵截住莒、齐间的道路。小白后到，管仲瞄准他的心窝，一箭射去，正中目标，眼见他应弦仆倒。小白的死讯传到鲁国后，护送公子纠的军队在庆祝声中，越行越慢，及到齐境，则齐国已经有了新君，就是小白！原来管仲仅射中他的带钩，他灵机一动，装死躺下，安然归国。②

这段想象叙事是有依据的，它依据的是《史记·齐太公世家》：

> 鲁闻无知死，亦发兵送公子纠，而使管仲别将兵遮莒道，射中小白带钩。小白佯死，管仲使人驰报鲁。鲁送纠者行益迟，六日至齐，则小白已入，高傒立之，是为桓公。③

张荫麟将小白历经艰难险阻顺利回国的这段叙事写得活灵活现、栩栩

---

① 钱锺书：《管锥篇》（第1册），第347页。
② 张荫麟：《中国史纲》，第50页。
③ 《史记》卷三二《齐太公世家》，第1485—1486页。

如生、惟妙惟肖，其中就包含了一定的想象。

在历史书写中，由于没有直接材料做支撑，史学家往往会寻找同时期的其他材料作为想象构造历史背景的支撑。当史学家在进行一段历史叙事时，由于没有足够的史料来支持自己的论断，往往就会"迁移"类似的历史材料来推测。比如，在《万历十五年》中，黄仁宇在描写万历经筵时讲到一个小故事。经筵时，大多数时间讲官可以口讲指画，其他官员都要静听，皇帝也不能例外。如果皇帝失去了庄重的仪态，比如，"交膝"（把一条腿放到另一条腿上），讲官就会停止讲授并说："为人君者，可不敬哉？"类似的提醒不断重复，直到皇帝自觉并加以改正为止。史书上没有关于万历皇帝的这一记载，因此，黄仁宇就把崇祯朝的故事迁移到了万历朝——上文的皇帝"交膝"其实是发生在崇祯身上的。[①]通过这样对史料的处理，我们就可以想象出，当皇帝在经筵上出现不雅的动作，讲官如何含蓄地指出并提醒皇帝改正的动态画面。

由上可知，虽然想象和虚构都会增加一点东西在叙事中，但它们还是有区别的。想象不一定是虚构的，但虚构一定有想象的成分在其中；历史想象或者是史学家在对史料全盘掌握领会后"设身处地"的移情，或者是有直接材料依据的叙事，或者是以间接材料作为历史背景构建的叙事。

三

通过上述两节的讨论很容易得出这样的结论：文学虚构是缺乏材料支

[①] ［美］黄仁宇：《万历十五年》（增订本），第41页、第66页注释5。另如孔飞力在《叫魂》中写到一个乞丐死亡的原因时，因为没有直接的历史记录，就引用了同时期被关在监狱的一位意识坚强的英国人和一位中国文人的记录推断乞丐死亡的原因。参见［美］孔飞力：《叫魂：1768年中国妖术大恐慌》，陈兼、刘昶译，北京：生活·读书·新知三联书店，2012年，第25—26页。娜塔莉·泽蒙·戴维斯在写《马丁·盖尔归来》时也遇到了此类情况，参见［美］娜塔莉·泽蒙·戴维斯：《马丁·盖尔归来》，刘永华译，北京：北京大学出版社，2009年，代译序第15—16页。

持的①，因此不能反映真实；历史想象是有材料支持的，因此是真实的反映。但实际情形恐怕没有这么简单。

一般说来，史学是一门实证的科学，言之有据是史学的立身之本，也是史学研究应遵守的基本准则，因此，历史叙事都应该有材料上的支持。这也就是傅斯年曾说的"一份材料出一分货，十份材料出十分货，没有材料不出货"。一段历史叙述的真实可能是由两种素材的真实组成，一种素材是特定时空的单个历史事件或者是单个历史判断，如秦始皇在公元前221年统一六国；另一种素材是由这些单个历史事件或者历史判断构成的整体历史叙述，如"秦始皇统一六国后，废郡国、行郡县、称皇帝、一天下；统治疆域之大，前所未有：……由秦开创的包括皇帝制度、官僚制度、郡县制度、编户制度在内的一系列中央集权体制，以及'书同文''车同轨''行同伦'等维护统一的措施，不仅为汉代所继承，也成为中国历代王朝政治制度的蓝本"②。严肃的史学家在进行历史叙述时，必须时时刻刻回头检验自己的叙述是否有材料的支持，必须考虑历史叙述是否能反映这两种真实。

相对而言，文学写作则没有这么严格的要求。在第一类素材上，文学家往往不用真实的人物事件来虚构此类素材。不过，一部优秀的文学作品虽然是虚构出来的，但总能表现出某类真实。比如，陶渊明的《桃花源诗序》一直以来被当作寓言故事，其中描写了一种互帮互助、和谐恬静、自

---

① 此话也不完全对，因为并不是所有的文学虚构都缺乏材料的支持。比如，梁启超的《新中国未来记》虽是一篇政治小说，但其中三处，作者都指出自己所叙述的事件是有报纸或者电报上的材料支持的。（1）"著者案：以上所记各近事，皆从日本各报纸中搜来，无一字杜撰，读者鉴之。"（2）"著者案：此乃最近事实，据本月十四日路透电报所报。"（3）"著者案：此段据明治三十六年一月十九日东京日本新闻所译原本，并无一字增减。"参见梁启超：《新中国未来记》，桂林：广西师范大学出版社，2008年，第91、97、99页。

② 王家范、张耕华、陈江：《大学中国史》，北京：高等教育出版社，2011年，第124页。

足自乐的社会理想。但经过学者的考证解释，在社会组织发生变化后，社会风俗可以实现陶渊明所描述的人情敦厚、邻里祥和。[1]可见，《桃花源诗序》虽属虚构[2]，但反映出来的社会一般情况确是真实的。蒲松龄的《聊斋志异》是一部记录神仙狐鬼的小说，内容丰富，包罗万象。陈寅恪在《柳如是别传》中认为此书中的诸狐女虽是蒲松龄理想中的女性，但在现实生活中是存在的，比如柳如是就是现实版的狐女。他说：

> 清初淄川蒲留仙松龄《聊斋志异》所纪诸狐女，大都妍质清言，风流放诞，盖留仙以齐鲁之文士，不满其社会环境之限制，遂发遐思，聊托灵怪以写其理想中之女性耳。实则自明季吴越胜流观之，此辈狐女，乃真实之人，且为篱壁间物，不待寓意游戏之文，于梦寐中以求之也。若河东君者，工吟善谑，往来飘忽，尤与留仙所述之物语仿佛近似，虽可发笑，然亦足借此窥见三百年前南北社会风气歧异之点矣。[3]

由此看来，文学虚构可以表述出某种真实，虚构的寓言故事可以表现出社会中真实存在的一种社会组织形式。诚如约翰·托什（John Tosh）所说："所有带有想象成分的文学作品，都提供了对作者生活其中的社会和

---

[1] 原文如下："桃花源诗（俗称为桃花源记者实当正名曰《桃花源诗序》），必非寓言，《招垦里记》，即其铁证。此等材料，其实不乏，特吾侪未尝留心搜辑耳。……犹记予所搜辑之一条，乃得诸报纸者，谓山东缘海有一岛，其人民生活，什九多自给自足，每年只以少数必要之交易至陆上一次耳。其人至今不知有清朝，仍认中国为明朝，此真是与《桃花源诗序》之'不知有汉、何论魏晋'，相印证也。"参见吕思勉：《史学与史籍七种》，上海：上海古籍出版社，2020年，第584—585页。

[2] 陈寅恪的《桃花源记旁证》尝试坐实《桃花源诗序》中的人和事，唐长孺则认为不必坐实其人其事。参见陈寅恪：《桃花源记旁证》，见《金明馆丛稿初编》，北京：生活·读书·新知三联书店，2009年，第188—200页；唐长孺：《读〈桃花源记旁证〉质疑》，见《魏晋南北朝史论丛续编　魏晋南北朝史论拾遗》，北京：中华书局，2011年，第185—198页。

[3] 陈寅恪：《柳如是别传》，第75页。

思想氛围的深刻洞察，经常也提供了对自然背景的生动描述。一位作家的成功，经常可归因于他或她系统描述了同时代人的价值观和偏好。因此，将乔叟（Chaucer）作为14世纪世俗人对教会陋习看法的代言人，或将狄更斯（Dickens）的作品作为维多利亚时期中产阶级看待'英国状况问题'的心境的证据，都是非常有意义的。"[1]当某些文学作品不能表现出历史的真实时也会受到学者的质疑和批评。杨沫的《青春之歌》是一部描写学生运动以及知识分子如何走上革命道路的长篇小说，在20世纪50年代颇有影响力。小说故事发生于1935年的"一二·九"运动前后，其中讲到主人公林道静未婚却分别与两人同居，这是否符合当时的社会事实值得怀疑。何兆武指出："至少我觉得那本书写得很不符合当时的真实情况。……一个人写小说，总是有意无意地把自己的经验写在里面，所以那些情节就显得太虚假，完全不符合当时的真实情况。"[2]可见，对于文学作品，读者可以不去追究第一类素材、实人实事，但如果在第二类素材上不能反映出真实性，就会受到读者的怀疑甚至是批评。

一般而言，历史书写在第一类素材上是可以做到言之有据的，这也是历史叙述与文学作品最基本的区别。但是在有的历史书写中，第一类素材的真实并不能保证整个历史书写的真实，有时反而会让读者感觉到某种上当受骗。这里以一段美国历史教科书中的叙述为例。教科书《生活

---

[1] ［英］约翰·托什：《史学导论：现代历史学的目标、方法和新方向》，吴英译，北京：北京大学出版社，2007年，第59页。

[2] 何兆武口述，文靖执笔：《上学记》，北京：生活·读书·新知三联书店，2013年，第134—135页。浩然的《金光大道》《艳阳天》等展现了那个特定年代的社会景观，影响巨大。后有学者质疑浩然的叙述是否反映了当时真实的农村生活。"浩然当时完全接受了继续革命的理论框架，依此来设计作品。把大小事均移到两条路线斗争上来，图解当时的政策，书中区里、县里的人物全按路线斗争划分，全部上纲上线。宋况感慨而道：'这难道是真正的农村生活吗？'（1998年12月22日口述）"参见陈徒手：《人有病 天知否：1949年后中国文坛纪实》（修订版），北京：生活·读书·新知三联书店，2013年，第462页。

与自由》有一段篇幅介绍美国前总统杰斐逊,其中说到他"害羞""口吃""拒绝戴假发""就职游行时走路而不骑马""工作总是很卖力"等等。这些描写杰斐逊的词语都是合适的,也就是说教科书的撰写者是实事求是的,构成杰斐逊小传的单个叙述都是真实的。但是就整个叙述来说,却让詹姆斯·洛温(James W. Lowen)觉得不真实,是对学生"撒谎"。在他看来,这个小传没有提到杰斐逊拥有奴隶这个事实,而拥有奴隶这个事实"几乎影响到他所做的每一件事,从他对国内改革的反对到他的外交政策"①。关于杰斐逊"蓄奴"这一关键事实没有被教科书编撰者放到杰斐逊的小传中,以至于影响到学生对真实的杰斐逊的完整了解,这让詹姆斯·洛温感觉到不真实。詹姆斯·洛温所说的这种情形在我们的历史教科书中也能看到。火烧圆明园是英法联军在中国犯下的滔天大罪,几乎每一本教科书都会讲到。但是,教科书对"义和团毁电线、毁学校、拆铁路、烧洋货、杀洋人和与外国人及外国文化有点关系的中国人……凡沾点洋气的物和人,必彻底消灭而后快"②之类的事情却绝口不谈。众所周知,史学家不可能做到完全的真实。因为要完全真实,他就必须一点也不遗漏地记录下每一件大大小小的事情的所有细节,任何形式的遗漏都是对绝对真实的亵渎,这对于史学家来说是一种"绝对"完不成的任务。这里就引出一些问题,史学家如何进行历史事件的选择,如何进行事件的组合,以及

---

① [美]詹姆斯·洛温:《老师的谎言:美国历史教科书中的错误》,马万利译,刘北成校,北京:中央编译出版社,2009年,第155页。同样的例子可参见该书第160—161页。

② 袁伟时:《现代化与历史教科书》,《中国青年报·冰点特刊》2006年1月11日。杨奎松的话语也可以很好地为袁伟时的观点做注脚,杨奎松言:"今日之中学历史课本和大学中国近代史纲要,仍旧延续着大是大非的阶级斗争说教。如在中国近现代史的各种教材中,就明确认为:国民党反对派代表着中国的大地主、大资产阶级,是帝国主义在中国的利益代言人;中国共产党代表着以工人、农民为主的人民大众,是新兴的革命力量。前者所言所行一定反动的,后者所作所为一定进步。"参见杨奎松:《历史研究中的人性问题》,《历史学家茶座》2010年第2辑,第73页。

如何安排情节。两种或者多种历史叙述（文本），用同样真实的第一类材料且材料构成的整体叙述也是真实的，这类叙述如何判定它们的高下、优劣。这些问题都是值得史学家去思考的。

"假作真来真亦假，无为有处有还无。"用《红楼梦》里面的这句话来说明文学虚构可以表现某种真实，而时时声称"无一字无来历"的历史学有时却表现不出真实，是最恰当不过的了。虽然文学作品和历史书写一样也可以表现真实，但是它们所表现的真实还是有区别的。文学作品表现的真实不会具体到特定时空、特定事情的真实，而是当时社会的一种普遍情景或者社会氛围，如在战乱纷争下，史学家会承认可能存在一种类似"桃花源"的社会组织，但史学家不会要求文学作品指出这是两晋南北朝哪个地方的哪种流亡人士所组成的社会组织。而历史书写如果表现真实的话，它首先表现的是对具体时空下某一事件描述的真实，然后才可能会有一种普通的历史事实（如汉武帝时代经济富庶、社会矛盾），乃至于上升到一种普遍的历史事实（物盛而衰，固其变也）。换句话说，文学作品反映的真实是普通的历史事实或者是普遍的历史事实，历史书写反映的真实是特殊历史事实、普通历史事实的组合，或者是特殊历史事实、普通历史事实和普遍历史事实组合而成的历史叙述。①

第四节　小结

上文论述了想象与历史记忆、逻辑推理与想象、文学虚构与想象之间的区别以及联系，试图理清历史想象是什么。通过上述的讨论，大致可以

---

① 张耕华将历史事实分为三类：特殊事实、普通事实和普遍事实。历史叙述如果真实的话，总会在三类历史事实中有所反映。参见张耕华：《历史哲学引论》（增订本），第44—47页。

做如下的小结：记忆是历史想象的基础，记忆对于历史想象而言是根本性的，没有了记忆历史也就无从谈起，没有了历史更无从谈起历史想象。除此之外，历史想象和记忆之间的关系并不是固定的，而是在不断变动，随着时空的变迁，想象与记忆之间互相转化，不同的认识主体之间的记忆与想象就会发生相应的变化，叙述者的记忆成了倾听者的想象，而倾听者的想象却成为后来史学家研究历史的历史记忆。在历史学中，逻辑推理是以归纳、演绎以及两者混合的形式存在，历史想象是以"设身处地""移情体验""心灵重演""境况分析"的形式存在。在历史书写中，逻辑推理和历史想象各自发挥着不同的功能，在有的历史书写中，逻辑推理和历史想象是单独使用的，但在有的历史书写中，逻辑推理和历史想象是混合使用的，两者的适当搭配完成了历史书写。它们之间是有区别的：逻辑推理以一种抽象的思维形式运用于历史书写，而历史想象的产物则是历史事件或者场景的具象。文学虚构不需要考虑材料的约束，为了达到文学上生动有趣、引人入胜的目标，文学家可以无中生有、添枝加叶来进行叙事。史学家在进行历史书写时，他首先要考虑的是材料是否支持他的历史书写。历史想象或者是史学家在对史料全盘掌握领会后"设身处地"的移情，或者是有直接材料依据的叙事，或者是以间接材料作为历史背景构建的叙事。诡异的是，号称时时刻刻要"言之有据"的历史学，却在整体书写上可能给人一种"上当受骗"的感觉，而某些文学作品却能表现出某种历史真实。虽然文学作品和历史叙述一样也能表现出真实，但两者的真实是有差异的。文学作品表现的真实不会具体到特定时空、特定事情的真实，而是表现出当时社会的一种普遍情态或者社会氛围。历史书写首先表现的是具体时空下事件描述的真实，然后才可能会有进一步的普遍描述的真实。

在做完上述的讨论后，理应实现诺言，给历史想象下一个定义。但当尝试给出一个具体概念的时候，却发现非常困难。无论如何，这里尝试给出另外一个类似的关于历史想象的限定——不过需要马上指出的是，这不是历史想象的概念，仅是对历史想象的描述。何谓历史想象？历史想象，即在书写历史时，史学家在学术界已有研究成果的基础上，根据自身的生活阅历、研究经历以及整个人类的生活经验，在对历史事件的体验、移情、理解的基础上，建构起一幅动态的、形象的历史画面，并尽可能给出一个合理的或者合乎逻辑的诠释。

给出历史想象的定义后，下来就要处理本书的主体内容：历史想象的类型。对于历史学中想象的分类，中外学界都有一些讨论。迈克尔·斯坦福（Michael Stanford）认为历史学家在五个方面需要想象：第一，为了对往昔景象有视觉感；第二，为了从固定点有所推论；第三，为了放置反事实，这涉及想象曾经发生的事，以评估确实发生事情的重要性（或非重要性）；第四，为了诠释，即某人在综览行动全局后赋予其特定意义；第五，为了有所洞察。[①]张耕华认为历史叙事中的想象至少有五种形式：第一，为叙事生动而加入的想象；第二，为借用文学虚构来补正史实的想象；第三，为联接史实节点、保持叙事完整的想象；第四，运用"反事实"而进行的想象；第五，架构历史情节的想象。[②]林校生认为，史学中的想象包括环境想象、文物想象、训诂想象、情节想象和理论想象。[③]可以看出三位学者对于历史想象的分类既有相同之处，也有不同之处。但是三位学者均未给出各自的分类标准，他们的分类标准中既有按照功能来分类，又有按照学科性质进行分类，稍显凌乱。因此，本书尝试在三位学者的基

---

① [英]迈克尔·斯坦福：《历史研究导论》，刘世安译，北京：世界图书出版公司，2012年，第114页。此五种想象还有另一种译法："（1）拟想过去情境；（2）从现有确定之点进行推论；（3）推想若此事未曾发生的情状，以掌握此事的重要性；（4）对人或事进行分析诠释及赋予意义；（5）历史的真知灼见及隐含的变迁力量必须靠史学家的想象来分辨察知。"转引自王晴佳、古伟瀛：《后现代与历史学：中西比较》，济南：山东大学出版社，2006年，第136页。

② 张耕华：《试论历史叙事中的想象问题》，《史学理论研究》2005年第4期。

③ 林校生：《毂外揆文》，福州：福建人民出版社，2013年，第363页。

础上对历史想象重新进行分类。本书从想象的功能出发，将历史想象分为四类：第一，装饰性的历史想象；第二，非事实的历史想象；第三，填补空白处的历史想象；第四，建构性的历史想象。下文依次展现历史想象的四种类型，并分别讨论每类历史想象所面临的理论困境。最后一章综论中学历史教学中的想象问题。

第二章
装饰性的历史想象

装饰性的历史想象涉及文学虚构和历史想象的讨论，而有关历史与文学之间的关系学者的讨论已经很多。①一般认为，历史学与文学追求的目标不同。历史学家的最终目的是追求历史的真实性和客观性，而文学却不必然是这样的，它可以表现真实，也可以表现价值或者意义；文学所用的材料可以是虚构的，而历史学所用的材料则必须是真实的。诚然此论不错，它们之间是有区别的，但是也应注意到文学与历史学之间的联系，即文学可以帮助历史学更好地传达历史知识。屈威廉认为历史学有三种不同的任务，第三种任务就是把所搜集的史实用文学的方式表达出来。②

　　卡莱尔曾说："历史是过去的生活——'不是抽象的概念，不是图表和公理，而是身着黄色外套和马裤，两颊红润，内心充满激情，有自己的语言习惯和个性特征，充满活力的人的历史'。"③既然历史是一个"身着黄色外套和马裤，两颊红润，内心充满激情，有自己的语言习惯和个性特征，充满活力的人的历史"，那史学家应该如何将"这个人"的这些特点在历史叙事中活灵活现、栩栩如生地表现出来呢？答曰：需要优美的文字表达能力。诚如约翰·托什所言："没有很好的文字运用能力，就根本不可能获得源自历史想象力发挥的深刻认识——关注细节、调动情绪的能力、性格和氛围的描述以及制造悬念的手法——这些都是在富有想象力

---

① 张耕华、王东、李洪岩等：《融汇与超越："史学与文学"关系研究》，《学术研究》2009年第3期。
② ［英］屈威廉：《历史女神克利奥》，见何兆武主编：《历史理论与史学理论——近现代西方史学著作选》，第642页。
③ ［英］卡莱尔：《论历史》，见何兆武主编：《历史理论与史学理论——近现代西方史学著作选》，第230页。

的编撰中获得最充分展现的素质。"①可见想象力在历史书写中的重要作用。在历史书写中，什么类型的装饰性想象是史学家可以接受的？什么类型的装饰性想象是史学家不予认可的？这种想象的困境在哪里？这些问题都是值得讨论的。

第一节　何谓装饰性的想象

孔子曰："言之不文，行之不远。"那么，如此看来，好的语言文字功底是历史叙事有趣、吸引读者的一个原因。此外，众所周知，装饰性的想象书写也能增强文章可读性，起到引人入胜的效果。司马迁的《史记》和希罗多德的《历史》就是这方面最好的范例。那么，在具体历史事件的书写中，装饰性的想象是如何表现出来的呢？笔者将以"淝水之战"为例来分析历史著作中文学式想象的表现方式。

在阅读有关魏晋南北朝史的教科书、断代史、细说体和演义体中关于"淝水之战"的叙述时，笔者发现，历史教科书②和其他严肃的学术性史著③中关于"淝水之战"的叙述，都完全忠于史料，没有溢出史料之外的

---

① ［英］约翰·托什：《史学导论：现代历史学的目标、方法与新方向》，第142页。
② 王仲荦：《魏晋南北朝史》，上海：上海人民出版社，1979年，第282—283页；林瑞翰：《魏晋南北朝史》，台北：五南图书出版公司，1990年，第349—350页。
③ 吕思勉：《两晋南北朝史》，上海：上海古籍出版社，2005年，第206页；张鹤泉：《魏晋南北朝史：一个分裂与融合的时代》，台北：三民书局，2010年，第123—124页；严耀中：《两晋南北朝史》，北京：人民出版社，2009年，第168页；白寿彝主编：《中国通史》（第5卷），上海：上海人民出版社，1995年，第232—234页；范文澜：《中国通史》（2），北京：人民出版社，2004年，第426页；邹纪万：《魏晋南北朝史》，北京：九州出版社，2009年，第83页；劳榦：《魏晋南北朝史》，台北：中国文化大学出版社，1980年，第46页；刘精诚：《两晋南北朝史话》，北京：中国青年出版社，1993年，第63—66页；李定一：《中华史纲》，北京：中国长安出版社，2012年，第187—188页；韩国磬：《魏晋南北朝史纲》，北京：人民出版社，1983年，第268页。

渲染,"有一份材料说一分话,没有材料不说话",真正做到了"言之有据"。①而在通俗史书中,史学家的叙述虽然也有史料做支撑,史实在史书中也是存在的,但出于趣味性和通俗性的考虑,史学家会添加一些额外的叙述进来,而这些额外的叙述可能就有史学家的想象。因此,相比较而言,装饰性的想象在通俗性的史著②中较多。

在有关"淝水之战"的叙述中,学者所依据的史料大致都来自《晋书·苻坚载记》和《资治通鉴·晋纪》,因此,笔者先将学者依据的史料抄录如下,再将原始史料与通俗史著的历史叙述进行比较。俗话说"一滴水可以反射太阳的光芒",读者大致可借"淝水之战"看出装饰性的想象在史著中的表现形式及其特点。

《晋书·苻坚载记》:

坚与苻融登城而望王师,见部阵齐整,将士精锐,又北望八公山上草木,皆类人形,顾谓融曰:"此亦劲敌也,何谓少乎!"怃然有惧色。

……时张蚝败谢石于肥南,谢玄、谢琰勒卒数万,阵以待之。蚝乃退,列阵逼肥水。王师不得渡,遣使谓融曰:"君悬军深入,置阵逼水,此持久之计,岂欲战者乎?若小退师,令将士周旋,仆与君公缓辔而观之,不亦美乎!"融于是麾军却阵,欲因其济水,覆而取之。军遂奔退,制之不可止。融驰骑略阵,马

---

① 在"淝水之战"的例子中,学术性强的著作虽没有想象性的叙述,但并不代表史学家不会在其他的历史事件上使用想象性的叙述,具体例子可参考第一章中的相关内容。

② 沈起炜:《细说两晋南北朝》,上海:上海人民出版社,2007年;蔡东藩:《两晋演义》,北京:文化艺术出版社,2004年;李唐:《魏晋南北朝史》,香港:香港宏业书局,1981年。

倒被杀,军遂大败。王师乘胜追击,至于青冈,死者相枕。①

《资治通鉴·晋纪》:

秦王坚与阳平公融登寿阳城望之,见晋兵部阵严整,又望八公山上草木,皆以为晋兵,顾谓融曰:"此亦劲敌,何谓弱也!"怃然始有惧色。

秦兵逼肥水而陈,晋兵不得渡。谢玄遣使谓阳平公融曰:"君悬军深入,而置陈逼水,此乃持久之计,非欲速战者也。若移阵少却,使晋兵得渡,以决胜负,不亦善乎!"秦诸将皆曰:"我众彼寡,不如遏之,使不得上,可以万全。"坚曰:"但引兵少却,使之半渡,我以铁骑蹙而杀之,蔑不胜矣!"融亦以为然,遂麾兵使却。秦兵遂退,不可复止。谢玄、谢琰、桓伊等引兵渡水击之。融驰骑略陈,欲以帅退者,马倒,为晋兵所杀,秦兵遂溃。玄等乘胜追击,至于青冈;秦兵大败,自相蹈藉而死者,蔽野塞川。其走者闻风声鹤唳,皆以为晋兵且至,昼夜不敢息,草行露宿,重以饥冻,死者什七八。初,秦兵小却,朱序在阵后呼曰:"秦兵败矣!"众遂大奔。②

在抄录完《晋书》和《资治通鉴》的相关史料后,笔者选择两段关于"淝水之战"的不同历史叙述,逐一分析其中的装饰性想象。

材料一是沈起炜的《细说两晋南北朝》:

苻坚和阳平公苻融得了情报,登上寿阳城楼察看。他们远望晋军浩浩荡荡开来,竟把八公山上的草木也当作晋兵。苻坚的傲气顿时去了一截,回顾苻融道:"这也是劲敌,晋国不弱啊!"他开始觉得这仗难打了。

---

① 《晋书》卷一一四《载记第十四苻坚下》,北京:中华书局,第1974年,第2918—2919页。

② 《资治通鉴》卷一〇五《晋纪》,第3361—3362页。

秦军直逼淝水，在岸边列阵。……晋军到了淝水东岸，不好渡河，谢玄即派人向苻坚传话，说："如果把阵形略向后移，让晋军渡河，一决胜负，岂不更好。"秦军众将都不同意后退，苻坚却说："只要略为后退，等他渡到半途，用铁骑压着它打，没有不胜之理。"……阳平公苻融也赞成，随即下令后退。二十几万（三十万已经损失了一万五）人的队伍，后面根本不知道前面的为何要后退，却听到朱序等人在阵后大叫："秦军败了！"便大起恐慌，争先恐后乱逃起来。中间的见前后都在退却，也跟着乱奔。前面后退的见后面已乱，以为后边遭到袭击，也一下乱作一团。这一场面，虽然史籍上没有写得这样细，但大致情形是可想而知的。

谢玄、谢琰、桓伊等引兵渡河，秦兵队伍已乱，其将帅非但无法指挥将士"半渡而击之"，连阻止士卒后退也做不到。晋军上岸进攻时，阳平公苻融仍在阵前东奔西跑，喝令士卒收住脚步，但自己却因马匹跌倒（可能是被自己的士卒撞倒的），被晋兵杀死。晋军乘胜追击，冲过寿阳，直到三十里外的青冈，方才收兵。……

秦军乱逃，自相践踏而死的不计其数，路上、田里、河里，到处都是尸体。逃跑中的秦兵胆战心惊，听见风声鹤唳，都以为是追兵赶来，一路上饥饿冻死的又不计其数。[①]

"细说体"是黎东方开创的一种新的叙述题材，它源自黎东方早年的重庆讲史。黎东方在重庆以史学家的睿智和妙趣横生的语言讲历史，从各种史书中引用材料，以生动活泼、丰富有趣的语言吸引了无数的听众，以至于有听众竞相买票来"听史"的"不可思议"的事情。马先醒概括得更

[①] 沈起炜：《细说两晋南北朝》，第158—159页。

加明白,他说:"'细说体'的本义,是用口讲说在先,笔之成篇在后。因此,其文其质,均别具特色:其文在说,在细说,生动精彩,引人入胜;其质在以真人实事,深入浅出,古籍记述与环境景物,结合对映,使听者、读者宛如身历其境,亲闻目接,以读《三国演义》的轻松心情,获得的却是胜于《三国志》的历史知识。"①卢建荣也表示赞同,他说黎东方的讲史"使听者、读者宛如身历其境,亲闻目接",这一方面反映出黎东方的口才犀利,一方面也反映出他是传统叙述史学文化的继承者。②

黎东方生前完成了《细说元朝》《细说明朝》《细说清朝》《细说民国创立》《细说三国》。为了完成"细说中国历史丛书",出版社又邀请其他学者撰写《细说秦汉》《细说两晋南北朝》《细说隋唐》《细说宋朝》,沈起炜著就是其中之一。虽说诸位学者与黎东方的叙述风格可能会有差异,但多少也能从中看出"细说体"的一些特点。就拿语言通俗易懂的程度来说,相对《晋书》和《资治通鉴》的叙述,沈著的文字更为清晰明白,做到了黎东方"细说体"的"用干净利落、明白晓畅的文字加以表述,使得具有初中以上文化水平的人都能读懂,而且都能够读得饶有兴趣"③的要求。

较为明显的是,相较于《资治通鉴》,沈著多了一些发挥。如《晋书》上是"怃然有惧色",沈著叙述成"苻坚的傲气顿时去了一截","他开始觉得这仗难打了";《晋书》上是"军遂奔退,制之不可止",《资治通鉴》上是"朱序在陈后呼曰:'秦兵败矣!'",沈著就成了"二十几万人的队伍,后面根本不知道前面的为何要后退,却听到朱序等人在阵后大叫:'秦军败了!'便大起恐慌,争先恐后乱逃起来。中间的

---

① 马先醒:《国史"细说体"的创立及其特色》,转引自黎东方著,陈方豪整理:《黎东方讲史之续·细说秦汉》,上海:上海人民出版社,2013年,第323页。
② 卢建荣:《黎东方的叙述史学》,《史学汇刊》2008年第21期。
③ 邓广铭:《〈细说中国历史丛书〉序》,见《邓广铭全集》(第10卷),石家庄:河北教育出版社,2005年,第219页。

见前后都在退却,也跟着乱奔。前面后退的见后面已乱,以为后边遭到袭击,也一下乱作一团。这一场面,虽然史籍上没有这样细写,但大致情形是可想而知的。"《晋书》上是"死者相枕",沈著叙述成"路上、田里、河里,到处都是尸体"。从这些比较中可以发现,文中的一些叙述将文言文意译成现代白话文,这是对史料的通俗化处理。此外,还有一些是作者设身处地理解史料后的想象性叙述,如对前秦军如何后退的描写。

材料二是蔡东藩的《两晋演义》:

秦苻融得洛涧败报,趋回寿阳,与秦王坚登城遥望,见晋军踊跃到来,步伐井井,很是严整,已不禁暗暗生惊。再向东北隅的八公山,眺将过去,差不多有千军万马,布满山上。坚愕然语融道:"这也好算得劲敌哩!怎得说他弱国?"融也觉寒心,乃下城部署,更谋一战。看官听说!八公山上并无兵马,不过草木蕃衍,经冬未衰,苻坚由惊生疑,还道是草木皆兵呢。坚既疑惧交并,累得寝食不安,但骑虎难下,只好督同苻融等人,再与晋军一决雌雄。当下驱动各军,出寿阳城,径至淝水沿岸列阵。谢玄见对岸尽是秦军,苦不得渡,乃遣使语苻融道:"君悬军深入,志在求战,乃逼水为阵,使我军不得急渡,究竟是欲速战呢,还欲久持呢?若移阵稍退,使我军得济,与决胜负,也省得彼此久劳了。"融即转白苻坚,坚欲依晋议,诸将皆谏阻道:"我众彼寡,不如逼住岸上,使不得渡,才保万全。"坚驳说道:"我军远来,利在速战,若夹岸相持,何时可决?今但麾兵小却,乘他半渡,我即用铁骑围麾,可使他片甲不回,岂不是良策么?"融也以为然,遂麾兵使退。

秦军正如墙列着,一闻退军的命令,便即掉头驰去,不可复止。那晋军已控骑飞渡,齐集岸上,一面用着强弓硬箭,争向秦兵射来。秦兵越觉着忙,竞思奔避,忽又有一人大呼道:"秦兵败了。"于是秦兵益骇,顿时大溃。苻融拍马略阵,还想禁遏部军,偏部众不肯回头,晋军却已杀到,急得融无法可施,拟加鞭西奔,那知马足才展,忽然倒地,自己不知不觉,随马坠下。说时迟,那时快,晋军并力杀上,刀枪并举,乱斫乱戳,将融涅成肉泥。苻坚见融落马,惊惶得了不得,便即返奔,连云母辇都弃去。晋军乘胜追击,直达青冈,秦兵大败,自相践踏,死亡不可胜计。或侥幸逃脱性命,听得道旁风声鹤唳,都疑是晋军将至,昼夜不敢息足,草行露宿,冻饿交并,可怜百万大兵,十死七八,仿佛是曹操赤壁,王寻昆阳。①

蔡东藩是清末民初的一位通俗史学家,他以"演义体"来写历史,一生完成了13种历史通俗演义,《两晋演义》为其中之一。蔡东藩的13种历史通俗演义与许廑父续写的《民国通俗演义》40回合并,以《历朝通俗演义》出版。此书1935年初版就销售了10万册,到1936年已经出到了第四版。②可见,此书在民国年间影响颇大。

因为是通俗演义,所以蔡著的语言文字浅显易懂、生动活泼、趣味性强、引人入胜。蔡东藩并没有因为是以"演义体"来写历史,就如稗史随意随性乱说,他是"以正史为经,务求确凿,以轶闻为纬,不尚虚诬"。③蔡东藩的"演义体"有两个方面需注意。

第一,蔡著中添加了许多史料中没有的文字来增加语言的趣味性。

---

① 蔡东藩:《两晋演义》,第430页。
② 蔡福源:《奇举有方 丹心无限——蔡东藩和他的〈中国历史通俗演义〉》,《江淮文史》2000年第2期。
③ 蔡东藩:《唐史演义》,北京:文化艺术出版社,2003年,自序第2页。这类著作,读者也可参考李唐的《魏晋南北朝史》。李唐的著作是"历史小丛书"中的一本。这套小丛书是一套通俗小书,师法蔡东藩。李唐认为蔡著虽然已经简略,但仍然"于许多材料舍不得割弃,仍感繁多,不是太短的时间,所能通篇涉猎的"(见该书序言)。这套丛书有《上古世》《秦汉史》《魏晋南北朝史》《隋唐五代史》《宋史》《辽金元史》。参见李唐:《魏晋南北朝史》,第67—69页。

如蔡著这样写道:"融也觉寒心,乃下城部署,更谋一战。看官听说!八公山上并无兵马,不过草木蕃衍,经冬未衰,苻坚由惊生疑,还道是草木皆兵呢。有幸心者,易生惧心。坚既疑惧交并,累得寝食不安,但骑虎难下,只好督同苻融等人,再与晋军一决雌雄。""那晋军已控骑飞渡,齐集岸上,一面用着强弓硬箭,争向秦兵射来。"

第二,史书上有这件事,蔡著将其尽可能地细化描述。如《晋书》写苻融被杀,仅有"融驰骑略阵,马倒被杀",蔡著则说:"苻融拍马略阵,还想禁遏部军,偏部众不肯回头,晋军却已杀到,急得融无法可施,拟加鞭西奔,那知马足才展,忽然倒地,自己不知不觉,随马坠下。说时迟,那时快,晋军并力杀上,刀枪并举,乱斫乱戳,将融渣成肉泥。"就"苻融被杀"这个情节来说,史书仅9字,蔡著达到了83字,其细化历史的程度可见一斑。苻融初想制止秦军后退,但兵士似乎不买账,苻融看晋兵杀来,就急急忙忙想逃跑,结果马倒苻融被摔下来,晋军拍马赶到,群起而攻之。特别是其中的"说时迟,那时快",将读者拉到了战场,使读者亲眼感受到苻融被杀这一幕。其描述可谓精彩至极。

行文至此,我们就装饰性想象的书写方式做一简单小结。

第一,在通俗的史著中,不同史学家展开想象性叙述的地方各有不同。沈著是在前秦军败退时的场面上大下工夫,蔡著是在苻融被杀处着墨颇多;沈著对前秦战败想象性描述较浅,而蔡著的描述则较为强烈。可见,关于同一段史料,史学家的想象性描述会出现不同的侧重点。由于原始材料记载的内容有限,其中的历史叙述就包含了多种可能性;但当史学家将其落实到具体的描述中,就变成仅有一种可能性的描述了。

第二,沈著对于前秦败退场面所进行的想象性描述是有交代的,他说:"这一场面,虽然史籍上没有这样细写,但大致情形是可想而知的。"读者看到后也自会明白这部分是由史学家想象而来的。这一类史著我们大致可以认为是较为严肃的通俗类著作。而蔡著则没有讲明,如不去查找原始资料，读者就可能把他的所有叙述当成历史事实，至于哪里用了想象性的叙述，读者更不可能知道。因为，想象性的叙述不等于历史，它只是历史众多可能性中的一种。

第三，装饰性想象尽可能采用文学的写作手法，使叙事生动有趣、引人入胜，且让人读其文就能想象到人物的神态、性格以及当时的场景。里蒙·凯南（Shlomith Rimmon-Kenan）在《叙事虚构作品》中区别了两种叙事方式，一种是简单的叙述方式，一种是丰满的叙述方式。他说："比较一下'约翰对妻子生气'与'约翰盯着妻子，皱着眉头，咬着嘴唇，捏紧拳头，然后他站起来，砰的一声推开门，走出屋子'。第二个描述比第一个更'戏剧化'，更生动，因为它提供了更详细的描述，把叙述者的作用降低到一架'摄影机'的作用，把人物生气这个事实留给读者自己推断。这样，通过提出了最大限度的信息和最小限度的信息提供者，就获得了模仿事实的幻觉。"[1]装饰性想象也扮演着类似的功能。作者通过丰富的想象力描写细节，让整个叙述充满血肉，生动形象，使读者如身临其境，易于理解作者所要表现的形象。这种想象正如麦考莱所说"叙述既生动又感人"[2]，柯林武德称这种想象是"装饰性"的想象[3]。

---

[1] ［以色列］里蒙·凯南：《叙事虚构作品》，姚锦清、黄虹伟、傅浩等译，北京：生活·读书·新知三联书店，1989年，第195页。

[2] ［英国］麦考莱：《论历史》，见何兆武主编：《历史理论与史学理论——近现代西方史学著作选》，第260页。

[3] ［英］柯林武德：《历史的观念》，第336页。金岳霖认为，想象可以有两种：一种是动的想象，从A到B，B到C，C到D，D到E，表示是时间上相继的想象；一种是静的想象，我们想象一所房子，A代表客厅，B代表书房，C代表卧房，D代表饭厅，虽可能有次序的不同，但无时间上的想象。因此，金岳霖所说的"静的想象"大概相当于本书所说的"装饰性的历史想象"，而"动的想象"大致相当于本书所说的"填补空白处的历史想象"。参见金岳霖：《知识论》，第307—308页。

第二节　合理性

　　历史学是一门讲究有史料根据的学科，言之有据是史学研究的基本原则。上述装饰性想象中增加了一些原始材料中没有的东西，这种方式是否违背了历史书写的基本规范？如果没有违背，那么这种书写方式的合理性在哪里？即在历史书写中，何种类型的装饰性想象是被史学家认可的？何种是史学家不认可的？

　　上述所引两段装饰性想象的历史书写，虽程度不同地增加了一些史书上没有的描述，但基本上还是受史料约束。可以说，史学家在整体理解史实后，对史实展开一种可能性的想象推测，是可以被接受的。如苻融被杀一事，苻融既可能被晋军砍杀，也可能是被晋军的弓箭射倒，或者自家的士兵、马在混乱中将其踩死，或者有其他可能性，而蔡著选择了第一种。可见，只要有材料依据，装饰性想象虽然有时会溢出材料，但只要其叙述合情合理，我们就可以接受。

　　那么，何种装饰性想象是史学家不能接受的？历史书写虽然有史料依据，但是由于文学色彩太过浓厚，已经超出了合理想象的范围而达到了文学虚构，这种装饰性想象史学家无法接受。历史小说就是如此。说起历史小说，我们首先想到罗贯中的《三国志通俗演义》。《三国志通俗演义》虽是小说，但由于它是依据史书《三国志》所写，因此就有学者说它的叙述是"七分实事，二分虚事"。这里以《三国志通俗演义》中曹操杀吕伯奢全家举例分析。在第四回中，曹操杀董卓没有成功，逃到中牟县，县令陈宫问明情形后，就和曹操一起逃奔。到了成皋，夜色已晚，曹、陈两人一起去投奔故人吕伯奢，于是就有了下面的事情：

　　　　二人到庄门下马，入见伯奢，下拜。奢曰："我闻朝廷遍行文
　　书，捉你太紧，你父避陈留去了。贤侄如何到此？"操告以前事：
　　"今番不是陈县令，已粉骨碎身矣。"伯奢拜陈宫曰："小侄若非

使君，曹氏灭门矣。"言罢，与操曰："贤侄相陪使君，宽怀安坐。老夫家无好酒，容往西村沽一樽以待使君。"言讫，上驴去了。

操坐久，闻庄后磨刀之声。操与宫曰："吕伯奢非吾至亲，此去可疑，当窃听之。"二人潜步入草堂后，但闻人语曰："缚而杀之。"操曰："不先下手，吾死矣！"与宫拔剑直入，不问男女，皆杀之，杀死八口。搜至厨下，见缚一猪欲杀。陈宫曰："孟德心多，误杀好人！"操曰："可急上马！"

二人行不到二里，见吕伯奢驴鞍前鞒悬酒二瓶，手抱果木而来。伯奢叫曰："贤侄何故便去？"操曰："被获之人，不敢久住。"伯奢曰："吾已分付宰一猪相款使君，何憎一宿？"操不顾，策马便行。又不到数步，操拔剑复回，叫伯奢曰："此来者何人？"伯奢回头看时，操将伯奢砍于驴下。宫曰："恰才误耳，今何故也？"操曰："伯奢到家，见杀死亲子，安肯罢休？吾等必遭祸矣。"宫曰："非也。知而故杀，大不义也！"操曰："宁使我负天下人，休教天下人负我！"陈宫默然。[1]

如此生动的语言描写，刻画出曹操残忍的性格特征。而这段叙述是有材料依据的。曹操到故人吕伯奢家，把他家里的人杀掉，是来自《三国志》裴松之注引《魏书》《世语》以及孙盛的《杂记》。《魏书》说曹操和陈宫到吕伯奢家，吕伯奢不在，他的儿子和宾客要打劫曹操，"太祖手刃击杀数人"。《世语》也说吕伯奢不在，他的五个儿子热情招待，而曹操"疑其图己，手剑夜杀八人而去"。孙盛《杂记》则说曹操听见吕伯奢家准备餐具的声音，"以为图己，遂夜杀之。既而凄怆曰：'宁我负人，毋人负我！'遂行"[2]。显然，罗贯中小说中的此处描写，是在裴松之注基础之上的形象化描写，也就是装饰性的想象，但显然已有些虚构。比

---

[1] 罗贯中：《三国志通俗演义》，上海：上海古籍出版社，1980年，第39页。
[2] 陈寿：《三国志》，裴松之注，上海：上海古籍出版社，2011年，第3页。

如，裴松之注中并没有记载杀吕伯奢，而罗贯中则虚构出曹操半路碰见吕伯奢，将其杀掉；还有史料中只是说放走曹操的是中牟县的一名功曹，不是县令，这位功曹是否叫陈宫，史料不曾记载。按照情理推论，曹操是不可能与陈宫一起出现在吕伯奢家的。①可以看出，罗贯中为了描写的生动形象，为了烘托出曹操"宁使我负天下人，休教天下人负我！"自私残忍的本性，进行了虚构。而在现代的历史小说中，一些违背历史真实性的细节更达到了匪夷所思、荒唐可笑的地步。一部写司马迁的长篇历史小说，居然写到司马迁看到了武帝与妃子调情。《史记》是在司马迁死后才问世的，这部小说却写司马迁还健在时有人读了他的书；还写到汉武帝亲手把司马迁杀死。②虚构性的想象是可以被文学家接受的，但绝对不被史学家允许。

由上可知，通过比较原始史料，我们就可以发现哪些历史书写是想象性的，哪些是史料本身有的。在此基础上，我们就可以进一步判断哪些装饰性想象是合理的，哪些装饰性想象已经超出了史学家认可的范围。不过，有些叙述没有史料来源，仅凭借常情来推测，这样的叙述也不被史学家认可。如在描写蔡东藩的一篇小传里，为了说明蔡东藩辛勤地搜集材料，作者写道：

> 蔡东藩走出了书斋，深入街头巷尾，进行即时采风。临浦镇人常常看见，每当街头贴有政府通令布告，蔡东藩必摇摇晃晃出现在那里：他左臂挽一只竹篮，篮里放一方砚台，一只"滴水"，

---

① 原文是："现存的间接史料，只告诉我们，放曹操的是中牟县的一名功曹（县长），不是县令；这位功曹是否姓陈名宫，史料不曾交代。史料所交代的，是陈宫于曹操作了兖州牧之时，也作了兖州东郡的太守。似乎陈宫不曾于陪同曹操逃亡之时，中途与曹操分手。倘若分了手，他如何可能在曹操得意之时当了东郡太守呢？他似乎也不曾见到曹操杀吕伯奢全家。吕家在中牟之西，不在中牟之东；曹操由洛阳来，只能先经过吕家，后到中牟。"参见黎东方：《黎东方讲史·细说三国》，上海：上海人民出版社，2007年，第30—31页。

② 高光：《司马迁：旷世巨著背后那个卑微的男人》，合肥：黄山书社，2012年。

一段墨，右手执一支狼毫，几将眼镜贴到墙面上，一字一句工工整整地抄写着墙上的文字。一袭打着补钉的蓝布长衫，一双洗得发白的圆口布鞋，一缕灰白的头发随风飘散，甩在他窄窄瘦瘦的额头之上，一滴清水鼻涕，摇摇欲坠地挂在他的鼻尖下面。①

这段装饰性的想象叙述把蔡东藩搜集材料时的一举一动刻画得细致入微、生动形象，有如作者亲见。这段历史书写可能是有文字材料作为依据的，但描写得过于深入细致，其中少不了虚构的成分。彼得·盖伊（Peter Gay）说："在虚构的故事中也许有历史存在，但在历史中却不允许有虚构这类东西的存在。"②可见，这种历史书写，在某种程度上已经成为文学虚构了。

与此同时，这里就出现了一个问题：史学家应该如何把握想象力的尺度？即如何使历史叙事是合理的想象而不是虚构呢？英国史学家麦考莱已经对此做出了回答，他说："一个完美的历史学家必须具有足够的想象力，才能使他的叙述既生动又感人。但他必须绝对地掌握自己的想象，将它限制在他所发现的材料上，避免添枝加叶，损害其真实性。他必须既能进行深入而巧妙的推论，又具有充分的自制力，以免将事实纳入假说的框架。"③可见，史学家必须在想象和材料之间找到一个表现完美的"黄金分

---

① 汤雄：《蔡东藩小传》，见陈志根主编：《蔡东藩研究》，北京：中国文史出版社，2005年，第22页。
② ［美］彼得·盖伊：《历史学家的三堂小说课》，刘森尧译，北京：北京大学出版社，2006年，第148页。
③ ［英］麦考莱：《论历史》，见何兆武主编：《历史理论与史学理论——近现代西方史学著作选》，第260页。屈威廉对史学家的想象力也有说明，他说："对我们所有人来说，历史的魅力就在这种结论性的诗意分析中。但是，历史的诗情不是由任意漫游的想像力组成的，而是由追求事实、关注事实的想像力组成的。"转引自［美］格特鲁德·希梅尔法布：《如其所说地述说历史：不顾事实的后现代主义历史学》，张志平译，见陈恒、耿相新主编：《新史学》第5辑《后现代：历史、政治和伦理》，郑州：大象出版社，2006年，第17页。

割点",否则极有可能沦为文学虚构。

由上可见,历史书写既要生动感人,又要避免添枝加叶损害历史的真实性,对于历史书写来说是一个巨大的难题。不过话又说回来,虽然要使历史书写达到如此完美的效果十分困难,但在史学实践中还是有一些历史名著可以达到这样的效果,就像麦考莱所言:

> 一个历史学家可以创造出这些效果而不损害真理,这一点可以通过许多优秀的传记得到充分证实。这类著作获得的巨大声誉,值得历史学家深思。伏尔泰的《查理十二》、马蒙特尔的《回忆录》、博斯韦尔的《约翰逊传》、骚塞对纳尔逊的叙述,这些著作即使是最轻浮、最懒惰的人读起来也津津有味。无论什么时候,只要有一本这样的像样著作出现,流动图书站前便会人头攒动;书店就会拥挤不堪;新的书籍还没来得及切边,报刊杂志的栏目里就充斥着它们的摘要。而那些优秀人士写出的伟大帝国的历史,却躺在显赫的图书馆的书架上无人问津。[1]

经过时间的洗礼,历史书写高手的"榜单"里可以加上左丘明的《春秋左氏传》[2]、司马迁的《史记》、班固的《汉书》、欧阳修的《新五代

---

[1] [英]麦考莱:《论历史》,第273页。
[2] 吕思勉认为《左传》中的《邲之战》叙事最佳。他说:"凡叙事最贵使神情毕肖,为此篇叙郑伯、楚子、荀林父、随武子、栾武子、知庄子、彘子、赵括、赵旃、孙叔、伍参,一人有一人之情形,一人有一人之口气,委婉则极委婉,大度则极大度,庸弱则极庸弱,深谋则极深谋,粗率则极粗率,负气则极负气,持重则极持重,勇悍则极勇悍,可谓尽状物之能事。""凡叙事也,能叙出其所以然,乃觉有精神。叙战事,必使读者能知其所以胜败。此篇于两军胜败之故,可谓了如指掌,而其叙晋军内部情形,则出于伍参口中,叙楚军内部情形,多出之晋人口中,则不惟见两军胜败之故,兼可见两军中智谋之士,皆能斗敌,其审矣。"参见吕思勉:《文学与文选四种》,上海:上海古籍出版社,2010年,第344—345、346页。

史》、司马光的《资治通鉴》①,以及西方希罗多德的《历史》、修昔底德的《伯罗奔尼撒战争史》②、恺撒的《高卢战记》、吉本的《罗马帝国衰亡史》③、麦考莱的《英国史》④和卡莱尔的《法国革命史》⑤。

① 梁启超认为司马光的《资治通鉴》叙事颇为出彩,很感人。他说:"司马光作《资治通鉴》,毕沅作《续资治通鉴》,同是一般体裁。前者看去百读不厌,后者读一二次,就不愿再读了。光书笔最飞动,如赤壁之战、淝水之战、刘裕在京口起事、平姚秦、北齐北周沙苑之战、魏孝文帝迁都洛阳,事实不过尔尔,而看上去令人感动。"参见梁启超:《中国历史研究法》,上海:上海古籍出版社,2006年,第153页。

② 《伯罗奔尼撒战争史》的译者认为:"修昔底德著作的艺术性又表现在他叙述的生动性和表实性上。他本人是一个参加实际活动的政治家和军事家。他又在许多地方作过实际调查。无论他叙述一个政治斗争的场面,或者一个战役,他都能使读者如身历其境。"参见〔古希腊〕修昔底德:《伯罗奔尼撒战争史》,谢德风译,北京:商务印书馆,1985年,译者序言第30页。

③ 罗素对吉本的《罗马帝国衰亡史》评价颇高。他说:"他(吉本)向我们提供了一幅行进于各个时代的各种人物的雄伟行列,他们尽管身穿朝服,却面目各异。不久前,我在《剑桥古代史》中读到了有关芝诺比亚的事;很遗憾,书中把她写得极其枯燥无味。我模糊地记起吉本的书中有一段极为生动的描写。我查到了这一段。这位专横的夫人立刻变得活灵活现。吉本对她已经有了好恶之感,而且想象出了生活在她的宫廷里会是什么样子。他是用丰富的想像力写的,而不是只怀着记述已知事实的冷静的愿望去写的。"参见〔英〕罗素:《论历史》,何兆武、肖巍、张文杰译,桂林:广西师范大学出版社,2001年,第62—63页。奥克肖特也指出吉本的想象力在《罗马帝国衰亡史》中起了非常大的作用,吉本不仅要知道一个事件如何发生,还要想象它发生的情境,叙述人物时也一样,并且举了皇帝朱利安从莱茵河向君士坦丁堡进军和将军贝利萨留两个例子说明。参见〔英〕迈克尔·奥克肖特:《历史是什么》,王加丰、周旭东译,上海:上海财经大学出版社,2009年,第120—121页。

④ 虽然古奇认为麦考莱对欧洲大陆所知有限且文风粗暴,只不过是一个通情理和有文化的庸人,但是他仍然承认《英国史》实现了麦考莱自己的期许,即几天之内取代年轻淑女们桌面上最新的时髦小说。参见〔英〕乔治·皮博迪·古奇:《十九世纪历史学与历史学家》(下册),耿淡如译,北京:商务印书馆,2014年,第491页。

⑤ 古奇认为卡莱尔这本著作"通过一种高度的创造性的想象力量,他竟使读者对他书中景象的感受和他本人同样真实。……读者对他的一些伟大场景的描写将永远留下不可磨灭的印象。袭击巴斯底狱,向凡尔赛进军,联盟节庆典,向瓦伦逃亡,法王的审讯与处死,吉伦特派与丹敦,夏洛特·科代短暂一生的悲剧,罗伯斯庇尔的倾覆——这些景象都是我们毕生难忘的"。参见〔英〕乔治·皮博迪·古奇:《十九世纪历史学与历史学家》(下册),第524—525页。

诚如有的学者指出的，历史著作的优劣并非以文字来判定。①因为有些史学著作只是写给专业的史学家看的，如陈寅恪的《柳如是别传》、陈垣的《元西域人华化考》和其他的专业史学著作，这类著作不可能写得生动形象、引人入胜。但我们也应该反思：为什么现在这种书写生动形象而又不违背史学规范的著作越来越少了呢？按照屈威廉的看法，"它（历史）的唯一目的乃是教育别人。如果历史家忽略了教育公众，如果他们不能够使公众明智地对过去发生兴趣，那么，除了教育他们自己之外，他们对于历史的一切学问都是无价值的"②。屈威廉的观点是否正确暂且抛开不论，至少可以看出，史著不是全部都写给史学家看的。史学家有普及历史知识的义务和责任，也有为非史学工作者传播历史知识的义务和责任，因此，史学家需要用一种大众可以接受的语言风格来书写历史。但是，图书市场上却出现一种"诡异"的现象：史学家写的通俗类著作，普通读者敬而远之；而非专业史学家的著作，如二月河的"帝王系列"、梅毅的"另类历史系列"、当年明月的《明朝那些事儿》却备受读者喜爱。于是，我们可以问：在通俗类史著中，为什么职业史学家会败给非专业史学家？职业史学家是怎么了？

第三节　理论困境

在人类历史的早期，很多知识都是凭借口耳进行传播的。口耳相传的事情，在传递的过程中很容易被传递者删削，无趣无味的内容被传递者不断删减，同时传递者又会在原来的事件中添加一些自以为有趣的或者是想

---

① 张仲民：《歧路彷徨：历史与文学之间》，《学术研究》2009年第3期。
② ［英］屈威廉：《历史女神克利奥》，见何兆武主编：《历史理论与史学理论——近现代西方史学著作选》，第633—634页。

象的内容。因此，吕思勉说："凡近于口语的文字，其叙述一定很详尽，而且能描画入微。"①历史经过多次口耳相传到形成最终的文本，其叙事自然生动形象，能吸引读者。众所周知，中西方早期史书，无论是修昔底德的《历史》，还是中国的《左传》《史记》，它们语言风格的口语化程度都比较强烈，史事讲得绘声绘色。麦考莱在评价希罗多德的《历史》时说："有的段落很长，几乎相当于莎剧中的一幕；它的叙述是戏剧性的，其目的是造成舞台效果。无疑，某些真实对话内容可以为历史学家获知。但是，那些发生在遥远年代和国度的事件，如果真发生过的话，它们的细节也绝不可能为他们所知，但他也把它们讲得绘声绘色。"②麦考莱的评论可谓至当，此评价放到《左传》《史记》上依然有效。

由于早期的历史记载是真实与想象的混合物，且它的原始记载早已不知所踪，所以要分辨出其中哪些是真实的内容，哪些是传递者添加的想象内容就特别困难。因此，学者就极有可能对同一历史事件的真实性产生不同的看法。以《左传》中鉏麑杀赵盾为例。晋灵公不行君道，赵盾多次劝诫，晋灵公还是不改，晋灵公对赵盾的劝诫感到厌烦，就派鉏麑刺杀赵盾。鉏麑清晨赶到赵盾家，却看到赵盾早早起来，因为上朝时间还早故坐在那里打盹。鉏麑不忍心杀赵盾，叹曰："'不忘恭敬，民之主也。贼民之主，不忠；弃君之命，不信。有一于此，不如死也。'触槐而死。"③钱锺书认为鉏麑死前说的这句话不可能有别人听到，因此这句话是左丘明设身处地、依照人物的性格虚构想象出来的，类似后代小说、剧本中的旁白。他说：

> 上古既无录音之具，又乏速记之方，驷不及舌，而何其口

---

① 吕思勉：《史学与史籍七种》，第292页。
② ［英］麦考莱：《论历史》，见何兆武主编：《历史理论与史学理论——近现代西方史学著作选》，第262页。
③ 杨伯峻编注：《春秋左传注》（第2册），北京：中华书局，1981年，第658页。

角亲切，如聆謦欬欤？或为密勿之谈，或乃心口相语，属垣烛隐，何所据依？如僖公二十四年介之推与母偕逃前之问答，宣公二年鉏麑自杀前之慨叹，皆生无旁证、死无对证者。注家虽曲意弥缝，而读者终不餍心息喙。纪昀《阅微草堂笔记》卷一一曰："鉏麑槐下之词，浑良夫梦中之噪，谁闻之欤？"李元度《天岳山房文钞》卷一《鉏麑论》曰："又谁闻而谁述之耶？"李伯元《文明小史》第二五回王济川亦以此问塾师，且曰："把他写上，这分明是个漏洞！"盖非记言也，乃代言也，如后世小说、剧本中之对话独白也。左氏设身处地，依傍性格身份，假之喉舌，想当然耳。①

钱锺书的质疑是有道理的。有意思的是，吕思勉的一段文字似乎在反驳钱锺书的观点。但需要指出的是，吕思勉的文字不是针对钱锺书的，因为吕思勉的分析在前，钱锺书的分析在后。吕思勉认为，当时叙事的详略有一定的法度，如果和叙事主体无关，史学家不会添加其他内容进来，这是当时做文章的一种体例。因此，吕思勉认为鉏麑自杀前的这句话应属史家实录。他说：

> 曩尝见某笔记谓《左传》载鉏麑数语，何人闻之，实为千古疑案云云。大《左传》之记此事，但欲以见赵宣子之不忘恭敬，鉏麑之勇于就义耳，即此数语，已足见此两者而有余，其他无关本旨，设更记之，即成赘词，故皆可以删削。《左传》之记赵宣子假寐，乃以见其不忘恭敬，非以见鉏麑之乘其假寐而往贼之也。宣子为国正卿，岂得一人假寐，左右无侍候之人，且传又未言宣子始终假寐，至鉏麑欲往贼之，而尚未寤也。鉏麑之语，安得无人闻之。此等评论，真乃不值一笑。②

---

① 钱锺书：《管锥篇》（第1册），第164-166页。
② 吕思勉：《文学与文选四种》，第312页。

由此得出，关于同一件史事书写的真实性，吕思勉、钱锺书两位学者持不同的看法。这种现象在早期的史著中尤为常见，如前文所述，"鸿门宴"和"指鹿为马"被吕思勉等史学家指认为是一种传说，是虚构想象出来的。如果持此种观点的话，那么这些材料史学家似乎不应该用在历史研究中，但情况恰恰相反，很多史学家在叙述楚汉之争、刘邦或者项羽时仍然会用这些材料。另如，刘备凭借"三顾茅庐"的诚意最终打动了诸葛亮，于是诸葛亮为刘备分析了当时的政治、军事形势，并筹划了如何一步一步夺取天下的策略，这就是著名的"隆中对"。了解三国史的人都知道，三国历史基本上不出诸葛亮"隆中对"所言，于是就有学者认为"隆中对"可能是后代学者为了塑造诸葛亮的神机妙算而想象虚构出来的。吕思勉却提出了相反的看法，他说："近人或谓诸葛隆中之对，何以能与后来事业，若何符节，必事后附会之辞。然则眼光远大者，豫定计划，而后来略如其所豫期，皆事之所必无，而人生诚如萍飘梗泛，一事不能自主欤？经猷之素定者，安得视同谶书也？"①因此，"隆中对"也属于此类情形。那么，碰到这种情形史学家应该如何处置呢？麦考莱评价希罗多德的话放到这里依然有效，他说："无疑，他对伟大事件的记述是忠实的。或许许多较小事态的描述也是如此，但是究竟哪些描述是真实的，就无法确定了。虚构的事情是如此之有似事实，而事实又如此有似虚构的事情，以至于我们对许多极其有趣的细节都既不敢相信也不敢怀疑，只得永远不置可否。"②

自20世纪历史学科学化以来，现代史学家则很少采用上述叙述的方式，他们用很多的脚注、引用语来表示自己的叙述言之有据，他们知道史学家"并不认为自己有权为了叙述得生动有趣，就可以加入那些并不现实

---

① 吕思勉：《史学与史籍七种》，第470页。
② ［英］麦考莱：《论历史》，见何兆武主编：《历史理论与史学理论——近现代西方史学著作选》，第262—263页。

存在的而只是想象中的描写、对话和高谈阔论"。①在近现代史学中，是否存在史学家虚构的想象成为其他学者研究的依据呢？这个问题没办法正面来回答，只能用历史假设来回答，因为史学家在没有发现该记录是虚构想象之前一直以为它是真实的。比如，1930年11月28日胡适离开上海去北京，跟随胡适一起离开的罗尔纲有一段叙述，内容如下：

十一月二十八日，全家从上海迁北平。我于这年六月，在中国公学毕业后，到他家做整理他父亲铁花先生遗稿工作，这时随行同往。人们认为特务会在车站狙击胡适。我这个书呆子却一点没有想到。

这天上午约八时，我随胡适全家乘出租汽车从极司非尔路到了上海北车站。我跟胡适步入车站，走上月台。满以为胡适广交游，今天一定有不少亲朋到车站来送行。别的且不说，胡适夫妇与上海金融界巨子徐新六夫妇最相好，连两家孩子也彼此相好。胡适还有一个很好的朋友著名诗人徐志摩也在上海。亚东图书馆与胡适的关系更好得不用说了。半个多月来，汪原放同亚东图书馆的人到胡家帮助装书箱捆行李，忙碌不停。可是这些人，今天连影子都不见。为什么亲朋满上海的胡适今天却一个人都不来送行呢？我心里嘀咕着。已经走到头等车厢，胡适看着他两个儿子和胡师母上了车，正踏上车梯，我忽然听到对面那边月台上有人大叫胡校长。我和胡适都掉转头来，只见一个中国公学同学，边跑来边说："学生会派我来送行，请胡校长等一等，要照个相。"原来那位同学在车厢对面那边月台上远远地站着，等候胡适到来，见胡适要上车时才喊叫。他跑近了，匆匆把照相机对着胡适拍了照，就立刻飞快地跑出了月台。这时我才意识到今天究

---

① [英]麦考莱：《论历史》，见何兆武主编：《历史理论与史学理论——近现代西方史学著作选》，第268页。

竟是怎么一个场合！①

　　罗尔纲的这份记录叙述真切，又有那么多细节描写，以至于在没有发现它是虚构之前，没有人会怀疑它的真实性，用麦考莱的话说就是他"虚构的事情是如此之有似事实"。古代历史可参照的史料较少，近现代史料则保存较多，史学家可以通过其他材料来证明这份记录是否为虚构。通过比较《胡适日记》得出，这份记录是虚构想象的产物，余英时对此感叹道："这是他想以浓墨刻画出一种极其恐怖的气氛，所以才虚构出这样一篇绘声绘影的绝妙文字来。我不能不佩服他想像力之丰富，但是如果胡适这一天的日记不幸遗失，罗先生的虚构便将被后人当成实录了。"②可见，虚构想象而成的历史叙述极有可能被其他学者当成历史事实而接受，也就是说，我们接受的是不真实的、虚假的历史叙述。

　　在某一个时期，当虚假的、不真实的历史被我们接受时也会以另一种形式出现，这种形式的历史似乎也可以算是一种特别的"虚构想象"。这里以斯大林为例。关于斯大林，有过三种书写：第一种书写出现在斯大林生前，他是十月革命的唯一组织者、领导者，是反法西斯的卫国英雄，是英明的领袖和导师。在德国侵略者兵临城下、莫斯科面临灭顶之灾时，他照样举行庆典并发表演说。许多战士呼喊着他的名字，向敌人发起冲锋，终于使侵略者溃不成军。第二种书写是出现在他刚过世，在赫鲁晓夫秘密报告中，他冷酷无情、专制残暴，使两千多万人蒙受不白之冤。"列宁的战士"被杀光，科学家被关进集中营。第三种书写出现在他死去多年后，他是十月革命的组织者、领导者之一。他与德国签订互不侵犯条约，后来

---

① 罗尔纲：《关于胡适的点滴》，见颜振吾编：《胡适研究丛录》，北京：生活·读书·新知三联书店，1989年，第15页。
② ［美］余英时：《重寻胡适历程：胡适生平与思想再认识》，桂林：广西师范大学出版社，2004年，第27—28页。余英时的这个判断是准确的，参见贾鹏涛：《对胡适一段公案的定案——补证余英时先生的洞见》，《史学月刊》2012年第11期。同样的例子可见朱正：《亲历者的回忆未必可靠》，《南方周末》2015年10月1日。

又领导卫国战争。他的儿子被德军捕获,德军提出用他儿子交换保卢斯元帅,斯大林断然拒绝。①第一种书写中斯大林以一个无所不能神的形象出现,第二种书写中斯大林以一个一无是处的魔鬼形象出现,第三种书写中斯大林以一个较有人性的正常形象出现。可以看出,关于斯大林的书写是不断变化的过程,也是一个不断接近历史中真实的斯大林形象的过程。这固然是值得称赞的。但毋庸讳言的是,有两个阶段我们将"虚构想象"出来的斯大林形象当成了历史上真实的斯大林。在古代,由于人们的历史意识不强,很多历史记载中都含有虚构想象性的叙述。但由于没有其他相关材料做参照,后代史学家无法分辨出哪些内容是历史事实,哪些是添加进来的想象。因此,后代史学家对这类记载只能是"不置可否"——这似乎是无可奈何的事情。但是到了近现代,人类已经有足够强的历史意识,保存下来的史料更是多如牛毛,为什么还会出现这类虚构想象呢?换言之,这类虚构想象是由于史料不足还是有其他社会、时代原因?是出于史学家自己的主观行为还是社会、时代使得史学家不得不为?如果是出于史学家自己的主观行为,那么抛弃了历史研究的基本规范而虚构想象叙述的史学家,他这样做的目的是什么?如果是社会、时代使史学家不得不为,那么这类现象能反映出社会、时代什么样的一般情形呢?这类现象的出现,多少是出于学术的原因,多少是出于非学术的原因呢?

  历史学是一门必须言之有据的学科,史学家会引用大量的史料、其他学者的经典话语安排叙事方式,用大量的脚注作为自己论点成立论的凭证。引语、脚注、叙事等修辞常被看作蛋糕上的糖衣,在传统史学家看来,糖衣不会影响到蛋糕的味道、形状、大小。但是通过上文的举例分析,我们发现事情并不是这样。修辞不仅影响了蛋糕(历史)的外在形

---

① 刘兴雨:《追问历史:对历史常识的质疑和颠覆》,天津:天津古籍出版社,2003年,第293页。

式，而且影响了蛋糕的内在质量。①换句话说，形式与内容的关系并不像传统史学家认为的那么泾渭分明，互不影响，而是彼此影响、相互缠绕在一起。历史书写不仅仅是一个修辞、书写的问题，它还与历史学的真实性、客观性紧紧地绑在一起。修辞不仅关系到历史书写的形象生动、引人入胜以及内容结构，还关系到史学家的意识形态、政治立场、价值观和相关利益等因素。基于此，出现上述的三种斯大林形象就是情理之中的事情。就像赫克斯特（J. H. Hexter）所说："为了传达一种有所增加的知识和意义，真正的历史学原则要求这样一种修辞，它对于唤起能力和范围来说，要以牺牲其普遍性、精确性、控制性和准确性为代价。"②就这层意义上来说，后现代对形式与内容的看法对于史学家认识历史书写是非常重要的，海登·怀特将自己的一部著作命名为《形式的内容》即着眼于此。③

---

① 在20世纪50年代后期，不管是北大考古专业师生合作编写的考古教材，还是中国历史博物馆的新陈列，都套在马克思的社会发展史的套子里。时人认为，手里拿着考古器物，将两者相加就可以搞清楚古代历史。苏秉琦认为这种"穿靴戴帽"的做法其实是把具体的研究变成了干巴巴的空壳，是将历史简单化了。马克思主义哲学并不能直接回答中国考古学的方法论问题。参见苏秉琦：《中国文明起源新探》，北京：生活·读书·新知三联书店，1999年，第20页。

② ［美］赫克斯特：《历史的修辞》，陈新译，见陈新主编：《当代西方历史哲学读本（1967—2002）》，上海：复旦大学出版社，2004年，第68页。

③ 此问题的进一步探讨可参见本书第五章。

第三章 非事实的历史想象[①]

[①] 历史假说是回到当时的情景下,考虑当时历史发展存在的多种可能性,并考察已产生结果的好坏。反事实虚拟就是以纯粹假设(不可能在历史中出现)为前提,推测出一种可能出现的图像,将它与历史上的图景相比较。某种程度上来说,两者都涉及非事实,在研究的过程中都需要大量的想象推理。

假设在杂志报纸或者日常生活中经常见到。在杂志报纸中，我们会经常看到如此的文章标题，如《假如方舟子遇到了陈独秀》[①]《假设……就会有别样的日本》[②]《假如我是张学良》[③]等。在日常生活中，我们动不动就会说出以"要是""假如""如果"等假设性词语开头的句子。如小张昨天打篮球不小心脚崴了，他可能会说"要是小陈昨天不叫我打篮球，我就

[①] 姜伯静：《假如方舟子遇到了陈独秀》，《中华读书报》2012年8月29日。
[②] 李长声：《假设……就会有别样的日本》，《东方早报》2012年11月25日。
[③] 丁文江：《假如我是张学良》，见欧阳哲生编：《丁文江文集》（第1卷），长沙：湖南教育出版社，2008年，第286—288页。《假如我是蒋介石》见该书第309—313页。

不会崴脚"等①。如果日常生活中没有假设，那会是一副什么样的情形呢？小张是一位大学生，因早上太冷起不来结果上课迟到了，老师就批评了他。一上午的郁闷之情让小张非常不舒心，因此，他准备下午去打篮球以扫除这阴霾的心绪。他心里有了这样的安排后，突然接到另一位老师的通知，说下午要补上个礼拜没上的课。与此同时，小张的导师告诉他，下午找小张谈一点事情。短短几分钟，摆在小张面前有三件事情，并且时间上还相互冲突。做完内心激烈的斗争后，他下午去见了导师。这是小张今天经历的事。他如果不使用历史假设的话，就不会有反思，明天早上可能还会迟到。但是如果他用了假设，就会这么思考：假如我早上早起几分钟，上课就不会迟到，我就不会被批评。他这样想了以后，明天早上可能就

---

① 就所见到的材料来看，将假设的反事实想象运用到极致且畅快淋漓的，莫过于顾颉刚。顾颉刚在《古史辨自序》总结自己治学生涯的境遇时说："要是我不生在科举未废的时候，我的幼年就不会读经书。要是我的祖父不给我随处讲故事，也许我的历史兴味不会这样的深厚。要是我不进新式学校，我也未必会承受这一点浅近的科学观念。要是我在幼年没有书籍的嗜好，苏州又没有许多书铺供我闲游，我也不会对于古今的学术知道一点大概，储藏着许多考证的材料。要是我到北京后不看两年戏，我也不会对于民间的传说得到一个大体的领略。要是我不爱好文学、哲学和政治活动，在这种方面碰到多少次的失败，我也不会认识自己的才性，把我的精力集中于考证的学问上。要是不遇见子水和太炎先生，我就是好学，也不会发生自觉的治学的意志。要是不遇见孟真和适之先生，不逢到《新青年》的思想革命的鼓吹，我的胸中积着的许多打破传统学说的见解也不敢大胆宣布。要是北京大学中不征集歌谣，我也不会因写录歌谣而联带得到许多的风俗材料而加以注意。要是我没有亲见太炎先生对于今文家的痛恨，激动我寻求今文学著述的好奇心，我也不会搜读《孔子改制考》，引起我对于古史的不信任的观念。要是我不亲从适之先生受学，了解他的研究方法，我也不会认识自己最近情的学问乃是史学。要是适之、玄同两先生不提起我的编集辨伪材料的兴趣，奖励我的大胆的假设，我对于研究古史的进行也不会这般的快速。要是我发表了第一篇文字之后没有刘楚贤先生等把我痛驳，我也不会定了周密的计划而豫备作毕生的研究。要是我不到北京大学研究所国学门服务，没有《歌谣周刊》等刊物替我作征求的机关，我要接近民众的材料也不会这样容易。总括一句，若是我不到北京大学来，或是孑民先生等不为学术界开风气，我的脑髓中虽已播下了辨论古史的种子，但这册书是决不会有的。"参见顾颉刚：《古史辨自序》，北京：商务印书馆，2019年，第90—91页。

不会迟到。其实，激烈的心理斗争中也包括着某种选择性的假设，即假如去打篮球，而不去上课和见导师会发生什么；假如去上课，不去打篮球和见导师会发生什么；假如去见导师，不去上课会发生什么。事后，他可能还会重新评估三种选择，当时选择哪种更好一点。而所有的这些假设性思考，对于他以后做事都会产生影响。因此，就这层意义上来说，是否进行假设对我们的日常行为有着非常重要的影响。这种情况，瑟诺博司也早已注意到：

  在社会科学中，我们实际上不是在现实的对象上，而是在我们根据对象所做出的表象上进行操作。我们看不见我们清查的人类、动物和房屋，看不见我们描述的制度。我们不得不对要研究的人类、物品、行为、动机进行想象。社会科学的实际材料正是这些意象；我们对之进行分析的也正是这些意象。有些意象可能是对我们个人观察过的物品的回忆；但回忆已经仅仅不过是一个意象。此外，大多数意象甚至不是通过回忆获得，而是我们根据回忆的意象创造出来的，也就是说通过与由回忆获得的意象进行类比而得出来的。……要描述一个工会的运转，我们要设想其成员的行为与活动。[①]

在历史学中，史学家常常用假设进行历史书写。如司马迁在总结秦二世灭国的历史教训时叙述道：

  乡使二世有庸主之行，而任忠贤，臣主一心而忧海内之患，缟素而止先帝之过，裂地分民以封功臣之后，建国立君以礼天下，虚囹圄而免刑戮，除去收帑污秽之罪，使各反其乡里，发仓廪，散财币，以振孤独穷困之士，轻赋少事，以佐百姓之急，约法省刑以持其后，使天下之人皆得自新，更节修行，各慎其身，

[①] 转引自[法]安托万·普罗斯特：《历史学十二讲》，第151—152页。

塞万民之望，而以威德与天下，天下集矣。①

由此可见，假设性的书写一直存在于史著中。众所周知，探讨历史事件发生的原因，是史学家研究的一项重要工作。因此，卡尔说："历史研究是一种因果关系的研究"，"伟大的历史学家——或许我应该更广泛地说，伟大的思想家——是能对新事物或在新背景下提出'为什么'这个问题的人"。②当史学家提出"为什么"后，他们就会永不停息地追寻他所希望得到的答案。假如我们要求史学家追寻爆发布尔什维克革命的原因，他们绝对不会满足于一个原因，而是会从各个角度去追寻。他们会指出，之所以会爆发革命，是因为连续不断的军事失败、战争压力下俄国经济的崩溃、布尔什维克有效的宣传、沙皇政府解决农民问题上的失败、贫困受剥削的无产阶级聚集在彼得堡的各个工厂里及列宁的果断行事。总之，经济的、政治的、意识形态的、个人因素混在一起构成了原因。这种原因的追索是暂时的，随着时间的变迁，史学家扩展和加深研究会不断丰富"为什么"这一问题的答案。史学家大致会从横向和纵向两个维度展开对历史事件原因的追索。横向维度大概是史学研究中最普遍的一种。1991年12月苏联解体是世界现当代史、国际关系史、国际共运史上的重大事件，它极大地改变了战后四十年世界历史的进程，对国际共产主义运动及整个世界格局发展演变产生了重大而深远的影响。中国学者从多方面、多角度、多层次对苏联解体的原因进行了深入探讨。有远因，有近因；有外因，有内因；有客观原因，有主观原因；有微观原因，有宏观原因；有下层原因，有上层原因；有浅层原因，有深层原因。此外还有根本原因，如"思想理论滞后说""经济发展落后说""政治体制僵化说""苏共蜕变说""民

---

① 《史记》卷六《秦始皇本纪》，第283—284页。
② ［英］E. H. 卡尔：《历史是什么？》，第186页。

族冲突说""西方和平演变说""戈尔巴乔夫改革失败说"等。①

纵向维度原因的追寻在史学研究中亦存在。罗素（Bertrand Russell）戏谑工业革命兴起的原因时说："工业制度缘自现代科学的发展，现代科学的发展缘自伽利略，伽利略的出现缘自哥白尼，哥白尼的出现缘自文艺复兴，文艺复兴的产生缘自君士坦丁堡的沦陷，君士坦丁堡的沦陷缘自土耳其人的移民，土耳其人的移民则归因于中亚的干燥气候。因此，要找到历史事件的根本起因，还得去研究水文地理学。"②姑且不论罗素所言是否有理，我们可说追寻纵向维度的原因亦是史学家的一项工作。

而确定因果关系，办法只有一个：想象置身于过去并考虑，假设这个或那个单独列出的因素不一样了，那么事情的发展还会不会一样。就像保罗·拉孔布（Paul Lacombe）所说：

> 在这里，我必须就一种经验说几句，它是历史学中唯一可能的经验：想象的经验。通过运思，强行赋予过去的一系列事件以不同于其实际的面貌，例如，在想象中重来一次法国大革命。有许多人觉得这样做是徒劳的，甚至可能是危险的。我不这么觉得。有一种趋势裹挟着我们每个人，使我们相信，历史事件只能是它已经发生过的那个样子，不可能有另一番景象，我看在这种趋势中才有更真实的危险。与之相反，应该让自己感到历史事件其实并没有稳定下来。对历史做别样的想象，让它在开始时并不受制于结局。③

雷蒙·阿隆（Raymond Aron）在分析俾斯麦的决定与1866年普鲁士战争的关系时说：

---

① 童广运、刘国华：《苏联解体原因国内10年研究述要》，《陕西教育学院学报》2002年第2期。

② 转引自［英］尼尔·弗格森：《虚拟的历史》，颜筝译，北京：中信出版社，2012年，第13—14页。

③ 转引自［法］安托万·普罗斯特：《历史学十二讲》，第159页。

如果我说，俾斯麦的决定是1866年战争的原因，……那么我的意思就是，没有这位宰相的这个决定的话，战争就不会爆发（或者至少不会在那一刻爆发）……实际的因果关系只有通过与诸多可能性进行比较才被确定。所有的历史学家为了解释过去实际发生过的事情，都在思考过去可能发生的事情。理论仅仅是给这种普通人自发的实践赋予逻辑的形式。

如果我们寻求一个现象的原因，那我们不仅仅是将之前的现象相加或归拢在一起。我们还是尽力衡量每一个的影响。要进行这种区分，我们通过运思，从之前的诸多现象中拿出一个来，我们强行让它消失或者改变，我们努力构建或想象在这种假设中会发生什么事情。如果我们必须得承认，没有这个之前的现象（或者这个现象有所不同），所研究的那个现象就会是另一副样子的话，那我们就得出结论说，这个之前的现象是结果现象的一部分（即我们已认定会被改变的那部分）的原因之一……

从逻辑上看，这种研究于是包含以下操作：第一步，分割结果现象；第二步，对之前的现象进行区分，并从中分离出一个我们想要评估其效力的现象；第三步，建构非现实的演变；第四步，将头脑中的意象与实际事件进行比较。①

因此，从理论层面来分析，可以说，所有的历史学都是反事实的。因为因果关系的陈述预先假定了反事实性。当历史学家说C导致了（推导出了、引起了、产生了）E，他同时在暗示，在其他条件不变的情况下，没有C就不会有E。

有意思的是，中西方史学家一开始都仅仅将假设作为一种修辞方式来使用。而随着史学家的问题意识的增强，西方学者率先关注假设在历史

---

① 转引自［法］安托万·普罗斯特：《历史学十二讲》，第160—161页。

叙述中的重大作用,并将其纳入更为细致的应用范围。在19世纪中期,法国出现了用假设手法写成的小说,随后假设也出现在科幻虚构领域。1903年,约瑟·艾德格(Joseph Edgart)《历史中的假设:如果事情发生了细小的变化,这个世界会怎么样》[①]的出版则改变了这种情况,他可能是第一个考虑到历史假设是一种有用的历史思维方式的史学家。20世纪30年代,斯魁尔(J. C. Squire)主编的《假设我们的历史经过重写》[②]也是一部将假设应用于历史学研究的重要著作。20世纪60年代以前,假设性的历史著作在学术领域并不多见。此后,在政治和文化领域,"可选择性历史"的论文和著作从学术边缘进入学术讨论的中心。后现代主义者弱化事实和虚构之间的界限,不相信历史有中心等等观念的出现,对假设性叙述研究起了推波助澜的作用。尤其是冷战后社会主义大国苏联的解体,极大程度地引起了学者对决定论观的怀疑,使历史假设的研究又达到了一个新的高潮。[③]

---

① Joseph Edgart Camberlin, *The Ifs of History: How World Might Have Changed If the Things Had Gone Slightly Different*, Altemus, 1903.

② 此书中的历史假设有:如果摩尔人在西班牙获胜,事情将会怎么样;如果拿破仑逃到了美洲,历史将会如何;如果奥地利的唐·约翰和苏格兰玛丽女皇结婚呢;如果拜伦做了希腊皇帝;路易十六如果逃出了巴黎,法国历史会怎么样;荷兰如果统治了阿姆斯特丹呢;如果夸在葛德斯堡获胜,结果会怎么样。参见J. C. Squire, *If It Had Happened Otherwise*, New York: St. Martin's Press, 1974.

③ 此段参考了Simon T. Kaye, "Challenging Certainty:the Utility and History of Counter Factualism", *History and Theory*, Vol. 49, Feb., 2010, pp. 48-54; G. Rosenfeld, "Why Do We Ask 'What If' Reflection on the Function of Alternative History", *History and Theory*, Vol. 41, Dec., 2002, pp. 91-92。这方面代表性的著作有:Niall Ferguson, eds., *Virtual History*, London: Pan Macmillan, 1998; Robert Cowley, eds., *What Ifs? The Worlds' Foremost Military Historians Imagine What Might Have Been*, Berkley Trade, 2000; *What Ifs?* Berkley Trade, 2002; *What ifs? Of American history*, Berkley Trade, 2004;[美]罗伯·考利:《史上20起重要事件的另一种可能》,王鼎钧译,台北:麦田出版社,2005年;[美]罗伯·考利:《史上25起重要事件的另一种可能》,黄煜文译,台北:麦田出版社,2005年。安德鲁·罗伯兹的著作也具有代表性,参见[英]安德鲁·罗伯兹:《假如日本不曾偷袭珍珠港:史上12起关键事件的另一种插曲》,黄煜文译,台北:麦田出版社,2006年。

在国内学术界，关于能不能进行历史假设，学者们之间是有争论的。反对进行历史假设的学者认为，历史应研究的是它的发生、存在的原因和历史作用，研究者不应为已发生的进程设计另一套方案。① 赞成进行历史假设的学者，则对此问题进行了深入的讨论，取得了丰硕的成果。②

---

① 陈先达认为："一个严肃认真的历史学家面对历史，他提出的问题决不是假设，而是为什么在那个时代、那个国家会出现这样的人物，对他们的作用应如何评价。"参见陈先达：《漫步遐思：哲学随想录》，北京：中国青年出版社，1997年，第183页。"用假设的方法来研究历史是不可取的。对于任何一个在人类历史上有重大影响的事件，无论是好是坏，我们所要着力研究的是它的发生、存在的原因和历史作用，而不能由研究者主观地去为已经发生了的历史进程另行设计一套方案。辛亥革命已经发生了，立宪派的立宪运动已经失败了，清政府也早已垮台了，时至今日，再鼓吹什么'辛亥革命应该避免'，并假设如果避免这场革命中国就已经实行现代化，无非是研究者脑子里的主观遐想，谁也不可能再回头去改变已经发生了的历史。这种假设，毫无意义，也是对历史的不负责任，不仅无益于历史研究，而且会造成思想混乱。"参见龚书铎、吴效马：《革命是褒词还是贬词？——从对辛亥革命的评价谈起》，《求是》1996年第6期。

② 何兆武：《历史研究中的可能与现实》，《史学理论》1988年第1期；小成：《历史与发展研究中的假设问题——上古婚制转变原因的探讨》，《社会学研究》1988年第2期；柳植：《十月革命与历史的选择性》，《历史研究》1988年第5期；程农：《论历史学中的可能性研究与假设研究》，《烟台师范学院学报》（哲社版）1989年第4期；周建漳：《历史与假设》，《史学理论研究》1994年第3期；李泽厚、王德胜：《关于文化现状、道德重建的对话》，《东方》1994年第5、6期；周振鹤：《假如齐国统一天下》，《二十一世纪》1995年第2期；郭铁桩：《"用假设的方法来研究历史""不可取"吗？——与龚书铎、吴效马商榷》，《辽宁师范大学学报》（社科版）1999年第2期；曹大为：《历史研究中的假设、臆想与编造——兼论端正学风问题》，《社会科学论坛》2001年第1期；周祥森：《史学批评不可能没有"前提假设"》，《社会科学论坛》2002年第1期；姜继为：《走出"历史不能假设"的藩篱》，《史学理论研究》2003年第1期；张宁：《历史研究与"反设事实"》，《历史教学》2005年第1期；张绪山、赵淑玉：《科学思维方式与研究的"假设方法"》，《史学理论研究》2005年第2期；房德邻：《评"假如史学"》，《近代史研究》2005年第3期；吕和应：《历史学的课题：可能之事》，《史学理论研究》2005年第4期；王也扬：《客观历史的可能性与研究者》，《近代史研究》2006年第1期；赵庆云：《也说历史研究中的"假设"问题》，《近代史研究》2008年第1期；吴宗国：《材料、问题、假设与历史研究》，《史学月刊》2009年第1期。

第一节　非事实想象的使用情形及其分类

历史书写中存在大量的历史假设，这是不可否认的事实。张耕华认为，历史假设可分为显性的和隐性的。[①]笔者认为，显性的历史假设在以下五种情形中会使用。

第一，强调历史事件或者人物的重要性。在《老师的谎言：美国历史教科书中的错误》中，詹姆斯·洛温认为早期瘟疫是17世纪欧洲人顺利"入居"美洲后出现的，瘟疫是一个重要的地缘政治事件。当年的美洲人相当重视卫生，因此他们很少生病。而北欧和英格兰居民认为洗澡不健康，所以他们很少洗澡。17世纪初，欧洲人将瘟疫通过不同的方式带给了美洲人，具有讽刺意味的是，正是美洲人的健康给他们带来了灾难，他们没有通过遗传或者幼儿疾病获得抵抗力，不能抵抗欧洲人和非洲人带来的病菌。因此，1617年后的3年内，瘟疫消灭了90%至96%的新英格兰沿海居民。又过了15年，感染天花或者疾病的欧裔美洲人都康复了，而土著美洲人大都病死。瘟疫导致的最直接后果是，英国人到新英格兰的头50年里不会遇到印第安人的威胁。而且，瘟疫在墨西哥、秘鲁等地也肆意蔓延。据史学家统计，从1520年到1918年美洲总共发生了93场瘟疫。瘟疫使当地的土著人尽数死亡，而对疾病具有免疫力的英国人、西班牙人等都存活了下来。一直以来，我们认为欧洲人对美洲的征服是不可避免的，其实不然。就如卡伦·库伯曼说：

> 美洲东海岸的印第安人的技术和文化当时与英国人的技术和文化不相上下，孰优孰劣一时还不甚明了……人们只能想象，如果欧洲疾病没有对美洲人口产生毁灭性影响的话，其比拼的结果是什么样子？如果殖民者不占有已灭绝的印第安农夫开垦出的土

---

① 张耕华：《历史哲学引论》（增订本），第133页。

地的话，殖民活动或许会进展得缓慢得多。如果印第安文化没有毁于它所遭受的那些从肉体到心灵的打击的话，殖民活动或许根本就无法进行。①

史学家认为，1492年美洲人口有1亿，哥伦布出航前，欧洲人口有7千万。欧洲人凭借军事、技术方面的优势征服了美洲，就像他们征服中国、印度、印度尼西亚一样，但是他们没有在这些地方"定居"。从这个意义上来说，瘟疫是欧洲人在美洲定居的一个关键性事件。

第二，对历史人物的评价。比如钱穆对曹操的评价，他说：

> 曹操兼能政治、军事、文学，又能用人，备此诸能于一身，故为中国史上一稀有人物。但曹操终是一大奸。若操能开诚心，布公道，尽力扶持汉室，刘备不致定不与他合作。关羽自不必说，徐庶司马懿亦能共辅操业，岂不可使汉室一统重获维持？此下六百年弑篡相承，使中国历史陷入一段中衰时期，曹操不能辞其咎。②

如果曹操能开诚布公，尽力扶持汉室，则汉有可能重获统一，统一后，中国历史则不至于陷于一段中衰时期。

第三，对偶然事件的强调。如安东尼阿克兴战役的失败是由于安东尼迷恋克列奥佩特拉的长鼻子；希腊国王被自己的宠物猴子咬了一口而于1920年秋天去世，丘吉尔说"这只猴子的一咬使二十五万人丧生"。③

---

① 转引自［美］詹姆斯·洛温：《老师的谎言：美国历史教科书中的错误》，第73页。王兆贵《魏才秦用与魏衰秦盛》一文认为，魏由盛转衰的一个关键因素就是人才的流失。"如果吴起不被排挤出走，秦在军事上很难同魏抗衡；如果公孙鞅留魏变法成功，强盛的就不是秦而是魏；如果范雎不被诬陷逃离，'远交近攻'策略就会为魏所用；如果张仪能在本籍受到重用，魏国在外交上必定稳操胜券；如果信陵君不被疑忌弃用，秦国怎敢毫无顾忌地攻打魏国……"作者虽认为历史不容假设，但也强调通过历史假设这种推导可以看出"高端人才的关键作用"。参见王兆贵：《魏才秦用与魏衰秦盛》，《光明日报》2013年9月25日。
② 钱穆：《史学导言》，台北：中央日报社，1978年，第75页。
③ ［英］E.D.卡尔：《历史是什么？》，第197—198页。

第四，表达对当下社会的一种态度。如郭沫若在《甲申三百年祭》中，为阐明农民起义失败的历史教训发出了一连串的假设追问。他说：

>假使初进北京时，自成听了李岩的话，使士卒不要懈怠而败了军纪，对吴三桂等及早采取了牢笼政策，清人断不至于那样快地便入了关。又假使李岩收复河南之议得到实现，以李岩的深得人心，必能独当一面，把农民解放的战斗转化而为种族之间的战争。假使形成了那样的局势，清兵在第二年决不敢轻易冒险去攻潼关，而在潼关失守之后也决不敢那样劳师穷追，使自成陷于绝地。假使免掉了这些错误，在种族方面岂不也就可以免掉了二百六十年间为清朝所宰治的命运了吗？①

此文的写作目的很明确，"就是以明末的政治腐败，直至灭亡，来揭露影射国民党的黑暗统治；并告诫人们，以史为鉴，不要重蹈覆辙"②。

第五，理论上的假设。上古时期人类如何从族内婚制发展为族外婚制，由于材料不是很丰富，就有学者提出不同的假设。比如，陶大镛和齐思和提出了两个假设作为族内婚变为族外婚的原因：一个是经济上的，一个是人们认识到了族外婚会改进人或后代的体质状况。③

对于以上五种情形，以前学者多有提及，我们认为以上五种假设，前四种或多或少、或明或暗都有感情的成分，而第五种则没有。其实，在强调历史事件或者历史人物的重要性、偶然性，通过对历史人物的评价表达对当下社会的一种态度时，都包含着史学家的价值观和个人的感情。历史假设中或多或少含有史学家的个人感情色彩，或者是浓厚的民族色彩，或

---

① 郭沫若：《历史人物》，北京：中国人民大学出版社，2005年，第183—184页。
② 马樁：《〈甲申二百年祭〉：一篇史学长文的政治意义》，《中华读书报》2012年7月4日。
③ 小成：《历史与发展研究中的假设问题——上古婚制转变原因的探讨》，《社会学研究》1988年第2期。

者是对历史的"温情和敬意",或者是深深的遗憾。①王夫之的《读通鉴论》是根据《资治通鉴》而撰写的历史评论,此书论述了他对于历代治乱兴衰等问题的基本观点。王夫之是明末遗老,此书充分展现了作者在痛定思痛之后对于明朝历史的反思,因此,书中含有饱满的感情色彩。比如,汉明帝尊重师长,在位期间大有作为,限制外戚功臣豪强,经营西域,治理黄河,使得当时国富民安,但由于汉明帝英年早逝,许多政策没有时间来实行,因此,王夫之悲痛地写道:

> 天假明帝以年,以之收北方离合不定之人心,而乘冉闵之乱,吹枯折槁,以复衣冠礼乐之中夏,知其无难也。帝早没而不可为矣,悲夫!②

顾诚的《南明史》对南明的几个小朝廷以及与清军战斗的其他武装力量都予以极大的同情理解,时时刻刻都在设身处地地为他们着想。因此在阅读《南明史》时,读者会深深地体悟到书中那强烈的民族色彩。如对于李自成被击败,顾诚根据史料做出了如下假设,读者自可体会其中的情感。他说:

> 这两条材料证明,在甲申之冬,李自成统领西安地区的大顺军主力取道同州(今陕西大荔县)、白水,一直进到洛川,离延安已经不远了。如果清方战略计划没有发生变化,那么,李自成、刘宗敏指挥大顺军主力和李过、高一功部陕北驻军同阿济格部清军决战,胜负尚在未定之天。阿济格部一旦战败,大顺军势必乘胜追击,华北局势就将改观。③

---

① 拜恩认为引起反事实想象的原因是自己的感情经历或者对别人经历的一个评价。这类感情如后悔、内疚、惭愧、信念、希望和期望。Ruth M. J. Byrne, *The Rational Imagination: How People Create Alternatives to Reality*, Cambridge, MA.: The MIT Press, 2005, p. 9.
② 王夫之:《读通鉴论》(中册),第356页。
③ 顾诚:《南明史》,北京:中国青年出版社,1997年,第134—135页。

钱穆的《国史大纲》也对中国历史怀有强烈的感情色彩，他认为凡是读国史的人都应该"对本国已往历史有一种温情与敬意"，他的历史假设同样含有这样的味道。比如，清帝退位后进入民国时代，南北议和，随后北洋政府成立，但由于袁世凯想当皇帝之心不死，于是出现了袁世凯称帝的闹剧，进而进入混乱的军阀时代。对此钱穆温情写道：

> 历史无必然之事变，若使袁世凯能忠心民国，中央政权渐臻稳定，则此等事态，亦可不起。①

西方汉学家费正清（John King Fairbank）1932年访问北京，北京的老城墙和城门给他留下深刻的印象，以至于他认为在世界上找不到第二座像北京这样壮观的城市了。但是"文化大革命"中，北京的城墙和城门都被当作旧事物拆掉了，由此费正清遗憾地说道：

> 如果这些古建筑还在，在城市规划中它们会带来多大的新意：为了交通需要，可以穿过城墙城门或者绕城墙环行；每一座壮观的双门楼可以作为环行交叉口的指挥中心和新建马路的集中点，真是这样的话，巴黎、罗马、伦敦、华盛顿和莫斯科都将无法与它媲美。遗憾的是，现在仅有前门幸存了下来。②

后现代主义兴起以后，由于保存下来的材料有限，为了使叙事更加饱满，史学家就用一些历史假设补白叙事。最典型的莫过于《王氏之死：大历史背后的小人物命运》。史景迁对于"王氏与一个男人私奔"的路线③做了一个假设。由于缺乏相关材料，我们无法得知两人准备跑到哪里去。两人是私奔，因此从是否能够顺利、安全逃跑的角度考虑，史景迁认为两人的逃跑路线可能会有三种选择。通过对三种选择的分析，史书上三言两语、零零散散

---

① 钱穆：《国史大纲》（修订本），第900页。
② ［美］费正清：《费正清自传》，黎鸣、贾玉文等译，天津：天津人民出版社，1994年，第47页。
③ ［美］史景迁：《王氏之死：大历史背后的小人物命运》，第134—136页。

的材料，在史景迁的笔下就成了一幅生动活泼的策划逃跑的场面。

除了上述较为明显的历史假设外，还有一些假设被史学家很小心地隐藏在一些肯定的叙述或者正面的叙述中。[①]比如，在万历十年（1582），辽东巡抚注意到一个建州酋长正在逐渐吞并附近的部落，似乎要开拓疆土。该巡抚派参政去征讨，结果出师不利。巡抚认为失利的原因是参政没有严格执行命令，于是一纸奏折上告到朝廷。有意思的是，京中的文官同情那位参政，反过来参劾该巡抚。当朝首辅申时行为了缓和内外文官的争论，就以"和事佬"的角色建议皇帝不做是非追究。在这里，黄仁宇写道：

> 于是这位酋长今后得以为所欲为，而且还能够继续利用本朝内外官员的不和来发展他自己的千秋大业，此是后话，也不在本书范围之内。这位酋长并非别人，据当日记录称，他名叫努尔哈赤。若干年之后，他的庙号则为清太祖。[②]

此肯定的历史叙述中就隐藏着这样的历史假设，即如果申时行不充当"和事佬"，而是赞同巡抚的参劾，并且派兵在努尔哈赤羽翼丰满前给予强力征讨，那也许就不会有后来的清太祖了。

陈寅恪在《柳如是别传》中写道：

> 光宗所以得立为太子，纯由其祖母李太后之压力使然。李太后享年颇长，故光宗遂能维持其太子之地位，而不为福王所替代。[③]

这段历史书写中则隐藏着"要是李太后去世得早，光宗的太子位置就有可能被福王代替"的历史假设。这类书写能够说得通，基本上就是依靠

---

① 西方学者亦有类似的看法。在勒博看来，一些反事实的叙述，作者也会通过大量的证据以及逻辑推理来证实假设和随之出现的结果。因此，每一个好的反事实都依赖大量的历史事实，就像每一个好的事实也依赖反事实的叙述。Richard Ned Lebow, "Counterfactual Thought Experiments: A Necessary Teaching Tool", *The History Teacher*, Vol. 40, No. 2, Feb., 2007, pp. 156–157.
② ［美］黄仁宇：《万历十五年》（增订本），第107页。
③ 陈寅恪：《柳如是别传》，第841页。

这些隐形的历史假设。

西方学者也注意到此类情况，如安托万·普罗斯特曾举过一个例子，研究第一次世界大战史和法国人口史的历史学家习惯于在估计战争损失时，除了统计纯粹因交战而损失的人口，还要算上"超高的平民死亡"。战争给人们的生活带来了严重的影响，食品匮乏，1916—1917年的严冬里煤炭不足，这些糟糕的条件使得平民的死亡比和平时期要多得多。将这种超高死亡算进战争伤亡中是合逻辑的。安托万·普罗斯特据此分析，这里面就隐藏着一个反事实的分析，所谓"超高的平民死亡"意味着将实际人口死亡与如果没有战争会有多少人逝世进行比较。①

从功能上来看，反事实想象又可以分为三种②，第一种是选择性的历史假设，第二种是替代性的历史假设，第三种是叙事中补白的假设。

第一，选择性的历史假设。

历史的发展总是面临着多种可能性，现实的历史只是众多可能性中的一种。可能的历史没有成为现实，并不意味着它不存在。只有我们考察当时存在的所有可能性后，才会对历史和现实做出准确的评价，也才能认识

---

① ［法］安托万·普罗斯特：《历史学十二讲》，第158页。
② 程农将假设性研究分为替代方案讨论和纯粹虚拟研究两类。参见程农：《论历史学中的可能性与假设研究》，《烟台师范学院学报》（哲社版）1989年第4期。李振宏、刘克辉将假设性的历史研究分为反事实选择类型、反事实虚拟假设、未知或者模糊事实的想象等三种类型。参见李振宏、刘克辉：《历史学的理论与方法》，第572页。阿兰·梅吉尔将反事实分为两种，一种为"有节制"的反事实历史，一种为"过分"的反事实历史。"有节制"的反事实历史需要明确考察存在于真实过去中的诸种可能性，而"过分"的反事实涉及一些实际上过去从未发生过的历史结果。参见［美］阿兰·梅吉尔：《历史知识与历史谬误：当代史学实践导论》，第221页。马盖尔认为历史假设有两种，一种是虚拟的历史，一种是有限制的反事实。参见Allan Megill, "The New Counterfacualists", in Donald A. Yerxa, eds., *Recent Themes in Historical Thinking: Historians in Conversation*, SC: University of South Carolina Press, 2000, p.103. 埃尔斯特将反事实假设分为两类，一类是本体论的反事实，一类是元语言学的反事实。转引自Simon T. Kaye, "Challenging Certainty: the Utility and History of Counter Factualism", *History and Theory*, Vol. 49, Feb., 2010, p. 43.

到历史的复杂性。

比如，十月革命没有在发达的资本主义国家中首先取得胜利，而是在比较落后的俄国率先成功。一直以来，很多学者总是摆脱不了决定论和实证性的影响，生搬硬套"社会主义是资本主义发展的必然"这一死公式，过分强调客观条件的作用。柳植在《十月革命与历史的选择性》一文中则呼吁学者应该回归到当时的历史情境中看待这个问题，十月革命是俄国各个阶层的人在特定的历史条件下不断选择的结果。先前的二月革命取得的成果是，使统治俄国达300多年的罗曼诺夫王朝覆灭。革命造成了两个政权并存的局面。对于关系到全体人民面包的问题——农民的土地问题，临时政府只是成立了一个农业部长领导的最高土地委员会，仅为立宪会议做准备，而立宪会议又被推向遥远的未来。显然，临时政府只是一个过渡政府。而此时，俄国的历史就处在一个十字路口，各个政党、阶级面临着新的选择，他们都很快从各自的立场出发做出选择。沙皇选择了战争，各国政党和各个阶级也面临着选择，俄国的资产阶级、孟什维克和社会革命党、布尔什维克都提出了自己的方案，布尔什维克里的斯大林和列宁的方案也不同。

十月党人的领导者米·弗·罗将柯是国家杜马主席。二月革命中杜马被解散，此时，罗将柯成立杜马临时委员会，宣布暂行政府职能。杜马临时委员会竭力阻止革命，拯救君主制。在讨论土地问题时，通过了一项威胁农民夺取土地会带来歉收的议案。

二月革命后，孟什维克和社会革命党人的力量强于布尔什维克。他们认为俄国还没有进行社会主义革命的物质条件，现在只能进行资产阶级革命，并认为资产阶级革命只能由资产阶级领导。二月革命后他们掌握了领导苏维埃的实权岗位，但此时拱手将政权让给了资产阶级，名曰监督他们，实质是支持。他们也将解决农民的土地问题寄托在遥远的立宪会议上。社会革命党的领导人担任过临时政府的农业部长，他不仅不解决土地问题，还派军队夺取地主、农民的土地。

布尔什维克的斯大林和加米涅夫从流放地回到彼得格勒。加米涅夫提出有条件地支持临时政府，宣布半护国路线。他认为应该向临时政府施加压力，迫使它立刻开始结束战争的谈判，反对瓦解军队，主张有组织地结束战争。斯大林部分重复了加米涅夫的观点，同时号召建立巩固的工农联盟，加强苏维埃。而从瑞士回来的列宁，一回到莫斯科就提出著名的《四月提纲》。就战争来说，他认为必须无条件地结束战争，不能和临时政府妥协。同时指出，政权必须掌握在无产阶级和贫苦农民手中。正是从这两个对当时情势的判断出发，他提出"不给临时政府任何支持"。在最重要的土地问题上，列宁主张没收地主土地，把国内一切土地收归国有，并立即采取过渡到社会主义的措施。

显然，最后的历史情势发展证明，在俄国的资产阶级，孟什维克和社会革命党，布尔什维克内的加米涅夫、斯大林和列宁的方案中，列宁的方案抓住了俄国当时政局的要害，并提出了与当时情势相匹配的方案。[①]

另如，北宋被金灭亡后，李桂海认为当时历史的发展至少有四种可能性的选择：[②]第一，金不但占领和统一北方，也南下消灭宋的残余势力，统一整个中国。金兀术的军队曾一直打到杭州、越州、明州，宋高宗逃到定海，当时金完全有能力统一全国，只因为金人不习舟船，又受到严州乡兵的阻碍，才最终没有灭掉南宋。第二，撤退到南方的宋朝残余力量，革新政治，联合北方的抗金组织，把金人从北方赶跑，重新统一全国。金人占领北方后，当时各地自发组织起来的抗金武装力量有上百万人。如果南宋当时革新政治，抑制投降派，积极支持以岳飞为首的抗金派，联合北方抗金力量，是有可能重新统一北方的。第三，北方人民的抗金斗争和南方人民反对南宋腐朽统治的斗争结合起来，形成一个政治力量，既把金人赶走，又消灭南宋，建立一

---

① 柳植：《十月革命与历史的选择性》，《历史研究》1988年第5期。
② 李桂海：《现代人与历史的现代解释》，武汉：湖北人民出版社，1989年，第295—296页。

个新的统治政权。从当时分散在北方的几支大的抗金力量来看，由于他们得不到南宋政府的支持，因而可能形成既抗金又反南宋的政治力量，只是由于没有形成强有力的领导核心，才未实现。第四，金人统一北方后，未能消灭宋朝在南方的残余势力，使宋在南方建立一个割据政权。金在消灭北方抗金力量后，巩固自己的统治，从而形成了长期的南北分裂。

第二，替代性的历史假设。

姜继为认为，历史假设的思维模式是替代性的，一般而言，它可以从以下几个维度进行：（1）对历史人物进行替换；（2）对历史人物的性格、品质、知识结构等内涵进行替换；（3）对影响历史的若干人、势力的组合做出重组和更换；（4）对影响历史的思潮进行替换，将曾占主导地位的思潮换为边缘性思潮；（5）把未曾实施的历史决策翻出来，看历史关节点的变动会发生什么变化；（6）减去或增加一些影响历史的各类偶然因素。[①]这六种替换形式可以概括为：如果将历史中的A因素换成B因素，历史会怎么发展。这里先举两例说明此类研究在学术界讨论已不少。

例一，在悉尼·胡克（Sidney）的《历史中的英雄》中，他将英雄分为事变性人物和事变创造性人物。"所谓事变性人物就是：某一个人的行动影响了以后事变的发展；而如果没有他的这一行动，事变的发展进程将会因之而完全不同。所谓事变创造性人物就是这样一个事变性的人物，他的行动乃是智慧、意志和性格的种种卓越能力所发生的后果，而不是偶然的地位或情况所促成的。"[②]事变性创造人物在历史中并不多见，列宁算一个。因此，他给出一个假设命题：1917年4月到7月如果没有列宁的话，就不会有十月革命。就此假设，胡克给出了充足的理由：

（1）假设列宁4月3日没有回到俄国，那么4月4日列宁就不会提出《四

---

① 姜继为：《走出"历史不能假设"的藩篱》，《史学理论研究》2003年第1期。
② ［美］悉尼·胡克：《历史中的英雄》，王清彬等译，上海：上海人民出版社，2006年，第108页。

月提纲》，因为在此之前布尔什维克及其机关报一直是支持临时政府的，而《四月提纲》则提出直接推翻临时政府，一切权力都归苏维埃。这个条件少不了，因为连斯大林也承认在列宁回来以前整个苏维埃领导都和临时政府处于和平之中。

（2）假设列宁确定纲领之后，马上采取武装推翻临时政府，那么布尔什维克将立即灭亡。列宁认为应该小心地使用现有的合法地位，选择适当的时机进行革命，而极端分子却时刻跃跃欲试，打算公开向政府发出进攻的信号，是列宁采取了合理的措施保证了革命的力量损失到最低程度。

（3）假设十月革命前夕，列宁没有果断下达公开推翻政府的命令，那么就会是另一番景象。因为最初支持这个决定的仅仅是少数委员，是列宁苦口婆心游说那些有影响的党员，做落后执委的思想工作，使得该决议以10票对2票通过。

（4）政权建立以后，假设列宁没有签订和约，而是继续与德国作战，那么新政权极有可能被扼杀在摇篮里。因为当时党内一部分人想继续同德国作战，一部分人则是持不战不和的态度，是列宁顶住压力，坚持签订和约，保护了新生政权。

在做了上述分析以后，胡克得出："如果列宁当时不在场，没有哪一个革命领袖能够代替他。斯大林不行，他自己承认了。列宁最亲密的信徒季诺维也夫也不行，他在十月革命的时候跑开了。加米涅夫不行，列宁是在改变斯大林的思想的同时，改变了他的思想的，可是他和季诺维也夫一样跑开了。托洛茨基也不行。"①胡克在进行上述的四个历史假设时，都是

---

① ［美］悉尼·胡克：《历史中的英雄》，第144页。卡尔也认同列宁在苏联历史上的重要地位。卡尔认为如果列宁没有过早去世，那么历史进程就会发生变化。"我也不能发现有什么原因可以相信一个偶然事件的发生——比方说，列宁在54岁时便过早地去世——自动以这样一种方式为另外一些偶然事件补足：恢复了历史进程的平衡。"卡尔对历史的假设不友好，但他也免不了使用隐形的历史假设。参见［英］E.D.卡尔：《历史是什么？》，第202页。

以当时留下来的材料为依据，因此这些假设都符合历史学言之有据的"家法"。而通过这样一个历史假设，我们就能较为清楚地认识到列宁在俄国革命中的重要地位。

例二，巴黎和会签订的《凡尔赛条约》是各大国之间妥协的产物。美国政府将此条约提交给国会，参议院拒绝支持威尔逊总统的活动，未能批准《凡尔赛条约》的内容，因此，美国没有在该条约上签字。巴伯将总统的性格分为四种：主动积极型、主动消极型、被动积极型和被动消极型。威尔逊的性格属于被动积极型，这种性格特征的缺陷是：缺乏政治灵活性，一意孤行，僵化固执，不能从前人的失败中吸取教训。在巴伯看来，正是他的这种性格使《凡尔赛条约》没有被国会批准。1917年7月，威尔逊从巴黎和会带来了国际联盟，这个联盟需要得到参议院2/3或64个席位的批准。他当时面临的情形是：共和党以2票的多数控制了参议院。在众议院，共和党拥有39票的多数。参议院的对外关系委员会主席是威尔逊的主要敌人H. C. 洛奇，他负责初审条约。洛奇还是参议院中共和党的多数派领袖。为了阻止民主党和平进入1920年的选举，洛奇的策略是毁掉威尔逊带回来的国际联盟。因此，他不是和条约进行正面对抗，而是提出一些他认为威尔逊不会接受的"保留条款"。洛奇与参议院中大约15个参议员都是这么打算的，其他参议员还在犹豫不决中。威尔逊愿意接受一些与条约分开的"保留条款"，但拒绝接受与条约连在一起的"保留条款"。他认为，没有经过欧洲诸国的讨论，任何文字都不能修改。共和党前总统威廉·霍华德·塔夫脱提出了五项"解释条款"和一项"保留条款"，他一直是国际联盟的积极倡导者和威尔逊的支持者，威尔逊的参议院领袖G. 希契科克拒绝了塔夫脱的倡议。当时，4名共和党温和派告诉威尔逊，如果有"保留条款"，条约就可能得到批准。一名参议员说，37名共和党议员将支持带有"保留条款"的条约。威尔逊再次表明态度，只坚持要批准条约，不谈"保留条款"。最终，参议院以7票的微弱优势否定了条约。如果威尔逊是个主动积极型的总统，他就不会一意孤行，僵化固执，《凡尔赛条约》就会通过。①

计量史学使用的模型主要有三种，其中之一是反事实假设模式。②这种模式的特点是将未曾发生的事实作为反事实，对这些反事实进行研究，然后得出数据并与历史上真正发生过的事情做比较。计量史学的反事实模型所得结论对美国传统史学关于一些历史事件的解释提出了挑战。这些问题诸如，美国独立战争难道就是为了应对英国殖民当局的政策所造成的经济损失吗？19世纪的铁路难道真的推动了美国经济的发展吗？罗斯福新政确实消除了美国经济不景气的问题吗？他们借助于这些问题，通过假设一系列历史模型，再借助于复杂的计算机技术算出各种数据，用来估计这些特定事件是否对美国经济发展造成影响以及影响的大小。比如，通过研究，福格尔得出结论：如果没有铁路，美国经济会照样增长。这种模式类似于替代性的假设，它用旧有的公路和水路替换了铁路。

新经济史学家使用的反事实命题受到史学家的批评，有史学家反对将假设方法运用于历史研究，因为假设方式提出的问题无法用经验方法来证明。③对此，福格尔反驳称，如果史学家要从历史学中排除反事实命题所做的研究，那么史学家的许多旧工作就没有意义了。比如，在旧经济史学中就充满了隐藏着的反事实判断。这些命题是：关税是否加速了加工业的发

---

① [美]詹姆斯·戴维·巴伯：《总统的性格》，胡杰、薛彦平、黄建平等译，成都：四川人民出版社，1992年，第16—24页。

② 何兆武、陈启能主编：《当代西方史学理论》，第337页。

③ 费希尔从根本上否定了福格尔的研究路径，认为用经验的方法验证虚构的问题是不可取的。他指出，福格尔的研究存在三大缺陷：第一，关于在没有铁路的情况下采用何种交通运输网络的假设，实际上是从铁路已经出现的世界推演出来的；第二，这一研究涉及两个问题，"铁路是否改变了美国经济成长的过程？"，"铁路是否以只有铁路才能做到的方式改变了美国经济成长的过程？"前者可以用经验来证明，而后者则不能，这表明研究者的思路存在逻辑上的欠缺；第三，关于铁路对美国经济增长是否不可或缺的问题，正如美国内战是否不可避免一样，这是一个形而上学的问题。转引自李剑鸣：《历史学家的修养和技艺》，第342页。

展? 奴隶制是否阻碍了南方的发展? 宅地法是否使土地分配更加公平? 铁路是否扩大了区域贸易? 其他如法律、社会、技术、行政或者政治变革是否为经济变革的原因? 等等。所有这些命题都包含了"在实际国家状况和假如缺少某一条件时的国家状况之间的比较"。①福格尔的回复是有力的,我们知道,反事实命题的使用并不是什么新鲜事物,这些命题包含在形形色色的历史叙述中,它们或者是显性的,或者是隐性的,读者只要参照本章第一节自可明白。因此,不少史学家力挺反事实假设在历史认识方面的作用,他们认为:"反事实的假定陈述,乃是历史学家的论述中一个绝不可少的特征。如果历史学家不准备从他们的叙述中排除'可能会如何'这类判断,那么反事实假设模式就总会有用武之地。"②

新经济史学家通过反事实假设模型研究得出的结论固然是"离经叛道"的,也受到不少史学家的批评,但有两点不能否认。第一点,它们的整个研究确实是建立在许多真实材料的基础上。比如,在康拉德和麦尔通的研究中,他们考察了当时的男女奴隶增长率,棉花、糖以及玉米的价格等各种材料,通过奴隶与棉花、糖和玉米等物品的生产函数来描述奴隶制经济,最终的分析结果推翻了普遍认为奴隶制已经垂死的定论。③如果我们不去理会计量史学的反事实结论和它使用的模型,单单就他们模型中所使用的基本材料来说,男女奴隶的增产率、棉花、糖以及玉米的价格都是有材料依据的,它们都有着不容置疑的真实性。这也难怪福格尔会说新经济史与旧经济史在"发掘并阐明与历史过程有关的数量资料方面是一脉相承的"④。第二点,不能无视他们运用假设-演绎模式提出的挑战。这种模式

---

① [美]福格尔:《新经济史学:结果与方法》,见何兆武主编:《历史理论与史学理论——近现代西方史学著作选》,第920—921页。
② 转引自何兆武、陈启能主编:《当代西方史学理论》,第339页。
③ [美]福格尔:《新经济史学:结果与方法》,见何兆武主编:《历史理论与史学理论——近现代西方史学著作选》,第908—909页。
④ 转引自何兆武、陈启能主编:《当代西方史学理论》,第328页。

为史学家研究经济史增加了一种新视角,开阔了人们认识历史的视野,使人耳目一新,增加了人类知识的沉淀。

第三,叙事中补白的假设。

在《王氏之死:大历史背后的小人物命运》中,史景迁对于"王氏与一个男人私奔"的路线[①]做了一个历史假设。由于缺乏相关材料,我们不知道两人准备跑到哪里去。由于两人是私奔,因此从是否能够顺利、安全逃跑的角度考虑,史景迁认为两人最初有三个逃跑路线的选择:第一条是朝西南方向走,越过边境到邳州,然后向西到长城镇,再继续到滕县和邹县;第二条是朝东北方向走,到郯城县城,然后从那里沿着驿路,或是向南到弘化府,进入苏州,或是北到沂州,然后继续到山东中部;第三条是朝西北方向走,到马头镇。第一条是个不错的选择,因为沿途都是山路,人烟稀少,较为安全。时至夏秋水位高涨,邳州当局忙于应对洪灾,不会理会这对"亡命情侣"的。第二条路线亦可行,但不利之处颇多。郯城是县衙所在地和行政中心,治安自然严密。比如,临近的道路设有固定关卡、夜晚城内有人守卫巡逻、住客栈需要详细登记客人来去的地点等。第三条路线对他们两人来说也是有吸引力的选择。马头镇面积大,但没有太多的驻军,也没有高级官吏常年驻扎。两人是否按照史景迁假设的这三条路线逃跑,我们不得而知,但从当时的各种条件考虑,至少这三条路线是可能的。也就是说,史景迁的这个历史假设是可以成立的,也是合乎情理的。我们也可以看到,这三个假设所用到的材料在文末都有详细的注释。比如,假设的三条逃跑路线是参照冯可参的《郯城县志》,邳州的洪灾及山路多见于《邳州志》,郯城县城的客栈管理、夜间郯城的管理、巡逻人员和询问旅客等见于当时县令黄六鸿的《福惠全书》,马头镇的驻军见于《重修郯城县志》(1763年)等。

---

① [美]史景迁:《王氏之死:大历史背后的小人物命运》,第134—136页。

在《马丁·盖尔归来》中,娜塔莉·戴维斯就做了一个历史假设的"思维实验"。根据戴维斯的研究,真马丁·盖尔和假马丁·盖尔可能在某地区相遇过。她提出:如果这两个人当时互相结为知己,那么会发生什么事情呢?戴维斯认为他们可能会对双方外表的相似表示惊讶,也可能在熟悉以后就交换彼此的信息。戴维斯还特意为假马丁·盖尔想象了一段心里独白,她写道:"马丁表达了自己对家产和妻子含糊的看法。在那位长相酷似的人听来,这意思似乎是暗示他去'占有她'。庞塞特对自己说:'何乐而不为呢'?"①

第二节 非事实想象的意义

关于反事实假设在历史书写中的意义,已有学者谈及。②我们认为其意义有四点。

第一,可以对历史决定论起到一定程度上的修正,加深对历史的理解。

在历史决定论者眼中,"只要事实仍旧是那样的事实,无论发生什么

---

① [美]娜塔莉·泽蒙·戴维斯:《马丁·盖尔归来》,第52页。
② 姜继为认为历史假设的意义有四点:(1)克服宿命论的气息;(2)彰显历史中的某些教训、失误、缺憾;(3)有利于历史归责;(4)有利于看到人性的负面。参见姜继为:《走出"历史不能假设"的藩篱》,《史学理论研究》2003年第1期。李振宏、刘克辉认为历史假设的意义有三点:(1)能使我们更好地理解现实;(2)使我们总结经验教训;(3)为重评历史事件和人物提供新的思维视角。参见李振宏、刘克辉:《历史学的理论与方法》,第568—572页。亚历山大·德曼特认为"反事实性的历史"加深了人们对具有决定性意义的情况的理解。"反事实性的历史"对于因果性因素的评价不可或缺,对于价值评价的确立不可或缺,对于政治决策失误的判断与可能性的估计也不可或缺。参见[德]斯特凡·约尔丹:《历史科学基本概念辞典》,孟钟捷译,北京:北京大学出版社,2012年,第164页。

事情，都会确定无疑地这样发生，而不可能以别的形式发生"①。既然事件已经成为历史，那么也就是说它已经成为完成式，史学家只要研究清楚历史事件发生的来龙去脉就可以了。按照这样的看法，我们很容易把既成的历史事实当成历史必然。但在日常生活中，要做一件事或者解决一个问题，当事人都会前思后想，细细斟酌，想出几种可能解决问题的方法，并且考量各种方法之间的利害得失，最后拍板时拿出一个相对其他方法而言更为妥帖的方案。虽然最终解决问题的方法只有一个，但这并不意味着当初考虑的其他几种方法不存在。而只有考虑到当时所有可能解决问题的方法，我们才会对最终选择这种方法的原因理解得更为深刻。在历史学中也一样，虽然历史的发展进程已经成为完成式，但在历史发展的紧要关头还存在着多种可能性。虽然历史最终选择了按照这种方式发展而不是按照那种方式发展，或者是选择了以那种方式发展而没有选择以这种发展方式，但是我们在研究历史时，只有考虑到了当时历史所有可能的发展方式，我们才能对历史做出的选择给出一个较为明确、合理的回答。顾诚对此认识较为典型，他说："至于统治王朝的建立和统治者的更替大抵都属于偶然因素。只不过人们太习惯了把既成事实当作历史必然，就本质而言，这同封建史籍中的'天命眷顾'没有多大区别。明朝自万历中期以来，朝政日益腐败，内忧外患纷至沓来，覆之不可避免，接替的可能是大顺王朝，可能是清王朝，甚至可能是孙可望掌握实权的朝廷，也不能排除在较长时间处于分裂的局面。"②如果我们按照历史决定论者的逻辑来看，明万历中期以后，明朝政腐败，内忧外患应接不暇，那么取代明朝的必定是清。但是根据顾诚的研究，我们发现还存在着其他两种可能性。又如鲁西奇认为春秋战国到秦、西汉时期，无论是在客观的历史过程中，还是在思想设计层面上，都存在着四种可能的国家形态，即天下共主、封国自治的封建国

---

① 转引自［英］E.D.卡尔：《历史是什么？》，第210页注释11。
② 顾诚：《南明史》，绪论第5页。

家，不稳定的联盟制国家，小国寡民的城邦国家，君主专制的帝制国家。这四种可能，只有最后一种成为现实。我们在进一步讨论专制主义中央集权帝制国家的形成时，还需思考其他三种历史可能性是如何被放弃的，只有这样，"才可能对前人的一些认识，形成一点突破"[1]。历史决定论的观点束缚了我们研究历史的思维，限制了我们理解历史的深度，也不能让我们真正理解发生了什么以及为什么会发生。而历史假设恰恰可以弥补历史决定论的这种缺陷。

第二，总结历史经验教训，可以为不同群体的人提供资鉴。

历史的一大作用是为后人提供借鉴，使后人吸取经验教训。历史假设也有这样的作用。司马光的《资治通鉴》是总结历代君主治世经国的经验教训，供统治者借鉴。在《资治通鉴》中，司马光常常以"臣光曰"的形式劝诫君主应该借鉴什么。比如在与秦始皇的比较中，司马光评价汉武帝：穷奢极欲，刑罚繁重，横征暴敛，对内大量建造气派恢宏的宫室，对外战争不断，相信神仙的不老之术，巡游无度，使天下苍生疲惫不堪，民众于此转为盗贼。这些行为和秦始皇的所作所为没有什么区别，但为什么秦有亡国之祸，而汉免于亡国呢？司马光认为，汉武帝能遵照先王之道，接受大臣的谏言，屏蔽小人，赏罚分明，尤其是晚年认识到自己的错误，下轮台罪己诏，改用贤臣，息兵重农。基于此，司马光不无遗憾地写道："臣光曰：……此一君之身趣好殊别，而士辄应之，诚使武帝兼三王之量以兴商、周之治，其无三代之臣乎！"[2]倘使汉武帝能拥有三王的雅量，那么也就会出现三代的臣子，君臣合力，天下可治。司马光建议君王应该吸取汉武帝的经验教训，成三代君王，这是帝王治国之道的参考。此外，历史假设也可以为当下事件的处理提供另一种思考方式。如在历史上，白

---

[1] 鲁西奇：《鲁西奇谈秦汉帝国的形成》，《东方早报·上海书评》2015年10月11日。

[2] 《资治通鉴》卷二二《汉纪》，第752页。

人除了用战争的方式征服土著美洲人,就没有可能与土著美洲人和平相处吗?在考察了当时的历史形势以及双方力量的对比后,詹姆斯·洛温认为白人与土著人完全可能和平相处,而不是非得选择战争。他列举出了三种可能性:第一,数以千计的白人和黑人可以加入印第安社会;第二,土著人、欧洲人和非洲人可以通过婚姻结成一种血缘社会;第三,在合众国内建立某种类型的印第安州。①詹姆斯·洛温的分析使我们认识到,在处理种族与种族、国家与国家之间关系的时候,可能还有除战争以外的其他方法。

第三,提供一个看待历史人物或者事件的新视角。

刘备在大多数学者眼中是圣人、英雄、开明的国主,但黎东方却并不赞同,他认为有人说刘备是枭雄是有道理的。在黎东方看来,就夺取益州这件事来讲,刘备绝对不够厚道。刘备先是假惺惺地和刘璋做朋友,并且答应替刘璋打张鲁,进一步接受刘璋的礼遇和厚待,但又以刘璋杀张松为借口突然与刘璋翻脸,以怨报德,不践行向北进军打张鲁的诺言,反过来攻打刘璋,最终成功占领益州。在黎东方看来,这是刘备是枭雄且不厚道的一个强有力的证据。回到当时的历史情境下,刘备至少有三种厚道的方式可以和刘璋相处。基于此,黎东方就设身处地地为刘备罗列了上、中、下三种君子策略。

上策:进入益州以后,劝刘璋下决心,以益州为反曹运动的大本营,广揽天下英雄志士,以有计划的步骤,东联孙权,北取汉中,西结韩遂、马超,第一步推进到函谷关,第二步请孙权同时出兵,夹击曹操,直捣许县,救出汉献帝。刘备不仅必须言行一致,绝对不占据刘璋的益州地盘,而且应该始终将首功让给刘璋,于大功告成以后请汉献帝给刘璋以重赏,自己呢?不妨退隐田园,或留在京城,做一个不大不小的官。

---

① [美]詹姆斯·洛温:《老师的谎言:美国历史教科书中的错误》,第123—126页。

中策：在进入益州以前，就拜托法正、张松等人，代向刘璋把话说得明明白白："我愿意来益州，帮宗兄（本家哥哥）打张鲁，希望宗兄了解两点：（一）我需要足够的兵力与给养；（二）我不是一个打平张鲁就会满足的人，我的志愿是打平曹操，振兴汉室。宗兄在我打平张鲁以后，不妨派人接管汉中郡，汉中郡应该属于益州牧管辖，但是宗兄必须承诺，在我由汉中继续北进，攻取陈仓（宝鸡）以及长安之时，给我以十万兵与给养。否则，我倘若没有由汉中郡进一步对曹操作战的可能，我只得留在荆州，另作准备，请宗兄原谅我无法抽身。打张鲁的事，请宗兄另找别人帮忙。"

下策：不接受刘璋的邀请，也不理会法正，干脆始终与刘璋为敌，从荆州进军攻打益州。这一策略，执行起来相当吃力。因为，攻益州是佯攻，对方的守军是居高临下、以逸待劳。然而，这虽则是下策，却仍不失为一种策略。这至少是一种堂堂之鼓、正正之旗的行动。[①]

黎东方的观点是否正确我们可以不论，但至少让我们看到了刘备是枭雄的另一面。而这也给我们看待历史人物，提供了一个新的视角。

第四，由历史假设引起的问题更有震撼力。

相比较而言，一般提问题的方式没有用历史假设引出问题更有震撼力。以鸦片战争后清朝与英国之间的关系为例，茅海建的研究表明，鸦片战争时期中英双方的武器装备相差很多。清军使用的是刀、矛、弓、箭之类的冷兵器再加上一些自制的老式"洋枪洋炮"的热兵器。冷兵器的战斗力比不上热兵器。清军热兵器里的鸟枪、火炮的精良程度，火药的质量以及战船的吨位、机动性等方面，都无法与英军相比。[②]因此，中英之间如果发生战争，那么清军必败。因此，茅海建做了一个历史假设，如果清朝早早和英国缔结一份对自己有利的和约，那么是否会出现日本式的"明治维

[①] 黎东方：《黎东方讲史·细说三国》，第177页。
[②] 茅海建：《天朝的崩溃：鸦片战争再研究》，北京：生活·读书·新知三联书店，2012年，第33—41页。

新"呢？我们都知道，鸦片战争爆发后不久，日本也碰到了和清朝同样的麻烦。1853年，美国东印度公司培里率领四艘军舰来到日本，递上国书，德川幕府要求第二年再给答复。次年，培里又率领七艘军舰要求答复，德川幕府迫于武力，签订条约，对外开放。随后几年，日本又与英国、俄国、法国、荷兰签订了十多项不平等条约。在此期间，日本没有丝毫的武力抵抗。开放国门后的日本积极学习西方的各项技术，于是有了日本历史上的重大转折点——明治维新。日本的例子表明：避免交战，即使签订和约，也不一定沉沦。那么当时的清朝是否可以走这条路呢？茅海建当即否定了自己的假设，"放弃武力抵抗，尽早与英方缔约，在当时不具有现实可行性"。原因有二：第一，有材料显示德川幕府的不抵抗策略是受到清军在鸦片战争中失败的影响；第二，清朝一直以"天朝上国"自居，它不相信自己打不败区区岛"夷"，因而肯定会用武力，战争不可避免，清军将士会付出血的代价。虽然这个历史假设不能成立，但它依然能提供一些反思。通常说来，经历了血的教训的民族，更应该知耻而后勇，寻找失败的原因，使自己变得强大起来。但是清朝怎么做呢？"它似乎仍未从'天朝'的迷梦中醒来，勇敢地进入全新的世界，而是依然如故，就像一切都未发生。"[1]在鸦片战争最前线的清朝大员琦善、林则徐、伊里布、杨芳、奕山、颜伯焘、奕经、刘韵珂、牛鉴、耆英、黄恩彤等，他们对战败体会最深，理应有猛烈的反省，但他们却反思甚少，麻木不仁。固然，中英鸦片战争不可避免，但为何清朝没有知耻而后勇呢？为什么对战败体会最深的清朝大员们没有提出与英国相处的任何有建设性意义的策略来呢？以上问题如果仅仅按照一般提问题的方式提出，则不会有类似使用历史假设引起的问题更有震撼力。

---

[1] 茅海建：《天朝的崩溃：鸦片战争再研究》，第560页。

第三节 能成立与有意义

由上文可知，历史假设的讨论在学术界已经很多了，也取得了很丰硕的成果。但是这个问题一直在要不要假设中转圈圈，真正将其推进到一个新阶段，当属由李泽厚的一个假设引起的讨论，现在我们需要重新回到这次讨论中。李泽厚在一篇文章中提出一个假设：中国当年如果选择康梁的改良主义道路会好得多。他说："辛亥革命是搞糟了，是激进主义思潮的结果；清朝的确是已经腐朽的王朝，但是这个形式存在仍有很大意义，宁可慢慢来，通过当时立宪派所主张的改良来逼着它迈上现代化和'救亡'的道路；而一下子痛快地把它搞掉，反而糟了，必然军阀混战。"[1]房德邻根据逻辑形式的法则，从根本上排斥历史假设的可能性探讨。王扬随后也发表文章，认为可能性的历史假设是研究历史的一种方式。朱宗震指出假设应用的局限，旗帜鲜明地认为"不要在历史假设上浪费时间"。赵庆云的文章则是对于此争论的一个收尾。赵文认为双方的"真正的分歧不在于对这个假设的实质内容认同与否，而于在对这种假设之价值高低的判定"。[2]这个判断是准确的，即真正有意义的历史假设应如何界定。

不赞同历史假设的学者认为历史假设要不得，因为假设历史就等于以主观的方式肆意想象虚构历史。其实，历史中的假设并不是主观任意的，它是以已知事实为基础的。[3]换句话说，有意义的历史假设所依据的材料应该是"那些被史家认可为有效的历史资料"，所做的历史假设要在"判断可能性的基础上去建构合理的、可能发生的过去"[4]。即历史假设要以客观

---

[1] 李泽厚、王德胜：《关于文化现状、道德重建的对话》，《东方》1994年第5、6期。

[2] 赵庆云：《也说历史研究中的"假论"问题》，《近代史研究》2008年第1期。

[3] 张绪山、赵淑玉：《科学思维方式与研究的"假设方法"》，《史学理论研究》2005年第2期。

[4] ［英］尼尔·弗格森：《虚拟的历史》，第76页。

的已知事实为基础,且言之有据。赵文的意思与此一致。

如果这就是对有意义假设的界定,那么,按理对何谓有意义的历史假设,学者之间的判断应是一致的。但事实并非如此。王也扬支持李泽厚的观点,他认为,新时期以来,史学界对于清末洋务运动、戊戌变法、立宪运动在中国近代化过程中的积极作用是持肯定态度的。此外,面对西方列强的侵略,清政府也在努力自强改革。甲午战败,全国震动,清政府被迫调整政策,开展维新变法,民族资本主义发展出现高潮。《辛丑条约》签订后,清政府迈出政治改革的步伐,派大臣出国考察、停止科举、起草法律,取消满人特权,并于1906年颁布预备仿行宪政,1908年颁布《钦定宪法大纲》,这些都是实实在在的事。其中最重要的是代议机关的筹设:中央设资政院,各省设谘议局。因此,清政府是有可能使这个社会慢慢变好的。①

而房德邻认为如果选择康梁道路,坏的可能性更大。因为,清廷搞过君主立宪,但结果弄出来一个极腐败无能的皇族内阁;继之有袁世凯的"洪宪帝制",但梁启超带头反对,策动蔡锷起兵讨袁,捍卫共和,"洪宪帝制"很快垮台;最后,康有为也未从"洪宪帝制"的失败中接受教训,反而认为清帝搞君主立宪会成功,于是勾结张勋,拥立清逊帝溥仪复辟,结果12天就失败了。从清末民初,搞过三次君主立宪都失败了,可见,君主立宪制在中国是行不通的。②

如果抛开王、房在小的史实上的争论,只用上文何谓有意义的假设来判定,就会发现:王、房两人皆言之有据,都用已知的事实来证明自己的结论。也就是说,选择康梁道路,既有变坏的可能性,也有变好的可能性。按照赵文的理解,真正有意义的假设都是言之有据的,既然言之有据,那么这个假设肯定就是成立的。即有意义的历史假设都是成立的。

其实,这里有两个概念需要辨别清楚:能成立和有意义。通过上文分

---

① 王也扬:《客观历史的可能性与研究者》,《近代史研究》2006年第1期。
② 房德邻:《评"假如史学"》,《近代史研究》2005年第3期。

析，我们发现，王、房两人对好的、坏的论证都符合言之有据的治史规范，两种假设的结果都可能出现，即两位学者的假设是可以成立的。大概可以说，如果所做的历史假设言之有据，那就可以说它能成立。换句话讲，历史假设也不是随便设想，而是要守史学家的"家法"，言之有据。二战时期的1940年，德军大败法军，安托万·普罗斯特认为此时法军有打败德军的可能性，这种可能性不是随便假设出来的，而是有依据的。他说："此处所诉诸的想象并不是胡思乱想。它所创造的非现实构建固然是虚构，然而却与谵妄和梦幻毫无干系。这些构建稳稳地扎根于现实，处于历史学家重建出来的事实之中。1940年5月前线有可能会稳定下来，这个假设是基于法国指挥部在撤下甘末林（Gamelin）换上魏刚（Weygan）期间损失的时间的分析，是基于对德军后勤困难的认识，是基于双方拥有的武装力量。这个假设是富有成效的，这一点非常清楚：它通过对比，在战败的诸多原因中突显出军人所犯的错误以及使用装甲部队的理念。其问题的指向是法国空军在数量与质量上的劣势。想象的经验就是在别样的假设指引下进行盘点清查。"[①]

上述讨论，引出一个问题：能成立的假设就一定有意义吗？我们认为这里的有意义应该分为两个层次，一个是学术意义上的，一个是现实意义上的。可以肯定的是，能成立的假设一定会有它的某种学术意义，就如赵文指出"三位先生的讨论无疑深化了人们对近代中国历史进程的认识"。能成立的假设一定有现实意义吗？有现实意义的假设一定会成立吗？我们以上文郭沫若在《甲申三百年祭》中为阐明农民起义失败的历史教训发出了一连串的假设追问为例，对于这个假设是否成立，学术界是有争论的。有学者认为这个假设不成立，顾诚、姚雪垠就持这种看法。首先从史实上分析，通过观察，可知李岩其人、其事是这个假设能够成立的关键所在。顾诚考究，李岩其人以及其事可能是虚构出来的，此人并不存在于真实的

---

① ［法］安托万·普罗斯特：《历史学十二讲》，第166页。

历史中。既然李岩在历史上不存在了,郭沫若的这个假设自然就是空中楼阁了。退后一步讲,即使历史上真有李岩,李岩真有那么大的能力能在河南独当一面吗?据顾诚考证,李自成当时在河南的军队有十几万人,李岩能"自信到这种程度,以为自己带二万人入豫就比袁宗第等人的十几万军队还顶用"①。另外,姚雪垠指出,李岩不是杞县人,也不是什么举人,而仅仅是"诸生",在大顺军中也是个不重要的角色。②那么,李岩能独当一面的这个假设就不成立了。郭沫若"清军第二年不会攻打潼关"的假设也是不成立的。因为当时清军分南北两路进攻陕西,南路进攻潼关,北路分出一支部队进攻延安。李自成和刘宗敏亲自到潼关部署防守。清军长时间不进攻,等待红衣大炮运到。而等红衣大炮运抵时,恰巧延安失守。此时西安兵力空虚,北面暴露,而潼关突然失去军事上的作用,李自成撤回西安。清军的战略是先攻破延安,使潼关失去军事价值,郭沫若不了解这些,因此他的假设就成了无根之木、无源之水。再说,李自成在连续被清军击败以后,山西已全部被清军占领,无奈退回陕西。以陕西一省对抗清兵,大顺军从人口、经济、军队的人数、士气和装备各方面来说都处于绝对的劣势,更何况还有一部分大顺军被张献忠的大西军牵制。清军哪有不进攻的道理呢?③因此,郭沫若的这个假设是不成立的。而有学者更是指出这个假设"带有很浓厚'反历史'意味"。④

一种是为郭沫若辩护的,他们认为李岩到底有无其人,是个有争论的问题,既然是争论,那就不足以否定这个假设的成立。⑤张宁认为:"即便这些可能性都是不存在的,也不能因此而全盘否定'假设'的必要性,

---

① 顾诚:《李岩质疑》,《历史研究》1978年第5期。
② 姚雪垠:《评〈甲申三百年祭〉》,《文汇月刊》1981年第2期。
③ 姚雪垠:《评〈甲申三百年祭〉》,《文汇月刊》1981年第1期。
④ 李剑鸣:《历史学家的修养和技艺》,第343—344页。
⑤ 王锦厚:《关于〈甲申三百年祭〉的风波——驳评〈甲申三百年祭〉》,《郭沫若学刊》1987年第1期。

· 133 ·

因为它们可以为后来面临类似情形的革命者提供借鉴。"①此文是应乔冠华、翦伯赞等人之约，郭沫若在一个多月时间内写就的，最早发表于1944年3月19日至22日的重庆《新华日报》上。该文的写作目的很明确，"是以明末的政治腐败，直至灭亡，来揭露影射国民党的黑暗统治；并告诫人们，以史为鉴，不要重蹈覆辙"。《甲申三百年祭》发表后受到毛泽东的重视，成为党的整风文件之一。此文后来又有1954年人民出版社版和1972年的"文革版"，其分别指向"肃反"运动开始和1971年的"九·一三事件"，功用性很明确。②可见，此文的现实意义很大。

如上所述，对于郭沫若的这个假设是否成立，学术界有争论，但至少可以得出这样的结论：这个假设有不成立的可能性。而对于这个假设的现实意义，没有哪位学者会否定。因此，大概可以说，有现实意义的假设未必成立，能成立的假设未必有现实意义。

行文至此，自然而然就要问：为什么李泽厚、王也扬眼中的历史假设是有意义的，而到了房德邻、朱宗震眼中就没有意义了？

亨里希·李凯尔特（Heinrich Rickert）认为价值是区分自然科学和文化科学的一个关键概念。"没有价值，也就没有任何历史科学。"史学家的叙述只是选择那些"重要的""有意义的""有趣的"事情，而丢弃掉那些"不重要的""无意义的""无聊的"事情，做出这一区分的标准就是这些事情与价值之间的联系。历史学家只是叙述实际发生过的事情，并不是要确定事件是否具有价值。换句话说，做出肯定或者否定的评价并不是历史学家的任务。"即使历史学与价值有联系，它也绝不是评价的科学。"③历史难道真的与价值无关吗？其实不然，"历史假设归根结底是种

---

① 张宁：《历史研究与"反设事实"》，《历史教学》2005年第1期。
② 马榕：《〈甲申三百年祭〉：一篇史学长文的政治意义》，《中华读书报》2012年7月4日。
③ ［德］亨里希·李凯尔特：《李凯尔特的历史哲学》，涂纪亮译，北京：北京大学出版社，2007年，第83页。

价值假设，是人从现实的价值期望出发而对历史的价值做出重构"①。以郭沫若的假设为例，郭沫若当时做假设是为了自己的写作主题服务，即批评国民党的黑暗统治，国民党随之对此文进行猛烈抨击，说其文"为匪张目"，"将明之亡国的历史影射当局"，可见此文深深刺痛了国民党，郭写此文的目的也已达到。延安《解放日报》转载此文时所加的编者按称其"充满爱国爱民族的热情"。与此同时，此文被作为党的整风文件之一，在解放区下发。②既然历史假设中掺杂了价值观念，那么挑选事实时，也会为"好"的或者"坏"的价值观念服务。对史学家如何挑选事实，描述最为形象的当属卡尔，他说："事实的确不像鱼贩子案板上的鱼。事实就像在浩瀚的，有时也是深不可测的海洋中游泳的鱼；历史学家钓到什么样的事实，部分取决于运气，但主要还是取决于历史学家喜欢在海岸的什么位置钓鱼，取决于他喜欢用什么样的钓鱼用具钓鱼——当然，这两个因素是由历史学家想捕捉什么样的鱼来决定的。"③如此看来，学者之间出现不同看法似乎本就是情理之中的事。

学者之间意见不一致，在沃尔什（W. H. Walsh）看来，主要受四个因素影响。第一，个人的好恶——不管是一个人还是一类人。历史学家A崇拜伟大人物，历史学家B则对伟大人物报以强烈的反感。因而，历史学家A的全部主题都围绕着伟大人物的思想和行动，把它作为主要叙述的对象；而历史学家B则把这些行动或者思想说成是邪恶的、无用的、猥琐的。第二，集体的偏见。比如，最为爱国的英国人、具有无产阶级觉悟的知识分子或者是坚定的新教徒，作为此类集体成员的一分子，比起个人的好恶来，这种偏见更不易于被察觉。正因为它被集体普遍接受，因此更加难以克服。第三，有关各种相互冲突的解说理论。这是指"各种不同的有关历史上因果性因素的相

---

① 姜继为：《走出"历史不能假设"的藩篱》，《史学理论研究》2003年第1期。
② 马榕：《〈甲申三百年祭〉：一篇史学长文的政治意义》，《中华读书报》2012年7月4日。
③ ［英］E. D. 卡尔：《历史是什么？》，第108页。

对重要性的理论"。历史学家要使自己的事实有任何意义的话，必须有某种理论。历史学家A是一个马克思主义学者，就认为所有的历史事件归根结底都可以用经济因素来解释。历史学家B是一个多元论者，他同意马克思主义的结论，但并不把经济看作唯一起作用的因素。第四，根本哲学的冲突，包括不同的道德信念、人性观和世界观。历史学家以各自的哲学观念看待过去，这对他们解释历史起着一种决定性的作用。沃尔什认为这四个因素无时无刻不在影响着史学家对历史的看法，而这些因素也一起导致了学者之间看法的不一。

那么如何看待学者之间这些不一致的看法呢？每个历史学家都按照自己的观念书写历史，每一个历史学家都对过去有某种洞见。对任何给定群体，科学思维的结论都是被普遍接受的，而历史学不是这样。历史学的知识被普遍接受应是一种弱化了、次要意义上才可能的。于是，沃尔什提出了配景论。配景论的核心观点是，历史学家之间存在着一些无法简约的观点。沃尔什说："每一个历史学家对于实际所发生的事都有着某种洞见，因为对于每一个人来说，过去都是按的他的观点而被显示出来的。以艺术活动来做类比，在这里仍然是有用的。正如一个肖像画家是从他自己的特殊观点来看他的主人公，然而却可以说是他对于那个主人公的'真实'性质有着某种洞见。"[①]沃尔什举例说，我们当有人问我关于宗教改革的事，天主教的说法和新教的说法哪一种更真实时，我必须说我回答不出来。两种叙述，每一种都有自己完整的理论体系。天主教从一种视角出发，提出了它的解释。新教徒从另一种视角出发，提出了另一种不同的解说。我们不必说哪一种解释更客观，因为它们都可能是以客观的姿态写历史。总之，在沃尔什看来，对于不同的解说，我们应持有一种开放而容忍的态度。对于何谓有意义的历史假设的争论，也当作如此观。

---

① ［英］W. H. 沃尔什：《历史哲学导论》，何兆武、张文杰译，桂林：广西师范大学出版社，2001年，第115页。

第四章 填补空白处的历史想象

柯林武德在《历史的观念》中讲历史想象时有这么一段话：

我把构造性的历史学描述作在我们从权威们那里所引用来的陈述之间插入了另一些为它们所蕴涵着的陈述。这样，我们的权威们告诉我们说，有一天恺撒在罗马，后来又有一天在高卢，而关于他从一个地方到另一个地方的旅行，他们却什么也没告诉我们；但是我们却以完美的良知而插入了这一点。……

如果我们眺望大海，看见有一艘船，五分钟之后再望过去，又看见它在另一个不同的地方；那么当我们不曾眺望的时候，我们就会发觉自己不得不想象它曾经占据过各个中间的位置。这已经是历史思维的一个例子了；而当我们被告知恺撒在这些连续的时间里是在这些不同的地方时，我们就发现自己不得不想象恺撒曾经从罗马旅行到高卢。①

前一个例子我们称作"恺撒迁移"，后一个例子我们称作"眺望海船"。柯林武德举这两个例子是为了说明历史想象的功能不仅仅是装饰性的，而且它具有更大的结构性的作用。如果我们抛开柯林武德历史想象结构性功能的语境，就会发现这两个例子还引出了历史想象的另外一种功能，即连接割断处的作用。想象两件事情间的情形，在日常生活中是经常见到的。金岳霖曾举过一个例子，假如一个人由东安市场出来碰见一个朋友进去，半点钟后又在青年会碰见，一同上了清华的车。第一个人也许看见第二个人手里提一只板鸭，他也许会说"稻香村买的呀？多少钱呀？"

---

① ［英］柯林武德：《历史的观念》，第335—336页。

他也许不说话，而心里想原来他是去买板鸭了。这个朋友就能够把两件事中间的间隔用想象填满起来。[①]这种情形与历史学中的想象非常类似，因为历史中保存下来的材料不可能是完整和全面的，要重建或者复原过去，史学家只能凭借掌握的残存史料，以想象力填补。我们回到"恺撒迁移"的例子。"恺撒迁移"讲恺撒前一天在罗马，后来一天在高卢，在这一段时间里权威们什么都没告诉我们，我们就可用"完美的良知"来填充这一段空白，连接没有材料的地方。这"完美的良知"既包含史学家的想象，又包含史学家的推测。"眺望海船"包含两层意思：第一，也就是"恺撒迁移"中的那层意思，史学家要凭借想象和推测来填充海船不同时间内所在的位置。第二，在第一步的基础上，史学家想象这一幅动态的海船移动图，即想象一幅具象。如果说柯林武德所举想象具有构造性作用的两个例子中表现出两种想象，那么此章讨论的就是第一层意思的想象。如果说柯林武德侧重于想象整体的结构性，那么此章探讨的就是填补空白处的细节想象。

第一节　填补空白处想象的两种情形

由于主观或者客观的原因，过去遗留下来的材料总会出现某种程度上的缺失。当史学家尝试将这些断裂处连接起来构成一个完整的叙事或者给

---

① 金岳霖：《知识论》，第208页。

出一个较为合理的解释时，就会依靠史学家的推测想象去填补。①因此，细节想象的连接功能可以分为两种：第一种是填补空白以求得历史叙事的连续和完整；第二种是填补空白以求得历史解释的贯通和合理。下文将一一举例说明。

第一种，填补空白以求历史叙事的连续和完整。吕西安·费弗尔（Lucien Febvre）说："如果有文字文献，历史学家无疑就靠文字文献来研究。可是，如果没有文字文献，他们也可以而且必须不靠它们来研究。如果找不到通常所用的花朵，历史学家就凭他的创造力，利用一切东西来酿他的蜜，即用一些词语、一些符号、景观和瓦砾、田野和荒草丛、月食和拉车牲口的项圈、由地质学家写的石头鉴定书和由化学家作出的金属剑的分析报告。总之，利用所有那些属于人类，依赖人类，服务于人类，表现人类，表示人类的存在、活动、爱好和生存方式的东西。我们的历史学家工作的一部分，而且无疑是最激动人心的部分，就在于一种坚忍不拔的努力，让不会说话的事物开口，说出有关人类、有关产生这些事物的社会的东西，并且最终把它们织成相互关联的网，来弥补文字文献的缺乏。"②这种例子在历史书写中比比皆是，比如司马迁在描写项羽被刘邦军围于乌江边时写道：

---

① 李幼蒸认为，司马迁整齐百家之言时必定会用想象去填充历史事件的大量断裂处。他说："所谓整齐百家之言，即'弥缝故事'而已，此正为其史著不可避免的弥缝手段，如此才能将多种多样庞杂的书写和口头材料编成一个文本整体（对此不应苛责，因当时人'写文章'时并无'科学性'观念）。他必须利用想象和虚构来'连接''补充''填充'事件情节中的大量'断裂'处。因此其叙事中有关对话的部分应当说纯为想象虚构，因不可能获得几百年前、几十年前，乃至当代的对话'实录'（亲历和记录）。事件因果关系的展开必为诸想象之串联，两件事件（开端和结果）之间的诸多中间链锁，除了虚构以外是无法填实的。……应当说，司马迁所创'列传'体，多为历史小说类，其细节部分只可能来自传说和想象。"参见李幼蒸：《儒学解释学：重构中国伦理思想史》（上卷），北京：中国人民大学出版社，2010年，第169页。
② ［法］吕西安·费弗尔：《为历史而战》，高煜译，南京：译林出版社，2022年，第469页。

> 夜闻汉军四面皆楚歌，项王乃大惊曰："汉皆已得楚乎？是何楚人之多也！"项王则夜起，饮帐中。有美人名虞，常幸从；骏马名骓，常骑之。于是项王乃悲歌忼慨，自为诗曰："力拔山兮气盖世，时不利兮骓不逝。骓不逝兮可奈何，虞兮虞兮奈若何！"歌数阕，美人和之。①

周亮工曾就这段叙述做过这样的评论，他说：

> 垓下是何等时，虞姬死而子弟散，匹马逃亡，身迷大泽，此际亦何暇更作歌词？即有作，亦谁闻之而谁记之欤？吾谓此数语者，无论事之有无，应是太史公笔补造化，代为传神。②

周亮工的观察确实敏锐。项羽可能慷慨激昂地吟出了诗句，但当时无人用心去记录，那么，司马迁就可能凭借当时人的一些零星记忆以项羽的口吻填充一段《垓下歌》来表现其豪迈气质，这自然就是司马迁体验移情后的推测想象。陆键东在《陈寅恪的最后二十年》中也屡次对一些场景进行推测想象式的描述，如对晚年陈寅恪摔倒住院时的一幕是这样叙述的：

> 但拥有宁静已足够了。令人遐想的是这么一幅历史场景：静悄悄的病房，只有风轻轻吹动着窗纱，睡眠后醒来的老人，静听着窗外轻拂的风声，护士轻盈走动的沙沙声，悠长的思绪终于化为一串串追忆，融在这个幽静的世界里。……生命在这一刻，尽褪苦涩，人生变成一种传奇，风里有永远说不完的故事！③

---

① 《史记》卷七《项羽本纪》，第333页。
② 周亮工：《尺牍新钞》（三集），张静庐点校，上海：贝叶山房，1936年，第32页。
③ 陆键东：《陈寅恪的最后二十年》（修订本），北京：生活·读书·新知三联书店，2013年，第367页。另如，写陈寅恪晚上独自在家等待吴宓也用了推测想象性的叙述："（1961年）8月30日夜，陈寅恪给历史永远留下的是这样一尊塑像：一人独坐客厅中，急待吴宓的到来，此时他的胸中已翻滚着无数的巨浪，情感之闸，千钧一发。可惜已无法看到当陈寅恪啼听着小汽车在寂静的夜里滑行停在楼前，吴宓等人下车关门时他在那一瞬间的表情与冲动！想来那形象是能令人流泪的。"见该书第312页。

美国汉学家也用到推测式想象来弥合材料空缺处的历史叙述，如孔飞力和韩书瑞。孔飞力在写到一幅关于弘历的画像时如此书写：

> 当画师为他画像时，人到中年的弘历笑得并不由衷——在我看来，甚至还显得有点勉强。也许，这略带凄凉的微笑中含有这样的认识：一宗伟大的事业，往往会因为那些为之服务的人们本身的卑下而变得不再伟大；一个伟大的人，往往难以抗衡多数人的卑下；乐到极点，往往会转而生悲。①

韩书瑞（Susan Naquin）在一本关于18世纪中国八卦教起义的著作中也有一些推测想象性的历史书写，如在描述一次道口会议的现场情景时写道：

> 不难想象这次会议是如何充斥着一种自信、乐观和热烈的气氛。在这种气氛中大家都相信城市会被攻克，官军会溃散。在让大家都相信事情能轻而易举办成后，林清和李文成开始更细致地制订新的等级制度，他们计划以此来代替清朝的制度。②

显然，这种想象具有连接缝隙、填补缺失的功能，也赋予历史叙述一

---

① ［美］孔飞力：《叫魂：1768年中国妖术大恐慌》，第61页。"然而，值得注意的是，身为旗人的富尼汉对于发辫所包含的政治象征意义却从未有过任何提及。这是否因为只有剃光的前额才被认为是削发令的关键性象征？以新近发生的一系列事件作为背景，我认为不能这样来看待这个问题。富尼汉肯定知道，任何事情只要涉及削发令便具有了爆炸性。可是，他并不想自找麻烦。种族的问题最好还是由别人去谈吧！如果说，甚至连弘历本人在同各省官员的秘密通信中对此都缄口不提，那么，一个区区的巡抚又何必要提及这一点呢？""可以想象这些衣衫褴褛的流浪汉与审判他们的官员之间的文化差距有多大！当永德和他那些穿着锦缎官袍的同僚们面对民间宗教的日常用语时，显然非常吃惊和困惑：谁能保证这些怪诞的语句不是用来掩盖妖术和反叛的密语暗号呢？那些出现在法庭上的文盲和半文盲们日常使用的错别字一旦被象形会意的书写文字所解读，就很可能被看成是一种秘密语言。如果不是别有意图，谁会把地写成墩！"参见［美］孔飞力：《叫魂：1768年中国妖术大恐慌》，第102、197页。

② ［美］韩书瑞：《千年末世之乱：1813年八卦教起义》，陈仲丹译，南京：江苏人民出版社，2010年，第124页。

种整体性、连贯性和形象性。当然毕竟这是一种补缺空白、连属缺环的叙事,是史学家没有直接的史料做支撑的推测想象。不过,这也不意味着此种想象是史学家主观随意的产物。黄仁宇的《万历十五年》最具代表性,书中对历史细节的叙述虽然有许多想象,但这些推测想象是基于黄仁宇对史料的充分掌握之上做出的。如皇上亲自领兵与文官坚决反对这一事情,老成练达的首辅申时行是怎么处理的?作者写道:

> 他从不事张扬,悄悄地和宦官们谈判。他后来写下的文章,阐述了此种奥妙。申阁老此时质问御马监的诸宦官:几千个官兵带着武器在皇帝身旁,谁能保证他们中间没有人参与做坏事的阴谋?万一有变,其他警卫人员救护不及,谁负得起这样重大的责任?诸位身为将领,又岂能置身事外?首辅还可能在此时提出江彬的先例,用本朝的历史,引证凡是和文官集团公开作对的人,没有一个能得到善终。即使是皇帝最亲信的人,迟早也会被大众清算。这一番危言耸听的游说取得了预期的效果,用申时行自己的话来说,就是"诸珰竦(悚)然"。[①]

黄仁宇对申阁老在处理这个问题时的推测想象可谓精妙绝伦,既符合申阁老的处事风格(和事佬),又入情入理,也巧妙地解决了万历皇帝与文官集团之间紧张的关系,使整个大明王朝恢复了往日的安稳。这种推测式的想象也是一种合理、贯通的解释。另如,恺撒要渡过卢比孔河,没有史料显示恺撒是怎么渡过河的,史学家就要去想象,恺撒可能是坐船过去的,可能是兴致突起游泳过去的,也可能是游了一半然后坐船过去的,但是如果有史学家说恺撒是坐飞机或者火车过去的,那么肯定会受到其他史学家的质疑,因为恺撒时代根本就没有飞机、火车。因此,这种补缺空白的想象并不是史学家凭空的、任意的叙述,而是有一定的合理性。

---

① [美]黄仁宇:《万历十五年》(增订本),第116页。

第二种，填补空白以求得历史解释的贯通和合理。史书有时只记载了一些事件的表面情形，真实事件的内幕和真正原因到底是什么，门外汉就不得而知了，此时就需要以研究历史为职业的史学家揭示这些不为人知的内幕，在"无字句"中读出内情。比如，马援是汉朝的有功之臣，天下还没安定时，就和隗嚣一同归顺光武帝。隗嚣叛乱时，马援又身先士卒，主动请缨要求平叛隗嚣。随后又为光武帝东征西讨，到了老年依然胸有壮志。如此看来，马援是一个非常忠实的臣子。众所周知，在历朝的开国君主中，光武帝对待功臣最为宽厚，那么，为什么光武帝唯独对马援有疑心呢？史书没有记载，这就需要史学家通过想象推测来填补这段空白。吕思勉认为：

> 然观朱勃能始终于援，而援顾卑侮之，则援实非长厚之徒，实乃倾巧之士，其诚不足以见信于人，光武疑之久矣。援之兢兢畏慎，惟恐获祸，盖自有其由，特其事无传于后耳。不然，历代开国之主，待功臣以光武为最厚，何独于援而疑之哉？此等处，必能于无记载处，推见事实，乃能得史事之真相，非穿凿附会，事理固如此也。昔人所谓读书当于无字句处也。[1]

---

[1] 吕思勉：《史学与史籍七种》，第429页。另如，清赵翼在《廿二史札记校证》中指出："建武十六年，郡国大姓及兵长群盗，处处并起，攻劫在所，杀害长吏，讨之则解散，去又屯结。青、徐、幽、冀四州尤甚。乃遣使者下郡国，听群盗自相纠摘，五人斩一人者除其罪。其牧、守、令、长坐界内有盗贼及弃城者，皆不以为罪，但取获贼多少为殿最，惟蔽匿者罪之。于是更相追捕，并解散。"赵翼就此提出疑问：当时天下初定，民众刚刚恢复安定，怎么会轻易变乱呢？赵翼认为必有更深层的原因，本纪未书。赵翼分析："下文有河南尹张伋及诸郡守十余人，坐度田不实，皆下狱死。则是时民变，盖因度田起衅也。案《刘隆传》，天下户口垦田多不以实，户口年纪互有增减。建武十五年，有诏核检，而刺史太守多不平均，优饶豪右，侵刻羸弱，百姓嗟怨。帝见陈留吏牍有云：'颍川、弘农可问；河南、南阳不可问。'帝怒，不得其故。时明帝年十二，在侧曰：'河南帝城多近臣，南阳帝乡多近亲。'帝更诘吏，吏对果如明帝所言。于是遣谒者考实，具知奸状，守令等十余人皆死。"据此，赵翼认为建武十六年民众叛乱的根本原因是十五年的检核户口、田亩不均引起的；民众解散也不是盗贼自相捕杀消尽，乃是因守令检核不实坐死，派遣的官员更正后，民众自行解散的。参见赵翼：《廿二史札记校证》（上），王树民校证，北京：中华书局，2013年，第83—84页。

吕思勉从"无字句"处读出马援为何不受光武帝重用的"内情"就是填补历史空白，这是一种对历史合理的、贯通的解释。另如，在《隋唐制度渊源略论稿》中，陈寅恪认为李冲是北魏洛阳新制的一个关键人物，他先引了《魏书·李冲传》："葬于覆丹山，近杜预冢，高祖意也。"然后说："盖晋之杜预以儒者而有巧思，其所创制颇多。……惟其中请建河桥于富平津一事尤与西晋首都洛阳之交通繁盛有关，甚为晋武帝赞赏。魏孝文之令李冲葬近杜预冢非仅有取于预遗令俭约之旨，亦实以冲之巧思有类乎预，故以此二人相比方也。"①在这个例子中，关于杜预有巧思建河桥一事尤受武帝赞赏皆可以从《晋书·杜预传》中得知，这是有史实支撑的。陈寅恪从李冲墓与杜预墓相近的事实出发，认为高祖此举必有深意，想以此赞赏李冲和杜预一样有巧思。陈寅恪的这个推论是没有史实依据的，但通过这种推测想象得出的论断却是一种有启发性的、贯通的历史解释。在《马丁·盖尔归来》中，马丁·盖尔在搬家路途中看到了什么，由于没有这方面的材料，戴维斯就借用保存下来的其他村民旅行、经商路途上的所见所闻来想象推测马丁·盖尔搬家时途中见闻，以便来构建这段叙述；戴维斯想展示出马丁与贝特朗的婚书内容，但由于他们的婚书没有保存下来，戴维斯便借助同时期保存下来的婚书内容来想象推测马丁婚书的内

---

① 陈寅恪：《隋唐制度渊源略论稿 唐代政治史述论稿》，北京：生活·读书·新知三联书店，2001年，第73—74页。由于史料的缺失，张荫麟也做了一些想象推测。"我们在上文叙述奴隶的生活时，保留着一个很重要的问题，奴隶和农业的关系是怎样？换句话说，大多数农民的地位是怎样的？关于这一方面，记载很残缺，现在可得而说的多半是间接的推论。我们可以悬想，周朝开国之初，无数战胜的族长分批地率领子弟来到新殖民地里，把城邑占据了，田土瓜分了，做他们的侯伯大夫，他们于所占得田土当中留下一小部分，直接派人去管理，收入完全归他们自己，这种田便是所谓'公田'；其余大部分的田土，仍旧给原来的农夫耕种，却责他们以粟米、布缕和力役的贡奉；他们的佃耕权可以传给子孙却不能转让或出售给别人。这种田即所谓'私田'。"参见张荫麟：《中国史纲》，第26页。

容。①这种填补空白以求历史解释贯通的推测想象争议较大,问题也多,我们将在下节论述。

第二节 理论困境

自然科学的推理比较严谨,其推论的过程、方法、结论,在科学家共同体内具有高度的一致性和认同性。比如,如何将冰块转化成为100摄氏度的沸水,大概科学家都会认为:冰块经过一段时间的加热就会变成沸水。在现实生活中,推理的过程、方法、结论则不会具有类似自然科学那样高度的一致性和认同性,而会以多种可能的形式出现。举个例子来说,清早起来从屋子里面看,外边院子湿漉漉的,就会有两种推测,一种是昨晚下了雨,一种是妈妈早上洒水了。与此同时,会发现这种推测想象是危险的,因为如果不做进一步的深入考察,一直待在屋子里,就不能确定到底是昨晚下雨了还是早上妈妈洒水了。而如果随便选择一种可能情形的话,就会出现推测失误。②历史学中也会出现这种情况,这种推测想象有三个特点。第一,推测性想象具有很大的诱惑性,因为它给了史学家更大的发挥空间,史学家可以在类似的地方大做文章,发挥自己的聪明才智。第二,对同一件历史事件会有多种不同的历史解释。但由于对历史事件结论的不

---

① [美]娜塔莉·泽蒙·戴维斯:《马丁·盖尔归来》,第21、28页。

② 迈克尔·斯坦福举过一个类似的例子,他说:"犹如在森林中漫步的孩童,由于不曾听到、也不曾看见,所以无法断定眼前洞穴之中是否有熊。可是却因为发现地面留有大型爪痕一路向洞穴延伸,却不见有离开洞穴而去往他处的爪痕,所以相信洞中有熊。这种推想可能正确,然而我们也能举出若干设想,足以说明孩童的推想有误,比方说熊可能已由洞穴后面出口去往他处,可能爬上山石去往他处,因此不曾留下爪痕,或者这些爪痕根本出于他人的恶作剧。孩童认为洞中有熊,乃是就证据间接推想而得,除非大胆入洞一探究竟,而且还真的撞见熊,否则就无法确知洞中是否有熊。"参见[英]迈克尔·斯坦福:《历史研究导论》,导论第5页。

可实证性,因此,得出的结论似乎都算是一种历史解释。第三,如果对一个历史事件的推测想象解释过头,就会受到其他史学家的质疑或者批评。

推测想象具有无与伦比的诱惑性。之所以说它具有诱惑性,是因为即使以严谨著称的陈寅恪、吕思勉、黄仁宇也常常忍不住做想象推测。[①]比如柳如是与钱谦益结婚后,她的旧日所爱陈子龙来拜访钱谦益。由于没有材料显示柳如是怎样处理与陈子龙的见面方式,因此,陈寅恪就进行了一番推测想象。他写道:

> 然则钱陈两人之旧日关系,既如卧子所自述,牧斋之赴南都就礼部尚书任,复经卧子之催促,故钱陈此次两人同在金陵,虽为时甚短,揆以常情,必无不相见之理。倘卧子造访牧斋,或牧斋招宴卧子,不知河东君是否采取如对待李存我之方式,以对待卧子,抑或如元微之《莺莺传》所载,莺莺适人以后,张生求与相见,终不为出,赋诗谢绝。今日俱无从得悉。[②]

虽然具体情形"今日俱无从得悉",陈寅恪还是进行了推测想象。另如,在黄仁宇《万历十五年》中有一段这样的书写:

> 至于首辅申时行,他在监督定陵工程的时候究竟产生过多少感想,又产生过多少感慨,在留传到今天的官方文件上自然是查不到的。我们所能看到的是申时行参与了破土典礼以后给皇帝的祝辞:"永绥列圣之神灵,预卜万年之兆域。"我们还能看到的是他在1586年举行正殿上梁典礼以后给皇帝的祝辞:"爰诹升栋之辰,适应小春之候。先期则风和日暖,临时则月朗星辉。臣工抃舞以扬休,民庶欢呼而趋事。"这些辞藻上的对偶和华丽表现

[①] 众所周知,陈寅恪的历史研究向来以严谨著称。黄仁宇的研究也被学者认为是非常严谨的:"黄仁宇先生的《万历十五年》在历史细节的叙述方面是非常严谨的。"参见张耕华:《历史哲学引论》(增订本),第132页。

[②] 陈寅恪:《柳如是别传》,第858页。

了想象中的至美至善，但是皇帝和他的老师彼此也都明白，对这样的文字不能过于认真，因为其时陵墓工程已延续多年，其耗用的财力已使国库受到影响，而征用的军民人力，也应当使"欢呼而趋事"者感到了难以解脱的痛苦。①

黄仁宇清楚明白地知道，官方文件中没有留下申时行监督定陵工程时发过的感慨，所以在此黄仁宇并没有做过多的发挥。但在随后的叙述中，他则对两首申时行给皇上的祝辞多做想象推测，即"这些辞藻上的对偶和华丽表现了想象中的至美至善，但是皇帝和他的老师彼此也都明白，对这样的文字不能过于认真。因为其时陵墓工程已延续多年，其耗用的财力已使国库受到影响，而征用的军民人力，也应当使'欢呼而趋事'者感到了难以解脱的痛苦"。虽然黄仁宇没有在申时行监督定陵上发挥想象，但在随后的叙述中则大加推测想象皇帝与申时行的心理。吕思勉使用推测想象虽较少，但偶尔也会用到。比如，根据史料，吕思勉认为古代东南的铜的使用较西北的普遍，但用铁则落后于西北，至于出现这种情形的原因，由于年代较早而没有相关材料，吕思勉就做出了推测。他说："我所推测：（1）禹之治水，实仅较暂时见功。因避水患而西迁。（2）禹再传而遭羿、浞之乱，为避敌国而西迁。"吕思勉清楚地意识到推测想象的不准确性及其危险性，马上补充道："二者或居其一。然则推测，亦殊薄弱难信也。"②

---

① ［美］黄仁宇：《万历十五年》（增订本），第119—120页。
② 吕思勉：《吕思勉文史四讲》，黄永年记，北京：中华书局，2008年，第118页。吕思勉的一些推测想象还可见该书第123、125—126页。

· 149 ·

既然如此，史学家在使用推测想象时应格外小心，时时谨慎。①这一点傅斯年可能看得最清楚，他说过："两件事实之间，隔着一大段，把它们联络起来的一切涉想，自然有些也是多多少少可以容许的，但推论是危险的事，以假设可能为当然是不诚信的事。"②

　　由于关于一些历史事件的记载多有"未发之覆"，因此就需要史学家"百花齐放、百家争鸣"，给出一种接近历史真相、合理的解释。在没有新史料出现的情形下，史学家会根据相同的史料推测想象出不同的历史解释。③比如李广终老不封侯，战败自刎，读者读此多有感慨。逯耀东

---

①　约翰·托什指出，史学家必须慎用演绎和归纳推理。他说："历史学家必须在演绎和归纳推理间达到平衡。当结论完全由它所基于的知识，即前提支撑时，就使用演绎推理。因此，如果前提是（a）所有猫都是脊椎动物，（b）托比是一只猫，那么我们能够确定地推演出托比是一只脊椎动物；确实，并不是所有其他演绎都是可能的。演绎推理能够很好地由虚构的侦探夏洛克·福尔摩斯所接受的方法予以说明，他曾评论到，当所有其他可能性被排除后，剩下的**不管是多么的不可能**都肯定是答案所在。黑体字的要点在于，许多人允许他们的预期去影响他们对事实的解释，这些预期源于他们的日常生活经验。这就是归纳推理。例如，一位到伦敦的游客看到大量红色的公共汽车和黑色的出租车，他也许会得出结论，伦敦所有的公共汽车都是红色的和所有的出租车都是黑色的，这尽管可以理解，但却是错误的。数学家完全依赖于演绎推理，他们也许会对科学家借助归纳推理的做法感到不能容忍；对历史学家而言，由于他们所使用的证据通常是杂乱的和不完整的，所以过分依赖于纯粹归纳推理的诱惑甚至要更强些。每次，历史学家都从单一事件或例子中进行归纳，使用的就是归纳推理，进一步的证据也许会很好地揭示出那种归纳是错误的。"参见［英］约翰·托什：《史学导论：现代历史学的目标、方法和新方向》，第176页。

②　傅斯年：《历史语言研究所工作之旨趣》，《中央研究院历史语言研究所集刊》1928年第1本第1分册。

③　克罗齐称由"批判地证实、澄清的消息提供的系列想象中剩余的空白"为组合想象，能克服原始材料的间断性并使得叙述条理分明，每个部分清晰明确且具有"惊人的说服力"。克罗齐指出，此种想象的结果是"或然"的，比如原始材料说某人是位显赫的骑士，娶了妻子但妻子随后背叛了他，他一怒之下把妻子杀了。历史学家也许会在材料的基础上补充说他杀妻子不是出于嫉妒和憎恨，而是出于强烈的荣誉感。这只是一种可能性。或者还有其他史学家解释说，显赫的骑士杀死妻子的动机不是出于荣誉，仅仅是为了摆脱累赘。参见［意大利］克罗齐：《作为思想和行动的历史》，田时纲译，北京：商务印书馆，2012年，第106—107页。

将《卫将军骠骑列传》与《李将军列传》对读得出一种解释。李广以六郡良家子从军击胡,他不仅精于骑射,且又熟练作战技术。在孝文帝时因太后阻止,李广未能建立功名。汉武帝时改变对外政策,积极开展对匈奴的进攻。按理李广应在此有所建树,但始终不得重用,不能独自领兵抗击匈奴,只能位列卫青之下,终亦因迷失道路,丧失约定的会军日期而自刎。其子李敢以校尉从骠骑将军击胡,但李敢因其父的原因击伤卫青,霍去病将其射杀。司马迁以"李氏凌迟衰微矣"结束《李将军列传》。在逯耀东看来,司马迁有意以李广一家的命运说明六郡良家子积极参与讨伐匈奴,立下了赫赫战功。相反,由恩幸出身的卫青、霍去病,他们的功绩是六郡良家子奋战出来的,武帝对他们宠爱有加,封侯赏赐超常。武帝虽有讨伐匈奴之决心,但其选择将帅,专其一意,擢其恩幸中,是故"建功不深",因此会有司马迁在《匈奴列传》中"唯在择任将相"的感叹了。[1]有学者用数字统计,给出另外一种推测想象性的解释,即李广建立的军功有限导致他不能封侯。李广自杀前说自己"结发与匈奴大小七十余战",但据统计,《史记》中真正记录在案的只有八次,三次未与敌接战,其余五战的战绩是三胜两负。封侯的情况有五种:军功封侯、王子封侯、外戚宦官封侯、子承父爵封侯、降者封侯。按照李广的情况,只能走军功封侯的路径。军功封侯即战争获胜,并杀大量的敌军。但从统计数字来看,李广杀敌的数量远远比不上同期封侯的卫青、霍去病,因此,李广不得封侯。[2]在有的情形下,这些不同的解释可能就是矛盾的。即使是矛盾的两种解释,我们似乎也无法判别哪种解释是合乎历史事实的,因此,只能认为他们的解释都是对历史的一种洞见。另如,在没有任何新史料出现的情形下,关于唐高祖向突厥称臣事,陈寅恪认为温大雅

---

[1] 逯耀东:《抑郁与超越:司马迁与汉武帝时代》,北京:生活·读书·新知三联书店,2008年,第188—194页。

[2] 许述:《李广是被司马迁吹出来的?》,《历史学家茶座》2012年第1期。

的《大唐创业起居注》刻意讳饰隐瞒了唐高祖起兵初期曾向突厥称臣这一事实。①而李树桐认为高祖称臣于突厥之事并不存在，此为献媚取宠的许敬宗为了讨好、颂扬唐太宗，将唐太宗的"渭水之耻"篡改成了"高祖称臣"，"高祖称臣突厥说"随之应运而出。②显然，陈寅恪、李树桐对史料推测想象后的结论是互相矛盾的，但我们似乎不得不说，这两种解释都是对历史的一种理解，也无法判断谁的解释是正确的、谁的是错误的。

史学家还应知道，推测想象的诱惑性与危险性是成正比的，越大的诱惑性，也意味着越大的危险性。在史学家群体中，可以达成共识的是，推测想象应该有一定的限度，到了什么程度就不能继续往下推。如果史学家在历史研究中存在过度的推测想象，那么势必会受到其他史学家的质疑乃至批评。③如韩愈三岁成为孤儿，从那时起就随其兄搬迁到韶州。陈寅恪在《论韩愈》一文中，根据韩愈自小居住韶州，且"幼年颖悟"，韶州是新禅宗的发源地，且适逢此学说"宣传极盛之时"，韩愈"断不能于此新禅宗学说浓厚之环境气氛中无所接受感发"。由此推论出韩愈"道统"说

---

① 陈寅恪：《论唐高祖称臣于突厥事》，见《寒柳堂集》，北京：生活·读书·新知三联书店，2012年，第108页。

② 李树桐：《三辨高祖称臣于突厥事》，见《唐史索隐》，台北：商务印书馆，1990年，第11页。

③ 马勇的《晚清二十年》因为文中的推测想象过度，就受到了其他学者的质疑乃至批评。参见杜树人：《"完全可以想象成"的晚清史》，《上海早报·东方书评》2013年9月29日。宋德熹指出，陈寅恪在遇到直接史料不足的情况下，往往通过旁证推论，提出假设、假说。而这些推论有时具有很大的创见，有时却值得商榷，宋德熹称之为"史学得失相对论"。宋德熹说："陈先生的史学创获来自其假设、推论，如无假设、推论，再配合史料辅陈和理论建构，则其慧眼独具的创获无从产生，其崇高的学人典范也将黯然失色。由此观之，其史学之得，也是史学之失，反之也然。"参见宋德熹：《寻找大师·追随大师·超越大师——以陈寅恪〈隋唐制度渊源略论稿〉为中心》，见黄兆强主编：《二十世纪人文大师的风范与思想（中叶）》，台北：台湾学生书局有限公司，2007年，第304页。

的形成实际上受到禅宗影响,"然则退之道统之说表面上虽由孟子卒章之言所启发,实际上乃因禅宗教外别传之说所造成,禅学于退之之影响亦大矣哉!"①陈寅恪的这个推测想象是没有史料支撑的,但此推论亦显示出陈寅恪高明的史识和极高的洞见。②正因为此结论没有史料支撑,因此,就可能出现一种完全不同的结论,也容易受到其他学者的质疑。比如,就韩愈这个问题,邓之诚予以反驳:"陈谓:昌黎少尝从其兄居韶,必习闻黄梅法传之争,故作《原道》以争道统,又谓昌黎为古文,盖惩于安史之乱,尤为奇想!"③另如,在《论隋末唐初所谓"山东豪杰"》一文中,陈寅恪在引巴黎图书馆藏敦煌写本李义府撰常何碑后,得出玄武门守将常何已被李世民用金刀子收买,关键时刻站在了李世民一边,因此陈寅恪推测出了"此事变中何地位之重要及其功绩之伟大"。④但黄永年认为此推测似乎有点过度,他质疑道:常何如果真的地位重要且功绩伟大,那么在李世民取得政权"定功臣实封差第"时,常何理应得到与此相对应的酬赏,但玄武门事变前后常何的职位几乎没有变化。考察历史才发现,在玄武门事变的紧要关头"(常何)犹豫暧昧,在建成、元吉遭到袭击时既不干预,更不救护",因此,常何的功绩并不伟大,以至于"除《墓碑》外《旧唐书》等任

---

① 陈寅恪:《论韩愈》,见《金明馆丛稿初编》,2001年,第320—321页。
② 王汎森在一次《思想史研究之方法》的讲座中指出,他时常向学生推荐陈寅恪的《论韩愈》一文,认为陈寅恪的解释非常高明。但陈寅恪的解释是没有史料支撑的,是对历史事件空白处的填充,因此就受到了另一位史学家邓之诚的批评。同时,王汎森提出,历史研究中常常有一些对历史事件空白处的推测想象,想象到某种程度算是合格的、建设性的;某种程度上就不合格了,就会受到史学家的批评。参见王汎森:《思想史研究之方法》,2013年6月23日华东师范大学人文楼5303学术报告厅。
③ 邓之诚:《邓之诚文史札记》,邓瑞整理,南京:凤凰出版社,2012年,第805页。
④ 陈寅恪:《论隋末唐初所谓"山东豪杰"》,见《金明馆丛稿初编》,第253页。

何记述玄武门之变的史料都没有必要提到他的名字"①。

郭沫若的《中国古代社会研究》中推测想象过度的现象也较为典型。我们知道，中国古代社会保存下来的史料有限，因此，对中国古代社会进行研究时难免会对史料进行一些推测想象。在书中，郭沫若运用历史唯物主义的观点和方法，证明中国古代同样存在着奴隶制度，他认为马克思主义关于人类社会史的一般规律具有普遍意义。由于郭沫若事先有了这一历史理论，因此有时为了理论的圆润和贯通，就会出现一些曲解史料的情形。基于此，书中的一些想象推测是比较随意的，牵强附会之处颇多。②这里稍举两例。第一，将《同人》一卦中的意思解释为"评议会"："假使容许我们更大胆地驰骋我们的想象，那末《同人》一卦中的所谓'同人于野……同人于门……同人于宗……同人于郊'，恐怕就是当时的评议会。"第二，对"高岸为谷"和"深谷为陵"的推测想象："这是用天灾地异来暗射当时社会关系的变革。'高岸为谷'是说贵族的破产，而'深谷为陵'说的便是新有产者的登台了。天老爷已经用变异来警醒世人，而世人竟不知警戒。我们从这章诗里可以得到当时的社会变革的一个暗示。"③

同样，由于材料太少，早期的拓跋史研究起来也很困难。因此，当

---

① 黄永年：《敦煌写本常何墓碑和唐前期宫廷政变中的玄武门》，见《文史探微》，北京：中华书局，2000年，第197、200页。关于对陈寅恪过度推测想象的批评，可参见宋德熹：《陈寅恪中古史学探研：以〈隋唐制度渊源略论稿〉为例》，台北：稻乡出版社，1999年；林伯谦：《陈寅恪先生〈三国志曹冲华佗传与佛教故事〉质疑》，《中华文化复兴月刊》1978年第20卷第6期；朱慈恩：《论陈寅恪史学考证中的"推度之法"》，《史学史研究》2010年第4期。

② 郭沫若在对自己关于古代史研究的自我批评中曾说："《公刘篇》绝不是周初的诗，锻字的初文即是段字，有矿石，石灰石以及推冶的含义，并没有铁矿的意思。我以前根据郑玄'石所以为锻质'的解释认为铁矿，那完全是牵强附会。"参见郭沫若：《古代研究的自我批判》，见《郭沫若全集·历史编》（第2卷），北京：人民出版社，1982年，第62—63页。

③ 郭沫若：《中国古代社会研究》，北京：商务印书馆，2017年，第48、176页。

史学家要勾勒出某些拓跋史的研究主题时免不了要以推测想象来弥补史料的不足。在《〈代歌〉〈代记〉和北魏国史——国史之狱的史学史考察》①一文中，田余庆认为《魏书·乐志》中的《真人代歌》（又称《代歌》）"上叙祖宗开基所由，下及君臣废兴之迹"是拓跋史诗，并根据《魏书·刑罚志》《隋书·邓渊传》《隋书·天象志》《隋书·音乐志》等相关材料推测出替汉武帝整理编辑《代歌》的人是邓渊。随后邓渊又修《代记》，那么，《代记》的内容应是依据早先整理编辑的《代歌》。邓渊之后，崔浩也基本上依靠《代记》的记载修国史。相关材料随之又成了魏收《魏书·序纪》的内容。由此一条明显的线索出来了，即邓渊编辑的《代歌》以及编修的《代记》就是《序纪》的最初材料来源。这条推测出来的线索在史学家看来是"清晰而且有道理的"。但是随后的推测想象却看起来不那么合理了。关于邓渊之死，《魏书·邓渊传》中有明确记载，渊从父弟晖坐和跋案，"太祖疑渊知情，遂赐渊死"。但田余庆认为此罪名含糊，或者另有隐情，于是就开始了隐情的挖掘。田余庆认为邓渊和崔浩一样，都是死于国史狱。这个论断是没有材料依据的，完全是作者的推测想象。作者为什么要认为邓渊是死于国史狱？因为崔浩是因修史"备而不典""暴扬国恶"而被杀死，崔浩修史依据的材料是邓渊撰写的《代记》，那么既然崔浩是死于国史狱，那么更早的邓渊也是死于国史狱。②显然，这样的推测想象过于强调线索的明晰化，陈寅恪曾说："今日之谈中国古代哲学者，大抵即谈其今日自身之哲学者也。所著之中国哲学史者，即其今日自身之哲学史者也。其言论愈有条理统系，则去古人学说之真相愈远。"③

---

① 田余庆：《〈代歌〉〈代记〉和北魏国史——国史之狱的史学史考察》，《历史研究》2001年第1期。
② 胡宝国：《在题无剩义之处追索》，《读书》2004年第6期。
③ 陈寅恪：《冯友兰中国哲学史上册审查报告》，见《金明馆丛稿二编》，第280页。

有时，史学家也能禁住推测想象的诱惑，仅仅点到为止，不做过多的延伸推测和细节描述，而是把这些工作留给读者自己去完成。黄仁宇的《万历十五年》在这方面的处理较为典型。第一，"张居正既被参奏，就按照惯例停止一切公私往来，在家静候处置。但是暗中的活动并没有被停止，他的意图会及时传到冯保和代理内阁务的二辅那里。个中详情，当然没有人可以确切叙述"。依常理推之，张居正虽在家中等待处理，公私活动俱停，暗中必定会有举动。但详情史籍未载，史学家未可知。"个中详情，当然没人可以确切叙述。"这一表述自可算黄仁宇的谨慎处理。第二，"然而两年之后，即1584年，万历就改变态度而籍没了张居正的家。这一改变的因素可能有二，其一为郑氏的作用，其二为慈圣太后的干预。……至于慈圣太后家族和张居正之间的嫌隙，已如上文所述。张居正在世之日，武清伯自己曾被申饬，受到监视，对自己的言行不得不十分谨慎检点。等到张居正一死，情况就急转直下。三个月后，武清伯被提升为武清侯，整个朝廷的倾向，由于对张居正的怨毒而转到了对他有利的方面。他如何利用这种有利的形势而向慈圣示意，这同样也非外人所能获悉"。张居正和武清伯有过节，当张居正落难时，武清伯自会落井下石，至于他如何向慈圣"示意"，说了什么话，"自非外人知悉"，史学家也一样。第三，"抄没后的财物一百一十被抬进宫门，其中包括御笔四纸，也就是当年皇帝赏赐的、歌颂张先生为忠臣的大字。财物中并没有值得注意的珍品，万历皇帝是否亲自看过这些东西或者他看过以后有无反应，全都不见于史书的记载"[①]。黄仁宇也没有对此做推测想象。

推测想象既是展现史学家史识水平能力的一个测验台，对史学家有着无与伦比的诱惑性，但同时又充满着陷阱，史学家一不小心就可能堕入错

---

① ［美］黄仁宇：《万历十五年》（增订本），第20、29—30、33页。

误的深渊。①推测想象大致运用演绎、类比的方法做出结论。罗独修认为演绎推理在历史学中经常被用到，但同时指出，这种推理如运用得合理，恢复历史有如神助；如运用不合理，则结论荒谬绝伦。②

---

① 胡保国在评价陈寅恪史学研究特点时的一段评论可以为此点做出很合适的注脚，他说："陈寅恪先生在他认为有意义的许多细节、许多点上也有极精致的、令人叹服的考辨，但是在点与点之间则往往有较大的跨越。他跨越的幅度越大，失误的机会也就越多。"参见胡宝国：《虚实之间》，北京：社会科学文献出版社，2011年，第7页。

② 不合理的例子如孟子之《武成》不足信说、顾颉刚之古史层累造成说、陈寅恪之华佗为印度药神说、钱穆之《尧典》不足征信说、冯友兰之泡前老后说、安特生之中国彩陶文化西来说、傅斯年之书写工具之进步造成诸子学勃兴说、严耕望之贫困造成一统天下说、李济之秦人用戟所以统一中国说。参见罗独修：《演绎法治史得失之商榷》，《史学汇刊》2011年第27期。

第五章 建构性的历史想象

一个完整的历史书写，是由一个个小的情节构成的。选择哪些情节，放弃哪些情节，进而在此基础上，建构想象成何种叙事，则由史学家决定。比如，对于中国近代史的书写"意味着要去设想一个叙事架构，在其中，历史事实可增减，经刻意安排，形成一个连贯的故事，从而产生预期的含义"[①]。比如，1949年前，同情或者偏袒国民政府的自由主义和民族主义史学家以现代化叙事书写中国近代史，旨在强调国家推行的渐进改革，支持现有政权的政治方案，他们倾向于将19世纪以来中国近代化的努力，描绘成一系列的挫折和失败，含有悲观主义。而左派和马克思主义史学家以革命叙事书写中国近代史，强调中国历史自下而上的反抗和革命，旨在证明当时革命的合理性，含有浪漫主义。在西方学术界，提出历史书写的结构性想象和情节的建构性想象的有两位史学理论家，一位是柯林武德，一位是海登·怀特。而在中国学术界，吕思勉和钱穆亦有类似情节结构的论述。

第一节 柯林武德的结构性想象

柯林武德认为历史学家的想象与小说家的想象完全是同一回事，但历史学家的想象是经过训练的想象，它的目的是追求历史的真相，而艺术家

---

① [美]李怀印：《重构近代中国：中国历史写作中的想象与真实》，岁有生、王传奇译，北京：中华书局，2013年，第10页。

的想象则是为想象而想象。①换句话说,历史学家不仅要像小说家一样构造一幅一贯的、有意义的画面,还要构造一幅"事物的画面(像是它们实际存在的那样)和事件的画面(像是它们实际发生的那样)"。因此,与艺术家和小说家不同的是,历史学家要"服从三种规则",这三种规则是:第一,他的画面必须在空间和时间中定位;第二,一切历史都必须与它自己相一致;第三,也是最重要的,历史学家的画面与叫作证据的某种东西处于一种特殊的关系之中。②就目前所见到的材料来看,对此讨论最为深刻的是张耕华,他认为:

> 柯林武德的上述论述,存在着一个明显的破绽,或者说他所列举的"恺撒旅行"的事例是不恰当的,至少与他的三条规则及其他后面的叙述有矛盾。既然材料仅告诉我们,恺撒前一天在罗马,后一天在高卢,而有关"中间的旅行"材料上却没有记载,那么,我们对恺撒从罗马到高卢之间的旅行的史实,就是靠推理和想象来完成的,而不能叫作为证据所证明,因为我们缺乏有关恺撒"中间的旅行"的证据材料。所以,就"历史想象Ⅰ"而言,柯林武德的第一条——"时间和空间的定位",只能对想象起到一种间接的制约;第二条规则——"一致性",只能是逻辑推理上的一致性,以及叙述的似真性、合理性;而第三条规则——为证据所证明,则是做不到的,因为没有直接的证据。③

在张耕华看来,柯林武德所举"恺撒旅行"的例子可能不合适,以至于与后面三条规则相矛盾,这个观察可谓十分敏锐。同时,张耕华的这段话里引出两个问题:第一,柯林武德的历史想象是什么;第二,柯林武德

---

① [英]柯林武德:《历史哲学的性质和目的》,见张文杰编:《历史的话语:现代西方历史哲学译文集》,徐奕春译,桂林:广西师范大学出版社,2002年,第190页。
② [英]柯林武德:《历史的观念》,第342—343页。
③ 张耕华:《历史哲学引论》(增订本),第131页。

这种想象合理性的基础是什么。

一般而言，我们获得历史知识的途径是通过历史记忆和权威们的著述，史学家也不例外。但在现实中却不是这样，史学家总会从权威们的著作中挑选出他认为有用的，抹掉那些没用的；或者是插入一些权威们没有明确说过的东西；或者是抛弃和修改一些自认为是出自讹传或者谎言的东西。可以说，在史学家的研究过程中，一直都在进行着这种选择、构造和批评。因此，从本质上说，史学家研究历史的前提是不能接受权威们的现成陈述，而首先要对权威们的陈述进行批判的审视。史学家应是他自身的权威，他在思想上应该是自律的。在此基础上，史学家如果真的想在历史学中有所发明、创造，除了批评权威们外，还得具有一定的建设能力，这就是柯林武德所谓的历史想象。

柯林武德认为历史想象就是一种历史构造。那么，什么是历史构造？柯林武德说："我把构造性的历史学描述作在我们从权威们那里所引用来的陈述之间插入了另一些为它们所蕴含着的陈述。这样，我们的权威告诉我们说，有一天恺撒在罗马，后来又有一天在高卢，而关于他从一个地方到另一个地方的旅行，他们却什么也没告诉我们；但是我们却以完美的良知而插入了这一点。"①"历史学家的权威们告诉了他一个过程的这种或那种形态，却留下了中间的形态没有加以描述；于是他就为他自己插进了这些形态。"②因此，我们可以说这种构造就是一种添加，不过这种添加并不是任意的，而是有两个原则作为约束。第一，它绝不是任意的或者纯属幻想的；它是必然的，用康德的话来说，是先验的。比如从罗马到高卢，我们写到恺撒在路上遇到了什么人，与这个人说了什么话，用这些幻想的细节来填补这段叙述，那么这种构造就是任意的，这属于历史小说家的写法。史学家的构造必须以史料为依据，其叙述必须在史料允可的范围内。

---

① ［英］柯林武德：《历史的观念》，第335页。
② ［英］柯林武德：《历史的观念》，第331页。

比如，史学家准备写一段有自己风格的三国史，那么他必须先参考陈寿的《三国志》、裴松之的注释以及相关材料，再加上自己的叙述以及观点使之成为连续完整的三国史。史学家自己的添加不是任意的，而是有限度的，限度的标准就是证据的充足与否。罗贯中的《三国志通俗演义》虽然从大的方面来说是依照史料写的，但是在细节上多有幻想、虚构，因此，只能被当作历史小说来看待。①第二，以这种方式推论出来的东西，本质上是某种想象出来的东西。柯林武德举了生活中的例子加以说明。他说："如果我们眺望大海，看见一艘船，五分钟之后再望过去，又看见它在另一个不同的地方；那么当我们不曾眺望的时候，我们就会发觉自己不得不想象它曾经占据过各个中间的位置。"那么，什么是想象呢？这种想象就是"把许多孤立而相关的证据联系起来，想象其间究竟发生过什么事"②。在此前，柯林武德认为历史学家可以重新发现已经被忘记的东西，甚至能够发现权威们都不知道的曾经发生的事情。史学家能够取得某种突破有两种材料来源：第一，部分的是"靠批判的对待包含在他（权威）的来源中的陈述"；第二，部分利用那些"未成文的来源的那些东西"。③回到柯林武德"恺撒旅行"的例子上，权威们只告诉我们恺撒有一天在罗马，后来一天在高卢，除此之外什么也没告诉我们。史学家"完美良知的插入"就需要回到两种材料的来源中去寻找，或者是批评地对待权威的历史陈述，从中引申出权威们隐藏的东西，或者是从那些未成文的材料中揭露出历史隐藏的内容。当我们用这两类材料建立起一个个密密麻麻、稳固的证据点后，就可以凭借想象来展开我们心目中的那张网，这也就是柯林武德所说的想象。

柯林武德把这具有双重特点的活动称为"先验的想象"。正是这种

---

① 这与笔者所说的装饰性的历史想象似乎是一回事，参见本书第二章。
② ［美］余英时：《史学、史家与时代》，第135页。
③ ［英］柯林武德：《历史的观念》，第333页。

活动解释出了权威们没有告诉我们的东西,也正是这种活动弥补了权威们没告诉我们的东西之间的裂缝,赋予了历史叙述或者描写的连续性和整体性。先验想象的结果就是一张由想象构造的网,这张网是一幅连续一贯的、有意义的真实画面,这张网也是一种新的历史洞见或者解释。因此,在柯林武德看来,麦考莱认为历史想象只是一种装饰,这显然严重低估了想象的作用,历史想象的作用应该是结构性的。我们以陈寅恪的《柳如是别传》为例加以说明。《柳如是别传》中有许多史料和史事的考证,这些考证都尽量做到了穷源溯流,考证也很见功力。这些考证虽然精到,但也不过是树立了许多不可动摇的定点,由定点到线,再由线到交叉而成的一个比较清晰的网络。但如何才能由这些固定的不可撼动的点构成一幅有血有泪、有喜有乐的生活世界呢?那就需要历史的想象力。陈寅恪正是通过历史的想象力才让我们看到书中每一个主角的喜怒哀乐,包括虚构、嫉妒、轻薄和负心等心理状态,才让我们阅读到一个充满着生命和情感的完整故事。也正是因为历史的想象,陈寅恪才建立了一幕充满悲剧感的明清"兴亡遗事"。[①]

如果上文分析正确的话,那么柯林武德提出的三个规则就是针对结构性的想象提出的。我们现在回过头来看看这三个规则是否与柯林武德的想象相矛盾。

第一,历史想象的画面必须在空间和时间中定位。艺术家或者小说家笔下事件的时间、空间都可以进行虚构,而历史学家笔下的事件必须在历史中是存在的,且必须占有特定的空间和时间。比如,秦始皇统一六国就是公元前221年,而不是其他时间。

第二,一切历史想象都必须与基本史实相一致。纯粹想象的世界没有特定的一致性,A和B可以处于一个想象的画面中,A也可以和C处于一个想

---

① [美]余英时:《现代学人与学术》,第165—167页。

象的画面中。而在历史学中则有着某种特定的关系网。史学家要写一本新观念的秦汉史,首先就得遵循一些基本的史实。比如,楚汉战争是发生在刘邦称帝之前,汉文帝的削藩导致了吴楚七国之乱等。这些基本的史实处于一个特定的关系网中,史学家构造的历史受到这些关系网的约束。

第三,也是最重要的,历史学家的图画与叫作证据的某种东西处于一种特殊的关系之中。即历史学家所构造的图景或者是先验想象构造的那张网必须有充足证据的支持,这证据可能是直接证据也可能是间接证据。柯林武德举了一个例子。[①]他说:罗马历史学家苏埃托尼乌斯告诉我,尼禄曾打算撤离不列颠,我拒绝接受他的陈述,并不是因为有更好的权威与他的陈述相矛盾,而是因为我根据塔西佗而重新构造出来的尼禄政策,不能允许我认为苏埃托尼乌斯的陈述是正确的。换句话说,柯林武德之所以不接受苏埃托尼乌斯的陈述,是因为他的陈述不能当作柯林武德构造的那一幅连续一贯的画面的证据。

由上可见,柯林武德所说的想象是结构性的历史想象,这种想象与他提出的三个规则之间并不矛盾。为什么会出现张耕华上述的质疑,可能是柯林武德所举的"恺撒旅行"这个例子不合适,因为这个例子不能清楚明白地说明他的结构性的想象是什么。

保证柯林武德历史想象合理性的基础是什么?柯林武德在论述完三条规则后,就紧接着去解释了这个证据是什么。笔者将从三个方面去弄清楚这个问题。

第一,柯林武德鲜明地指出,证据不是从权威那里直接接受的现成历史知识,"每件事物都是证据,是历史学家能够用来作为证据的"。至于什么样的证据才能够加以使用呢?柯林武德进一步指出,必须是此时此地可以知觉到的东西,如指纹、写着的字、一座建筑等等。"整个可知觉的

---

① [英]柯林武德:《历史的观念》,第341页。

世界都潜在地和在原则上,是历史学家的证据。"怎么样才能让这些此时此地的东西变成证据呢?柯林武德认为只有用正确的历史知识去接触它,这些东西才能变成证据。"历史知识只能由历史知识产生。"①也就是说,只有由历史知识去触摸证据,证据才能变成证据。而一旦变成了证据,证据也就是历史知识了。这些历史知识就是历史研究的总的基础。历史知识和证据处于一个捆绑的、暧昧的状态。

第二,在"历史的证据"这一节最后,柯林武德写道:"因而历史学就是一种科学,但却是一种特殊的科学。它是一种科学,其任务乃是要研究为我们的观察所达不到的那些事件,而且是要从推理来研究这些事件;它根据的是另外某种为我们的观察所及的事物来论证它们,而这某种事物,历史学家就称之为他所感兴趣的那些事件的'证据'。"②前半句话,柯林武德认为历史学的任务就是研究我们所看不到的事件,特别指出历史的这种研究是凭借推理来进行的。后一句话和前一句是相衔接的,就是要想完成历史学的任务,我们必须从已知的事件开始,从我们可以观察到的那些东西开始,而这些已知的东西就是证据。

第三,"当证词被证据所加强的时候,我们之接受它就不再是接受证词本身了;它就肯定了基于证据的某种东西,那也就是历史知识"③。在柯林武德看来,"证词"就是由被称为权威的史学家提出问题并做出回答,即史学问题的现成答案。这个证词是绝不应当被马上接受的,而是要先拒绝。如果史学家将权威的现成答案当作证据一样地接受,那在柯林武德看来,他就不是科学的史学家了,也就放弃了历史学作为科学的一个特征,即自律性。当证词不再是证词,而想成为证据,它必须有另一个证据去证明它。否则,证词仅仅就是证词。而这另一个证据即是历史知识。历史知

① [英]柯林武德:《历史的观念》,第344页。
② [英]柯林武德:《历史的观念》,第350页。
③ [英]柯林武德:《历史的观念》,第357页。

识是证词得以成为证据的基础。

如果上述分析可以成立的话,再结合柯林武德的第三条规则,可以得出,历史知识是证据的基础,历史知识是证词成为证据的凭证。也就说,历史研究总的基础就是历史知识。那么,历史想象固然也以历史知识为基础。当然,这个历史知识所包括的范围很广,不仅是书本上、口头上、影视上所留下来的,而且还有史学家自身的阅读和生活经验。

柯林武德和海登·怀特都提出了建构性的想象,相同点是他们所谓的想象不是细节上的,而是对历史事件的整体做出的建构想象。不同的是,柯林武德是"通过想象去发现历史人物的内心活动",他的"建构性的想象"是从果推因,涉及对历史整体结构的解释。而海登·怀特是从语言虚构的结构主义角度看历史叙述,并且认为历史的任务就是结合事实、事件和情节结构,使历史的意义显示出来。[①]可以说,柯林武德的想象是传统意义上的想象,即在历史结构的整体解释上做阐释,而海登·怀特的想象则是在文学理论新语境下的想象,即历史叙事上。

第二节　海登·怀特情节建构的想象

海登·怀特是当代重要的历史理论家,在近二三十年重要史学发展如文化转向、语言转向、叙事再兴、后现代史学中,都可见其思想踪迹和重要影响。接受他思想的人尊其为思想导师、灵感源泉(安克斯密特称怀特的《元史学:十九世纪欧洲的历史想像》是继柯林武德《历史的观念》之后最重要的一本著作);不接受者视其为当代史学家乱流歪风的始作俑者(王晴佳、古伟瀛将其视为"后现代主义进入史学的始作俑者")。不管

---

① 杨周翰:《历史叙述中的虚构:作为文学的历史叙述》,《当代》1988年第29期。

对他的思想接受与否，史学家似乎都一致认为海登·怀特为后现代史学的关键人物。[1]海登·怀特的代表作《元史学：十九世纪欧洲的历史想像》一书分析了19世纪欧洲八位史学家和历史哲学家的作品，特别之处在于分析了历史书写的风格与形式。他认为史学家在进行历史书写前，都有一个预设，这种预设受史学家的历史意识决定，也就是历史想象决定。

《元史学：十九世纪欧洲的历史想像》最值得注意的地方当属篇幅不大的导论部分，海登·怀特在此引用了当代语言哲学、文学理论、社会学理论等多学科的学术成果，将历史事实看作历史研究的基本材料（也就是怀特所说的编年史），从基本的材料到完整的叙事需要五个层次，分别是编年史、故事、情节化模式、论证模式和意识形态蕴含模式。在海登·怀特看来，编年史和故事都是"从未被加工的历史文献中被选择出来并进行排列的过程"，都蕴含史学家自身的能动性。但一个编年史是按照事件发生的年代顺序单纯罗列下来的一组事件的序列，没有开头和结尾，没有高潮和低潮，没有紧密的联系而只是时间的相接，没有事件的深入剖析，只是停留在时间的表面记录。故事却不一样，它有明显可辨认的开头、经过、高潮和结尾，这故事也就是历史叙事。[2]历史正是通过有意义的故事来表现的，基于此，历史就必须被构造成富有情节的故事。史学家不可能将编年史中的所有史实全部安排进故事，必然要选择一些史实来讲故事。虽然史学家可以在关于某些史实的选择上达成共识，但毋庸置疑的是，也有一部分史实是历史学家按照目的和情节结构的需要选择的，而选择的标准会被史学家标榜为"重要的""有意义的""影响深远的""不可避免的"。历史学家选择史实都是为了一定的主题或者目的，这些主题或者目

---

[1] 李鉴慧：《知者无罪：海登·怀特的历史哲学》，《台湾社会研究季刊》2003年第52期。

[2] ［美］海登·怀特：《元史学：十九世纪欧洲的历史想像》，导论第6页。

的决定了故事中史实的安排。①再进一步说,情节化模式、论证模式和意识形态蕴含模式则是回答问题的方式。何谓情节化解释,海登·怀特认为它"通过鉴别所讲述故事的类别来确定该故事的意义",他把"情节"的理论用一组关系式来表示:

(1) a, b, c, d, e, …n;

(2) A, b, c, d, e, …n;

(3) a, B, c, d, e, …n;

(4) a, b, C, d, e, …n;

(5) a, b, c, D, e, …n;②

(1)中主要为一系列的真实的历史人物、时间和事件,(2)(3)(4)(5)中的大写字母A、B、C、D处于一个特殊的地位,在整个历史叙事中是史学家围绕的核心(史学家要表达的主题或者意义),大写字母决定着小写字母的叙事安排。因此,按照史学规范的前提进行历史叙事,会出现不同的叙事模式,或者是浪漫剧,或者是悲剧,或者是喜剧,或者是讽刺剧。比如,同样关于法国大革命,在自由主义史学家米什莱的笔下是一幕喜剧,而在保守主义史学家托克维尔的笔下却是一幕悲剧。因此,海登·怀特得出结论,相同的史料可以按照不同的情节建构模式去叙事,而在不歪曲事实和不违背历史学学科规范的前提下,不同叙事得出的结论或者要表达的意义和主题可以不同乃至于截然相反。在海登·怀特看来,不同情节编织的解释之间没有本质的区别,只是侧重点不同。因此,他们都是有效的、真实的。上述的工作都建立在语言的形式上,由于历史学没有学科的专有语言,历史研究都是运用日常的语言,而文学也需要用日常的

---

① 克罗齐曾就维科的研究指出,在拥有文献和事实时,维科也经常无法像严肃的史学家那样让它们讲述自己的故事,而是对其进行解释以适合自己的目的。参见[美]海登·怀特:《元史学:十九世纪欧洲的历史想像》,第571—572页。

② [美]海登·怀特:《后现代历史叙事学》,第183页。

语言进行表述，因此，历史研究与文学研究没有多少差别。此即海登·怀特的名言：历史就是文学。进而，他用文学中的"隐喻""转喻""提喻""反讽"四种类型来分析史学著作，认为史学家的工作与文学家的工作性质是一致的，是一种诗性的工作。

总的来说，海登·怀特认为，历史并不是毫无疑问地从史学家找到证据的史料中自动显示出来的。史学家在找史料之前，心中已经有一个叙事主题，即讲述什么样的故事、怎么讲。因此，在选择以及历史叙事的进行中他必定会过多考虑叙事主题，让叙事服务于主题。可以看出，单个的历史事实排列成的编年史已被海登·怀特解构，他重点关注的对象已经转移到情节化后历史事实的整体形式和结构上了，即历史叙事的情节安排上。

在海登·怀特看来，历史与文学的编纂方式之间并不存在着泾渭分明的界限，两者的距离并不是遥不可及，相反两者之间有着很大一部分的交汇。文学离不开想象虚构，历史学亦然。因此，他说："小说家或许一直仅仅处理虚构的事件，与此相反，历史学家一直在处理真正的事件，但是把这些不管是虚构的还是真实的事件糅合成一个易于理解的总体来表现目的是一个诗化的过程。"①既然如此，那么历史学所谓的学术规则就仅仅是镶嵌在历史研究上的一件或有或无的装饰品，它只是一种仪式性的程序。众多史学家都认为，海登·怀特的理论借助于文学的理论要多于历史学，比如，关于叙事的表现风格就从诺斯罗普·弗莱、肯尼斯·伯克等人的文学理论处获益良多。②但是当我们回到海登·怀特以前的中外史学家的表述

---

① 转引自［美］格奥尔格·G.伊格尔斯：《学术与诗歌之间的历史编纂：对海登·怀特历史编纂方法的反思》，见陈启能、倪为国主编：《书写历史》（第1辑），陈恒译，上海：上海三联书店，2003年，第11—12页。

② 在一次恳谈中，海登·怀特指出当他考虑到史学家谋篇布局的表现风格时，首先研究了诺思罗普·弗莱和肯尼斯·伯克等人的文学理论。参见［波兰］埃娃·多曼斯卡编：《邂逅：后现代主义之后的历史哲学》，彭刚译，北京：北京大学出版社，2007年，第22页。

中就会发现，这些表述似乎和海登·怀特的理论有几分相似，或者说是海登·怀特理论的前身，只不过他的理论吸收了其他学科的成果，丰富了史学理论，使它更精致化。也就是说，海登·怀特的情节结构编织理论在史学界是有迹可循的。就这层意义上来说，我们可能过多地夸大了文学理论对于海登·怀特的贡献。

柯林武德在批判两种自以为是历史哲学研究的工作时，提出了一种情节编排史事的形式。柯林武德认为历史并不是按照预先计划好的轨道运行，而是一场即席演出的戏剧。为了捍卫这一观点，柯林武德进而认为历史是由无限序列组成的，这些原子事件之间没有任何必然性的联系，或者说历史是由无数同时运行的原子事件构成。但是史学家的著作却显示出历史是一个有机的、有序的、有情节的整体。由于历史的组成部分是有情节的，那么构成部分的整体也是有情节的。整体的历史肯定会比某一时期的历史更连贯、更有条理、更充满情节。历史学家的任务就是考察历史单子（历史细节或者历史情节）以及整个历史情节。从这种意义上来说，历史就是历史情节。①

正如柯林武德、海登·怀特，西方史学家更擅长理论上的抽象思考，相对而言，重视史学实践的中国史学家也提出了类似的情节解释。当然，我们不会认为东西方史学家所说的"情节"意思是一样的。

张耕华指出，吕思勉在其1945年出版的《历史研究法》中论述过类似后现代情节建构的理论。他说：

> 历史上的年代如此之长，事实如此之多，即使我们所搜辑的范围，和从前人一样，亦不易有完备之日。何况研究的范围，是时时变动的，无论你方法如何谨严，如何自许为客观，入于研究范围之内的，总是反映着其时代所需要。一物有多少相，是没

---

① ［英］柯林武德：《历史哲学的性质与目的》，第178—183页。

有一定的，有多少人看，就有多少相（因为没有两个看，能占同一的空间和时间）。看的人没有了，就相也没有了。哲学家说："世界上没有两件相同的东西，因为至少它所占的时间和空间是两样。"然则以不同地域、不同时代的人，看起历史上的事件来，其观点如何会相同？观点不同，其所见者，亦自然不同；所觉得要补充，要删除的，自亦随之而异了。所以史学一日不息，搜辑之功亦即一日而不息。……真正客观的事实，是世界上所没有的。真正客观的事实，只是一个一个绝不相联属之感觉，和做影戏所用的片子一般，不把它联属起来，试问有何意义？岂复成为事实？所谓事实，总是合许多小情节而成，而其所谓小情节，又是合许多更小的情节而成，如是递推，至于最小，仍是如此。其能成为事实，总是我们用主观的意见，把它联属起来的。如此，世界上安有真客观的事实？既非客观，安得云无变动？这话或者又说得太玄妙些，然而一件事实的真相，不但限于其外形，总得推见其内部，这总是人人可以承认的。如此，则因社会状况的不同，人心的观念即随之而变，观念既变，看得事情的真相，亦就不同了。……史事的订正，又安有穷期呢？搜辑永无穷期，订正永无穷期，历史的当改作，即已永无穷期，何况历史不是搜辑、考订了便算了事的，还要编纂成功，给大家看，而看的人的需要，又要随时不同的，然则历史安得不永远在重作之中呢？①

  单个的事实是绝对客观的，就如皮影戏的单个片子一样，但是如果史学家不把它连接起来，那么它就像克罗齐的编年史、海登·怀特的年代记一样没有任何意义。这些单个的事实连接起来会构成一个集合体，这个集合体由许多小情节构成，而小的情节又由许多更小的情节构成，以此类推，则最后

---

① 吕思勉：《史学与史籍七种》，第28—29页。

剩下的只会是编年史或年代记或单个片子了。由历史小情节构成的整体历史叙述才是有意义的，而这些意义是要由史学家赋予的。

钱穆亦有类似表述，他说：

> 事情有大有小。一件大事之内，可包括许多小事。许多小事，会合成一件大事。如读史，汉高祖、楚霸王相争，此是件大事。鸿门之宴，垓下之围，都是其间的小事。但小事中还可分出小事。如鸿门宴中有项庄舞剑，垓下围中有虞姬自刎。而此诸小事中仍可分出几多小事来。如此分析下去，在一件事中，不晓得有几多小事可说。其实楚汉相争，在历史上也只是小事。只要我们讲历史的换上一个题目，如讲"西汉开国"，那么楚汉相争也仅是一小事。又若再换一题目，讲"两汉兴亡"，则两汉开国也变成一小事。诸位当知，一切事，要活看，不能死看。不要硬认为当真有这么一件一件事。只因我们在历史过程中定下几个题目，遂若真有这么一件一件事可以分开。真的历史则并不然。把来分作一件一件事的，只是人为的工作。所以历史事件可分也可合。如说"秦汉统一"，此乃由古代的封建政府转成为此下的郡县政府，这在中国历史上是一件大事。若如此看法，便又把秦代开国和汉代开国两事合成了一事。我们若把夏、商、周三代认为是"封建的统一"，秦汉以下称为是"郡县的统一"，如此来讲中国历史，岂不把四千年历史只分成了两节，只是由分而合、由小而大一件事，此一件事中便可包括一切变化一切事。[1]

---

[1] 钱穆：《中国史书发微》，台北：联经出版事业有限公司，1998年，第86页。彭刚注意到了历史事实的结构性和层次性，认为历史事实具有不同的层次，大事实统摄和包含着小事实，构成小事实的背景网络，比如楚汉大格局、垓下之围、霸王别姬绝唱就分别是三个不同层次上的事实，并称对此问题的理解是与刘家和讨论的结果。参见彭刚：《叙事的转向：当代西方史学理论的考察》，北京：北京大学出版社，2009年，第187页。未知刘家和、彭刚的讨论是否导源于钱穆所论。

在钱穆看来，所谓的大事件或者小事件是相对而言的，小事件可以由更小的事件合成，大事件也可包括在更大的事件中，将历史事件看成大事件还是小事件，取决于史学家心中要建构的历史主题，史学家在此有更大的主体能动性。

由上可得，柯林武德的历史情节、吕思勉的历史小情节、钱穆的大小事件以及海登·怀特的情节结构模式都认为，单个历史事件如果不经过史学家有系统、有主题地编排和组织，那么这些单个的历史事件是没有意义的。只有史学家主动、有意识地让这些小事件之间发生关系，并且组成一个主题鲜明、有一定思想的整体历史时，这样的历史才是有意义的历史。历史事件的组合和分离是史学家的能动意志所为，由此也赋予了史学家极大的主体能动性。

肯定史学家对事件的能动选择及组织材料，最早可以追溯到尼采（Friedrich Nietzshce），继之有克罗齐、柯林武德、卡尔·贝克尔（Carl Becker）、比尔德（Charles A. Beard）、卡尔等。一般来说，历史书写需要三个步骤。第一步，确定单个别事实的真伪，形成众多的单称历史判断。第二步，将这些历史判断按照编年的方式逐个排列起来，形成一个编年史。第三步，按照编年史的顺序将史实加以连贯，形成一个历史故事，或者一种可理解的历史解释。诚然，在第一步、第二步中，也不可避免会有史学家的主体意识发挥作用，但总体来说，史学家在史实的真伪、编年史中史实的安排上，还是可以达成共识的。如，秦始皇于公元前221年统一六国，建立汉朝的是刘邦而不是项羽，等等。而一个完整的、有生命的、可理解的历史书写自然不会停留在第一步、第二步上，它必然要将编年史中的事实连贯成一个可理解的故事或者解释。在已认识到19世纪客观主义史学家的"让历史事实自己说话"是一个神话后，我们知道历史事实要想说话，必须通过史学家之口来完成。在历史书写中，史学家不可能将所有已知的史实都列入一个有意义的序列中，他必然要对事实有所选择。因此，选择事实就成了史学家必不可少的工作。选择哪些史实,让哪些史实说话,让史实以何种方式说话,让史实什么时间说话在很大程度上就取决于史学家。卡尔说:

> 事实的确不像鱼贩子案板上的鱼。事实就像在浩瀚的,有时也是深不可测的海洋中游泳的鱼;历史学家钓到什么样的事实,部分取决于运气,但主要还是取决于历史学家喜欢在海岸的什么位置钓鱼,取决于他喜欢用什么样的钓鱼用具钓鱼——当然,这两个因素是由历史学家想捕捉什么样的鱼来决定的。①

克罗齐在他的名著《历史学的理论和历史》中区分编年史和历史的差别时也说:

> 在历史中存在紧密的联系,而在编年史中则无联系;历史有逻辑顺序,而编年史只有编年顺序;历史深入事件核心,而编年史只停留在事件的表面或外观,诸如此类。……编年史和历史不是作为两种互补或隶属的历史形式,而是作为两种不同的精神态度,得以区分。历史是活的历史,编年史是死的历史;历史是当代史,编年史是过去史;历史主要是思想行动,编年史主要是意志行动。②

在克罗齐看来,历史和编年史的根本区别是两种不同的精神态度,历史是活的,编年史是死的。而历史之所以为历史,就是因为它是经史学家思考过的编年史。只有经过史学家思考并赋予编年史一定的意义时,历史才成为历史。克罗齐的理论中蕴含着这一层意思:所谓的历史一定是经过史学家主观选择的编年史,没有史学家的选择和编排,编年史就是死的。顺此而下,似可推演出历史不是由单个事实拼凑成的一篇没有意义的文本,而是有着某种经过史学家赋予书写意义的文本。

---

① [英]E.D.卡尔:《历史是什么?》,第108页。
② [意]贝内德托·克罗齐:《历史学的理论和历史》,第11页。

由于史学家心中所要表达的主题不同，关于同一历史事件可能形成不同形式、不同意义的历史叙事。比如，关于法国大革命，可以写成正剧、喜剧，还可以写成悲剧、闹剧。不同形式的情节叙事都可以获得史实的支持。如果我们回到关于隋炀帝的叙事，就会发现有两种不同的叙事方式。①通过比较，我们发现，历史叙事从一个点（单个历史判断）、线（编年事件）出发，到建构一个立体的历史叙事，在不违背史学规范的情形下，史学家可以排列出不同组合的历史叙事。

这种类似排列组合的叙事自然不同于编年史，它更像建筑家在收集到有关建筑物的钢筋、混凝土、钢板等材料后，按照商家的要求或者自己的喜好建成风格各异的建筑物。如此我们就会看到有法国的埃菲尔铁塔、迪拜的迪拜塔、吉隆坡的双子塔、美国的帝国大厦、台北的101大楼等风格迥异的建筑。在史学家排列事实的过程中，包含着一定的想象，这种想象不仅仅是按照时间顺序简单排列起来的，而且要在历史空间上进行必要的建构。②

由上可得，海登·怀特的情节编织理论并不是凭空产生的，在史学理论的梳理中也大致可以找到它发展的内在理路。③中西史学家在基本层面

---

① 例子见本章第二节。

② 旅行家马可·波罗与比萨作家鲁思梯谦在监狱中合撰了《马可·波罗行纪》。出于历史叙事的需要，张广智虚拟了一段两人在监狱中关于马可·波罗在中国旅行的对话。对话的形式可以使读者拉近与那个时代的距离，在空间上仿佛读者与马可波罗、鲁思梯谦共处一室，倾听他们的谈话。当然，这也是作者的一种历史叙事的建构了。参见张广智：《克丽奥之路——历史长河中的西方史学》，第65—68页。

③ 杨·范·德·杜森认为，柯林武德关于建构性想象的观点及其历史叙事观与后来的语言学转向有着不少一致性。海登·怀特尽管不了解柯林武德论历史叙事的著作，但高度赞扬柯林武德关于建构性想象的观点。他也谈到柯林武德"坚决主张历史学家首先是一个讲故事的人"，海登·怀特特别提及柯林武德的就职演说《历史想象》，并且以"十九世纪欧洲的历史想像"一名作为"元史学"的副标题。因此，柯林武德应该被当作"语言学转向"的一位先驱。参见杨·范·德·杜森：《为历史想象辩护：捍卫人的因素与叙事》，见［加拿大］南希·帕特纳、［英］萨拉·富特主编：《史学理论手册》，余伟、何立民译，上海：上海人民出版社，2019年，第84页。

上有着某种内在的沟通,亦可以得出以下一致的结论:史学家进行历史书写时,要对史实有个筛选的过程,选择哪些史实,遗弃哪些史实,让这些史实如何出场、何时出场,让它们出场时说些什么,都需要史学家做出抉择。史学家对史实的编排是受史学家写作目的和前提假设影响的,因此,不同史学家编排出来的史实会有不同的主题。海登·怀特在此基础上进一步提出,史学家由上述步骤会编排出不同的叙事主题,这些叙事主题可能会以喜剧、悲剧、浪漫剧、闹剧的形式出现,情节结构的选择就是史学家想象构建的结果。就像海登·怀特所言:

> 历史学家创造的是对于过去的想象性形象(imaginative images),它有着一种功能,正如同一个人在自身个体的想象中对往事的回想。这就是我有时会强调我那本书的副标题中的"历史想象"的缘故。因为,想象某一个东西,就是要建构它的形象。你并不是光建构过去,然后用某个形象来表陈它。①

史学家如何去建构想象的历史呢?他说:

> 没有任何给定的偶然记录下来的历史事件自身就能够自行构成为一个故事;它所能够给历史学家提供的,顶多不过就是一些故事元素;事件被锻造成为故事,是通过排斥或贬抑其中某些事件,突出其他一些,通过描述、基调的重复、声调和视角的变化、交替的描述策略等等——简而言之,一切那些我们通常会是在构思一部小说或一出戏剧时的情节化过程中所找到的那些技巧。②

史学家赋予故事不同的意义,形成不同的结构。不同主题所赋予的情节化模式不是固有的、单一的,而是有着多元性。他说:

> 没有任何特定的实在事件的序列或系列内在地就是悲剧的、喜剧的、滑稽剧的等等,而是只能经由将某种特定的故事类型的

---

① [波兰]埃娃·多曼斯卡编:《邂逅:后现代主义之后的历史哲学》,第41页。
② 转引自彭刚:《叙事的转向:当代西方史学理论的考察》,第30页。

结构施加于事件之上,才将其建构成了如此这般的模样,赋予事件以意义的,是对于故事类型的选择并将其施加于事件之上。①

因此,海登·怀特提出:"不同的史学家对同一现象可以提出十分不同乃至截然对立,但又同样似乎可能的解释而不至于歪曲事实,或违背通行的处理证据的准则。"②

第三节 情节建构性想象在历史书写中的使用

在《元史学:十九世纪欧洲的历史想像》中,海登·怀特通过对19世纪的四位历史学家(米什莱、兰克、托克维尔、布克哈特)和四位历史哲学家(黑格尔、马克思、尼采、克罗齐)的考察,认为自己的理论适用于西方历史学家和历史哲学家的著作。那么,海登·怀特的情节结构构建的想象理论是否可以在中国的历史文本中找到回应呢?这里试以史学家对隋炀帝叙事的例子予以说明。隋炀帝在位期间大致做了以下几件事:(1)营建东都;(2)开凿运河;(3)修复长城;(4)开凿驰道;(5)三征高句丽;(6)亲征突厥。这些都是纯粹的历史事件,按照海登·怀特的看法,这是一个简单的编年史,但要成为一个有主题的、有意义的历史叙事,需要经过史学家的谋篇布局。而史学家在对隋炀帝进行叙事时,大概就得以这几件事为中心来组织叙事了。我们试看下面两个文本。

文本一:

隋炀帝杨广是历史上最突出的暴君之一。……对内采取疯狂的血腥统治;对外则发动大规模的侵略战争。为了满足剥削者的无穷

---

① 转引自彭刚:《叙事的转向:当代西方史学理论的考察》,第28—29页。
② 转引自[美]乔治·伊格斯:《介于学术与诗歌之间的历史编纂——对海登·怀特历史编纂方法的反思》,王贞平译,《史学史研究》2008年第4期。

欲望，以杨广为首的隋朝统治者，便不顾一切，以政治暴力手段，残酷地压榨广大人民群众。在短短的十几年中，建筑了许许多多的华丽宫殿，修复了数千余里的长城，沟通了长达五千余里的运河，开凿了数千里的驰道，同时也发动了千百万人参加的侵略战争。黑暗笼罩着全国，人民生活陷于痛苦的深渊。隋炀帝的一切残暴行为，决不能认为是个人问题，它反映了封建统治阶级的基本面貌。①

文本二：

　　隋炀帝骄奢暴虐，淫荒无度，好大喜功，刚愎自用，穷兵黩武，大兴土木，恃仗富庶而滥用民力。不过，他的重大举动中也有数项初衷并不错，甚至可说颇有远见。其一，营建东都。旧都长安局踏西北，欲控制全国，尤其是迅速发展的江南地区，实有鞭长莫及之虞，故即位当年就下诏营建东都洛阳。建成的新都规模宏大，人口众多，是当时的政治、军事中心和最大的商业城市，运河修成后，还成为全国的漕运中心。凭借这一基础，后来的唐朝也长期以洛阳为东都。其二，开凿运河。为加强与经济发达的江淮、江南地区的联系，加强对北方边地的控制，公元605年，隋炀帝下令开运河。修成的大运河对加强南北联系，促进经济文化交流和国家的统一，在当时及后世，皆起过重大作用。其三，经营西域。隋炀帝亲征吐谷浑，拓地数千里，在今青海、新疆设立四郡，控制了中原通往西域的门户。②

　　文本一"建筑了许许多多的华丽宫殿"是指（1）营建东都，"修复了数千里的长城"是指（3）修复长城，"沟通了长达五千余里的运河"是指（2）开凿运河，"开凿了数千里的驰道"是指（4）开凿驰道，"发动了千百万人参加的侵略战"是指（5）三征高句丽、（6）亲征突厥。文本

---

① 吴枫：《隋唐五代史》，北京：人民出版社，1958年，第31—32页。
② 王家范、张耕华、陈江：《大学中国史》，第226—227页。笔者引用时对原文语句次序有所调整。

一运用了所有隋炀帝在位期间所做的事来组织表达主题。文本二则挑选了（1）营建东都、（2）开凿运河、（6）亲征突厥（文中的"经营西域"）来组织叙事。同样一个隋炀帝，前者的叙述反映出隋炀帝在历史上没有留下什么功绩，完完全全是个暴君，给出否定的描述；后者则先叙述隋炀帝在历史上消极的一面，然后叙述隋炀帝营建东都、开凿运河、经营西域等在历史上也有积极的效果，给出相对较为肯定的描述。①可见，史学家挑选历史事件进行历史叙事时，可能会对历史事件进行不同的编排，这种不同的编排亦表达出不同的主题。②

其实，即使历史素材的排列顺序完全相同，叙事的主题也可能大相迥异，这里以孝文帝改革为例。北魏孝文帝改革时大致做了以下几件事：（1）迁都洛阳；（2）禁胡服、断北语；（3）改姓氏、禁归葬；（4）定族姓、通婚姻。不管是哪种叙事文本，书写孝文帝改革都应包括这几件事，我们来看下面两个文本。

文本一：

> 490年，冯太后去世后，孝文帝继续进行改革，他改革的主要措施有：一，迁都洛阳。因原都城易受柔然侵扰，更因风气保守，于是孝文帝决定迁都洛阳。二，禁胡服、断北语。朝廷禁止胡服，

---

① 笔者不是比较两种叙事哪种更客观，哪种叙事更贴近历史事实，而仅仅是指出同一个隋炀帝可以编排成两种不同结构的叙事。

② 张耕华认为关于明代的"胡惟庸案"和"契丹的南北面官职"就各能写出至少两种不同主题的叙述。参见张耕华：《历史哲学引论》（增订本），第121—122页。彭刚对二战时德国对英国广播首席播音员威廉·乔伊斯之死进行了三种"文本游戏"。参见彭刚：《叙事的转向·当代西方史学理论的考察》，第173—174页。廖卓成在他的博士论文《自传文研究》中有一节"不同版本的真实"，以《沈怡自述》和《沈鹰懿凝自述》为例做了分析，沈怡与沈鹰为兄弟，据两人自传记载，从相识到金婚，白头偕老，相亲相爱。关于从相识到结婚，理应印象深刻，但两人自传中关于这一经过却出现了这种情况：有些事彼有此无，或同记载多事但先后次序矛盾。因此，"真实"竟然可以有不同的"版本"。参见廖卓成：《自传文研究》，台湾大学中国文学研究所博士论文，1992年，第131页。

· 181 ·

改穿汉服；禁止在朝廷使用鲜卑语，改说汉语。三，改姓氏、禁归葬。命令改鲜卑复姓为单音汉姓，迁居洛阳的鲜卑人一律以河南洛阳为籍贯，死后不得还葬代北。四，定族姓、通婚姻。以先世和当代的官爵高低制定门阀制度，提倡鲜卑贵族与汉族士族联姻通婚。孝文帝实行的这一系列汉化措施，积极地推进了北方的民族大融合，加速了北魏政权封建化的进程，同时也推动了社会经济的复苏与繁荣。

文本二：

490年，冯太后去世后，孝文帝继续进行改革，他改革的主要措施有：一，迁都洛阳。因原都城易受柔然侵扰，更因风气保守，于是孝文帝决定迁都洛阳。二，禁胡服、断北语。朝廷禁止胡服，改穿汉服；禁止在朝廷使用鲜卑语，改说汉语。三，改姓氏、禁归葬。令改鲜卑复姓为单音汉姓，迁居洛阳的鲜卑人一律以河南洛阳为籍贯，死后不得还葬代北。四，定族姓、通婚姻。以先世和当代的官爵高低制定门阀制度，提倡鲜卑贵族与汉族士族联姻通婚。孝文帝实行的这一系列汉化措施使鲜卑拓跋族没有了自己的语言，没有了自己的姓氏，没有了自己的服饰，没有了自己的血统，如此一来，鲜卑拓跋族便彻底失去作为一个民族的独立性、主体性，从而完全与汉族同化。[①]

以上两种叙事文本都包括孝文帝改革所做的四件事情，且叙事顺序完全一致，但由于史学家所处的立场不同，因此就出现了两种不同"味道"的叙事主题。在第一种叙事方式中，读者自能感觉到叙事主题是对孝文帝汉化措施的极大肯定，字里行间洋溢着对孝文帝改革的表扬和赞同；而在

---

① 上述两种叙述方式笔者参考了黄朴民的《北魏孝文帝"全盘汉化"的不归之路》(《中华读书报》2013年4月10日) 一文。关于"淝水之战"最初的叙述中也有两种不同的叙述方式，北方的叙述是以"苻坚战败"为主题，南方的叙述以"谢氏战胜"为主题。参见陈俊良：《历史制作与想像——唐初与南宋对"淝水之战"在诠释上的不同》，《史学汇刊》2003年第18期。

第二种叙事方式中,对于孝文帝改革使拓跋鲜卑失掉自己作为一个民族的独立性、主体性的遗憾,甚至有一点批评的意味,总体上是一种保守的叙事方式。可见,即使是相同的历史素材,经过相同的组合,也可产生出不同的阅读效果,显示出不同的主题。就像内尔森·古德曼所说的,根据不同的参照系,"太阳总是运动"和"太阳从不运动"这两个陈述都可以是真实的。①

由上可见,同样的事实置入不同的情节,价值、意义和重要性都会发生变化。以1914年战争为例,如果要写一部军事史,那么凡尔登战役肯定是主要事件,但它还包含一系列其他战役,如马恩河战役、香槟地区战役、索姆河战役、达姆战役等,其中,西班牙流感只是一个小插曲。然而如果是涉及战争人口史问题,那么提出的问题将与战争有密切关系,凡尔登战役只因为其伤亡人数而出现在战争人口史中。相反,如果涉及一战的社会和政治史,那么,凡尔登这种城市具有象征意义,一战中其他任何战役都没有这么多法国军队被源源不断地送上战场等,这些就使得凡尔登战役成为举足轻重的情节。安托万·普罗斯特说得好:"选择事实,构建事实,从事实中得出诸种面相,赋予事实以重要性,这些都取决于情节的选择。"②

在对海登·怀特的观念做了这样的举例分析后,读者是不是觉得这种叙事模式并不是什么新鲜的东西,而有种似曾相识的感觉?是的,这种叙

---

① 转引自[荷兰]充里斯·洛伦茨:《跨界:历史与哲学之间》,高思源等译,北京:北京大学出版社,2015年,第53页。
② [法]安托万·普罗斯特:《历史学十二讲》,第220页。保罗·利科认为所有历史学都包含叙述维度,以布罗代尔的《地中海》为例,此书将三个情节套在一个大情节里面。第三部分是政治情节,第二部分是局势的准情节,第一部分是静止的描述。书中一个套一个的三个情节构成了地中海衰落这个大情节,就像一出世界史尤为偏好的戏剧。此处,地中海正是历史学的主人公。情节的结局是分享这个空间的奥斯曼和西班牙两大帝国之间的冲突结束,以及经济和政治中心转向大西洋和北欧。如果不在这个大情节内部、在二部分之间将它们整合起来,就理解不了这个结局。参见[法]安托万·普罗斯特:《历史学十二讲》,第225页。

· 183 ·

事模式在我们日常的新闻报道中经常见到。1981年5月28日早晨，在美国阿克伦市一座拥挤的教堂里，一位自称索杰纳·特鲁斯的女性站起来，在俄亥俄州妇女大会上发表了一番演讲。索杰纳·特鲁斯，过去曾是个奴隶，她所说的内容有两种记载。

第一种：

> 我可以说几句话吗？……我是一个坚持妇女权利的人。我有和男人一样多的肌肉，可以做和男人一样多的工作。我犁地、收割、脱壳、砍伐、除草，哪个男人能做得比这更多？我多次听说过性别平等。我能扛得和男人一样多，也能吃得和男人一样多，要是我能得到那么多食物的话。我和在场的任何男人一样强壮。至于智力，我只能说，要是女人有一品脱而男人有一夸脱的话——为什么不能让她装满自己的一小品脱呢？你们用不着担心我们拿走太多而害怕给我们的权利——因为我们没法拿走比我们的品脱更多的东西。可怜的男人似乎慌乱不堪，不知如何是好。……我听说过《圣经》，知道夏娃让男人犯下了罪孽。好吧，要是一个女人推翻了这个世界，就给她个机会把它再翻过来吧。那位女士说到耶稣是怎么不弃绝女性的，她说得对……耶稣是怎么来到这个世界的？是通过创造他的上帝和生下他的女人。男人，你的作用在哪儿呢？……但男人待在一个紧张的地方，贫穷的奴隶要针对他，女人也要针对他，他当然就两面受敌了。

第二种：

> 好了，孩子们，这么吵吵闹闹的准是出了什么问题。我想，南方的黑人和北方的女人都在谈论权利，白人男性很快就会遇到麻烦了。……我不是一个女人吗？看看我，看看我的胳膊……我犁地、播种、把粮食收进粮仓，没有人听得见我说话——我不是

一个女人吗？我可以干的和男人一样多，吃得和男人一样多（在我有那么多食物的时候），还要承受责骂——我不是一个女人吗？我生了十三个孩子，眼看着他们大多数被卖去做了奴隶，当我带着母亲的悲痛哭喊的时候，除了耶稣之外没人听见——我不是一个女人吗？当他们谈论头脑［智力］的时候，是怎么看待女人的权利和黑人的权利的呢？要是我的杯子只能装一品脱，而你们的可以装一夸脱，你们为什么不让我们把小小的一半容器装满呢？……那个穿黑衣服的小个子男人［一位牧师］，他说女人不能有和男人一样的权利，因为耶稣不是女人。你的耶稣是从哪儿来的？……从上帝和一个女人。男人跟他毫无关系。①

　　同样的一次教堂演讲，同样的演讲者和观众，采用不同的叙事方式，就出现了由一位白人男性和白人女性作家写的关于特鲁斯讲演的两个版本。第一个版本显示的这是支持妇女权利的一场集会，听众都充满敬意地聆听。第二个版本表现的则是这个集会是由傲慢男性和羞怯女性组成的充满敌意的人群。在我们所见的新闻报道中，这样的事件屡见不鲜。而这里就产生了诸多问题，在纷繁复杂的报道中，哪些报道是值得我们相信的？为什么会出现此类现象？报道中掺杂了多少个人的情感因素、价值观，又有多少是意识形态使然？这固然不属于本书讨论的主题，但在媒体报道渠道多元化的今天，同一个新闻事件会出现多种不同的报道，鱼龙混杂，读者应如何理性地从众多报道中辨别真实事件的来龙去脉也是一个需要注意

---

① ［英］约翰·H. 阿诺德：《历史之源》，李里峰译，南京：译林出版社，2013年，第114—116页。

的问题。①

海登·怀特认为在不违背史学"家法"的基础上，根据不同的叙事主题，史学家可以选择不同的历史事件进行不同的叙事建构方式。由上述隋炀帝的例子可知，海登·怀特的情节建构堪为灼见。其实，由孝文帝改革的例子，我们还可进一步延伸，即使是选择相同的历史事件，按照相同的顺序进行历史叙事，也可能建构出不同的主题。

第四节 大屠杀可以建构想象成喜剧吗？

由上可得，史学家可能会按照相同的或者不同的历史素材建构出不同的主题叙事，这里引出一个问题来，如果出现两组甚至更多组不同的历史叙事，那么如何判定哪组历史叙事更符合历史真实呢？我们知道，历史早已烟消云散，史学家从单称的历史判断，到选择编年史中的一些历史事件，最后组成历史的整体叙事，这个叙事是否符合历史事实是很难实证的，这也是不可否认的客观事实。那么，碰到这种情形史学家应该如何处置呢？

诚然，史学家对叙事主题的安排是史学家历史观点或者态度的表达，那么在这些主题构成的不同历史叙事中是否有高低、优劣之分？通过上文我们知道，历史叙事都含有史学家独特的视角和关注点。对于同一个历史

---

① 张耕华指出，事实经过筛选、组合和编排，可以给读者带来完全不同的阅读效果。人们常说历史是胜利者书写的，因此，经过筛选、组合和编排的事实是反映胜利者需要的"主题"叙述。这些"主题"叙述仅是历史的一部分，还应当知晓被胜利者屏蔽的历史，知晓一些非胜利者的"主题"叙述，只有这样，对于历史的真实情形才会有比较贴切的把握。当知晓了历史叙述如何生成后，我们就有能力判别历史书写中的"谎言"了。参见张耕华：《从谎言中读出真相》，《南方周末》2013年11月28日。

事件，有学者从认知论的视角，有学者是透过道德（文化）的视角，有学者侧重于伦理的层面，还有学者可能是综合三个方面去分析。不同视角下著作的优劣、高下之分，已有学者论述过①，需要指出的是，此书中优劣、高下的区分有的是类似黑白之间的区分，有的是有前提假设的。黑白之分相对一目了然，但这样的比较似乎就将问题简单化了，也逃避了一些问题。如果我们拿浅青绿和浅绿色来比较，那还能容易地分辨出来吗？李白的诗与打油诗，莫扎特的曲子和现代社会流俗歌曲，其高下、优劣之分看似一目了然，其实这样的比较是有前提假设的，即面对的是有一定语文功底和鉴赏水平的人群。如果我们换个前提假设，去问没有多少文化的群体，哪首诗句或者歌曲更美，也许这个群体会说后者的诗句和流俗歌曲更美。同样的道理，在史学家眼中，吕思勉的《白话本国史》、钱穆的《国史大纲》、张荫麟的《中国史纲》以及缪凤林的《中国通史要略》，这四本著作的高下、优劣如何比较呢？

海登·怀特认为："'历史'作为可以证实事件发生的大量文献，能根据众多不同且同样有说服力的关于'过去发生了什么'的叙述记录整理出来。""任何研究中的事物不是只有一种正确的观点，而是有许多正确的观点，每一种观点都要求有其自身的表达方式。""我们不能指望康斯特布尔和塞尚在一特定风景之中看到同样的事情。"②也就是说，海登·怀特认为这些不同的历史叙事不仅不冲突，且是可以共存的，它们都属于史学家对历史的一种洞见。这自然让我们想起了沃尔什的配景论，配景论的

---

① 彭刚：《叙事的转向：当代西方史学理论的考察》，第183—185页。
② ［美］格奥尔格·G. 伊格尔斯：《学术与诗歌之间的历史编纂：对海登·怀特历史编纂方法的反思》，第12页。

要点是历史学家之间存在着无法简约的不同观点。①沃尔什说:"每一个历史学家对于实际发生的事都有着某种洞见,因为对于每一个人来说,过去都是按他的观点而被显示出来的。以艺术活动来做类比,在这里仍然是有用的。正如一个肖像画家是从他自己的特殊观点来看他的主人公的,然而却可以说是他对于那个主人公的'真实'性质有着某种洞见。"②如果我们把沃尔什话中的观点换成叙事主题,那么这样的话语放到这里也算是合适的。史学家所选择的事实组成的含有某种主题的历史叙事,就是史学家对历史事件的某种观点或者看法,而这种观点或者看法就是对历史的一种理解或一种洞见。海登·怀特理论的创新之处在这里就反映出来了,他将文学理论的剧幕形式引入历史学,认为历史学应该按照史学家的主体愿望来书写不同的情节剧,这些不同的情节剧可能是喜剧,可能是悲剧,可能是浪漫剧,也可能是讽刺剧,由此给了历史书写极大的开放性。

在海登·怀特看来,编年史只有经过史学家的选择、剪裁、排比,形成有开头结尾的故事,历史才成为历史,历史也才有了生命、有了意义。自然科学有一套专业的术语,而历史学却没有。史学家讲故事或者进行历史书写时使用的是我们的日常语言,而日常的语言有各种模糊性、各种意义(用怀特的话讲,就是比喻)蕴于其中。由于历史学与文学一样都

---

① 张耕华发现李凯尔特有类似沃尔什配景论的思想。李凯尔特认为历史科学的客观性是一种与自然科学不同的客观性,历史科学具有不可避免的主观性和价值观,因此所得的叙述只会对一定范围的人有效,一种历史叙述都是从特定文化领域的观点来叙述。这些不同视角之间没有高低之分。参见张耕华:《历史哲学引论》(增订本),第198—199页。此外,西美尔也有类似沃尔什配景论的思想,西美尔认为作为一种政治史题材的马丁·路德与作为一种心理史题材的马丁·路德之间似乎不可比较,每一种研究视角都有各自的价值,每一种解释可能都是真理,因为这是"符合其自身内在真理标准的"解释,而这两种解释没有高低、优劣之分。参见[德国]格奥尔格·西美尔:《历史哲学问题——认识论随笔》,陈志夏译,上海:上海译文出版社,2006年,第19—21页。

② [英]W. H. 沃尔什:《历史哲学导论》,第115页。

是通过这种日常语言来表述,因此,历史学和文学没有什么大的区别。对海登·怀特来讲,过去不具有任何意义,编年史也不具有任何意义,唯有经过史学家编排讲述的故事才有意义。既然如此,这就缩小了文学与历史学的差异。在某种程度上,历史学也是虚构的。海登·怀特的"历史的本质就是虚构"淡化了史学与文学之间的差别,在历史学界激起了不小的震动,史学家为了捍卫历史学的真实性和史学家的尊严不断与海登·怀特进行论辩,而对其理论"杀伤力"最大的莫过于史学家这样的质问:二战德国对犹太人的大屠杀难道是虚构的吗?大屠杀可以写成怀特所说的喜剧和闹剧模式吗?[1]面对这样的质疑,海登·怀特自然不敢怠慢,也不容置之不理。

对于大屠杀的真实性,海登·怀特肯定不能怀疑,他的态度非常明朗,"自从亚里士多德以来,历史事件就已经约定俗成地以表现其差异性的方式与虚构事件区分了开来。历史学家关心的是可以归到特定时空位置的事件,是可观察和可感知的事件,而虚构性的作者——诗人、小说家、剧作家——关心的既有这种事件也有想象的、假设的或臆造出来的事件"[2]。历史和虚构是有区别的,历史是可感知的、可观察的,是实实在在存在于具体的时空中的,历史关注的是真实发生过的历史事件;而诗人、小说家、剧作家主要关心的是虚构、想象、臆造出来的事件。而对于史学家质疑大屠杀可以写成喜剧或者闹剧,数十年前在海登·怀特与伊格尔斯的辩论中,伊格尔斯就曾用此来质问海登·怀特。对此,海登·怀特认为

---

[1] 艾文斯就有这样的质疑:"奥斯维辛不是一个话语,将集体屠杀看作文本,太轻描淡写了;毒气室不是一种修辞,奥斯维辛本质上就是一场悲剧,不能被当作喜剧或闹剧。"参见[英]理查德·艾文斯,《捍卫历史》,张仲民、潘玮琳、章可译,桂林:广西师范大学出版社,2009年,第124页。

[2] 转引自[美]詹姆斯·E.扬文:《试论纳粹屠犹获得的历史》,卢彦名译,见陈恒、耿相新主编:《纳粹屠犹:历史与记忆》,郑州:大象出版社,2007年,第260页。

说:"大屠杀是否可以被随意情节化,通过运用在西方文学标准中可以找到的全部情节结构,包括喜剧和闹剧。我没有说事实拒绝把情节化的大屠杀当作闹剧;我是说把它如此情节化对绝大多数观众来说,无疑是乏味的和厌恶的。我援用道德和美学的标准,而不是事实的标准来决定选择情节结构,运用于关于大屠杀的叙述之中。"①从回应中可以看出,海登·怀特之所以认为大屠杀不能当作闹剧或者喜剧去叙述,是因为这样的叙述不符合大众心中的道德观念和审美观念。单一的叙事模式会令大众厌恶,且使大众失去阅读或者关注的兴趣。显然,这种回答还是坚持《元史学:十九世纪欧洲的历史想像》中的观点,即情节结构的选择不是出于认知方面,而是出于伦理和审美方面。在一次讨论大屠杀的会议上,海登·怀特的语气似乎有些变化,他说:"我们是否可以说真实的事件是内在的悲剧性、喜剧性的或者史诗性的,以至于说这些事件的再现也可以作为悲剧性的、喜剧性的或者史诗性的故事得到实际的准确性评估?"②虽然有了一些温柔的变化,但他还是举例子说,阿特·史匹格曼在《浩劫余生》中"喜剧性"地处理了他父亲在奥斯维辛的存在。③似乎在说,大屠杀也是可以用他的情节结构来处理。即使如此,海登·怀特还是明确地说:"如果是以比喻方式表达真实事件而失去了真实的原则,我们在进行评估的时候就要考虑其真实性问题了。""看起来在事实'内容'的特殊实体和叙述的特殊'形式'以及采用的规则之间存在不同的问题,这种规则规定一个严肃的主题——比如大量屠杀或种族灭绝——要求一种高尚的文类——比如史诗

---

① [美]海登·怀特:《旧事重提:历史编撰是艺术还是科学?》,陈恒译,见陈启能、倪为国主编:《书写历史》(第1辑),第27—28页。
② 转引自[美]詹姆斯·E.扬文:《试论纳粹屠犹获得的历史》,见《纳粹屠犹:历史与记忆》,第259页。
③ 转引自[美]詹姆斯·E.扬文:《试论纳粹屠犹获得的历史》,见《纳粹屠犹:历史与记忆》,第260页。

或悲剧——达到其正确的表述。"①可见，海登·怀特的情节结构编织理论并不能覆盖所有的历史事件，像大屠杀就排除了喜剧、闹剧的表达方式，只能用悲剧来处理。②

海登·怀特认为史学家选择这种主题叙事而不是那种主题叙事，其依据是史学家审美、伦理的角度，而并不是认识论角度。③因此，在他的理论中，认知维度就出现了缺失，而这是他理论的一个致命漏洞。我们知道，如果纯粹以"为学术而学术"的观念来说，认知在历史学中扮演作用的重要性丝毫不少于道德的或者审美的维度，有时可能认知维度比伦理的或者审美的更重要。比如，《魏书》中有一篇关于尔朱荣的传，此传先叙述尔朱荣讨伐万子乞真、番和婆崘嶮、乞、步落坚胡刘阿如、敕勒北列步若、敕勒斛律洛阳、费也头牧子等。到葛荣作乱，载其请讨一疏。明帝死后，记载他请诛徐纥、郑俨一疏。立庄帝以后，记载他被封上柱国大将军一诏。擒葛荣以后，记载他被封大丞相一诏，又进位太师一诏。平元颢后，记载他被封天柱大将军一诏。等尔朱荣死后，又记载废帝追赠三道诏书。至于他逞凶滥杀、目无君主以及庄帝畏逼忧祸，计谋杀尔朱荣之事皆不记载。这样的叙述读者自然不会满意，因为这样的叙述给读者的感觉是尔朱荣"功多罪少"，其实不然。相比较而言，《北史》的叙述更令人信服。《北史》于尔朱荣讨伐万了乞真等小贼略略数言，其上疏和皇帝的诏书一律删除，而对尔朱荣于河阴屠杀朝臣以及庄帝杀尔朱荣之事绘声

---

① [美]海登·怀特：《历史情节的编织与真实性问题》，胡修雷译，见李宏图、王加丰选编：《表象的叙述——新社会文化史》，上海：上海三联书店，2003年，第180、181页。

② 海登·怀特曾说："我不认为有人能够接受将肯尼迪总统的一生情节化为喜剧的做法"。转引自彭刚：《叙事的转向：当代西方史学理论的考察》，第31页。

③ [美]海登·怀特：《元史学：十九世纪欧洲的历史想像》，序言第4页。

绘色，如实讲来，可见其人功罪皆有。①诚如有学者说："历史叙事、历史构图与历史实在之间的关联比之他（海登·怀特）所明确承认的要紧密得多。"②

此外，在历史学中，认知的、审美的、伦理的，甚至政治的维度相互缠绕在一起，互相影响，息息相关，有时很难把它们完全分割开来。再拿大屠杀来说，如果这是个学术问题的话，那么海登·怀特的情节结构构建理论完全可以适用。如果再极端一点的话，就算否认大屠杀的存在也是可以的。但在现实社会中，这么极端的看法是不被允许存在的。英国研究二战的历史学家大卫·欧文因为公开否认希特勒曾经屠杀600万犹太人，而受到其他史学家的诟病和批评。1989年，欧文出版了《勒赫特报告》，认为奥斯维辛集中营的毒气室不存在，那是英国人捏造处理的。在1991年再版的《希特勒的战争》中，欧文将"大屠杀"的字眼全部从书中删掉。由于这些不恰当的言论，从1992年开始，澳大利亚、加拿大、南非等国禁止欧文入境。同年，德国政府明确宣布欧文的观点是荒谬的，他的言论在德国被禁止。2005年11月，欧文在奥地利被警方逮捕。2006年欧文在法庭上承认自己否认大屠杀是一个错误，奥地利法院以其"公开否认大屠杀的罪名"判其入狱三年。基于此，针对二战时纳粹德国屠杀犹太人的历史，欧

---

① 赵翼：《廿二史札记校正》上，第281页。另如，华东师范大学"思勉原创奖"旨在"探索建立一套通过评价机制创新，促进人文社会科学研究创新机制，以期推动文化传承创新，鼓励当代人文学者潜心研究、勇于创新，产出国内一流、国际有学术影响力的原创性精品力作"。该奖每两年评选一次。2013年，笔者旁听了第二届"思勉原创奖"的整个评奖过程。就历史组来说，总共有六部著作，分别为王奇生的《党员、党权与党争》、李泽厚的《中国现代思想史论》、汪晖的《现代中国思想的兴起》、张广智主编的《西方史学通史》以及阎步克的《品位与职位》，在六部著作中推荐一部获得"思勉原创奖"。经过史学专家组的讨论，最后得出了完全一致的结论：第一部首推阎步克的《品位与职位》。显然，在评选的过程中，史学家的历史认知发挥了至关重要的作用。

② 彭刚：《叙事的转向：当代西方史学理论的考察》，第32页。

洲大陆法系国家纷纷通过立法予以确认，这些国家包括法国、比利时、荷兰、德国、奥地利、匈牙利、罗马尼亚等。欧盟也在《反种族主义和仇外框架决议》中引入了相关法理和法条。法律所禁止的言论包括：禁止否认屠杀犹太人的言论；禁止否认屠杀历史根本没有发生过，或者认为那段屠杀历史在方式和范围上并不像普遍认为的那么大等言论。[①]1929年，顾颉刚编撰的《中学本国史教科书》推翻了古史神话，就被时任山东教育厅厅长王鸿一提出专案，认为其书内容伤害了民族感情，要求查禁此书。吕思勉因对岳飞、秦桧史实的考证被诉诸公堂。[②]可见，在现实社会中，对一些历史事件的处理不仅关系到历史认知，还关系到政治、民族、道德等观念。也难怪以研究南京大屠杀而出名的张纯如说道："日本必须承认自己在南京犯下的罪恶，这不仅是一种法律责任，更是一种道德义务。"[③]而这似乎就证实了，任何语言叙事都可能会关涉政治，海登·怀特对此早已看得很透彻了，他说："对于任何一个事件领域，无论是虚构的还是真实的，都不存在什么价值中立的情节编织模式、解释模式甚至描述模式；意识形态问题还暗示：语言使用本身就暗含或伴随着一种对世界的特殊态度，这种态度是伦理的和意识形态的，或者一般来说是政治的，也就是说，不仅所有的阐释而且所有的语言都受到了政治的污染。"[④]

总之，关于后现代主义的领军人物海登·怀特，我们不应因为他说了"历史就是文学"之类的话将他视为史学界的异类，而应看到其理论的

---

① 《德国如何严惩否认南京大屠杀言行：立法判刑》，《环球时报》2012年3月22日。
② 张耕华：《人类的祥瑞：吕思勉先生传》，上海：华东师范大学出版社，1998年，第142—148页。
③ [美]张纯如：《南京大屠杀：第二次世界大战中被遗忘的大浩劫》，谭春霞、焦国林译，北京：中信出版社，第218—219页。
④ [美]海登·怀特：《话语的转义——文化批评文集》，董立河译，郑州：大象出版社，2011年，第137页。

合理之处。他洞见性地指出了史学家对历史会进行建构性想象这一观点，这个观点不仅适用于他所举的19世纪的四位历史学家（米什莱、兰克、托克维尔、布克哈特）和四位历史哲学家（黑格尔、马克思、尼采、克罗齐），而且在中国史学家的实践中也可以看到类似的举动。当然，海登·怀特的理论也有漏洞，如他可能太过低估历史认识对史学家书写历史的意义。

第六章 中学历史教学中的想象

中学历史教学界对历史想象的重视，中外相同。民国时期，课程标准中就有所要求。例如，1929年《初级中学历史暂行课程标准》指出："历史古迹的访问，足以引起学生对于前人或史事的想象。"1929年《高级中学普通科本国史暂行课程标准》指出："教者既当注意扩充本学程内的设备，同时更当就可能范围内领导学生，作实际的考查，以引起其想像力，增加其对史迹的了解。"1932年、1936年《初级中学历史课程标准》《高级中学历史课程标准》，1940年《修正初级中学历史课程标准》《修正高级中学历史课程标准》，1941年《六年制中学历史课程标准草案》皆保留了1929年暂行课程标准中关于想象或想象力的内容。王世光的研究表明，1949年后至20世纪末，1956年《初级中学世界历史教学大纲（草案）》中提到了"想象"，在"初中世界历史教学方法要点"中说："讲授世界历史必须充分注意教学的直观性，世界史的内容包括的时间很长，地域范围又很广，因此必须运用形象化的讲述方法来唤起学生的想象。"2000年《九年义务教育全日制初级中学历史教学大纲（适用修订版）》明确提出："启发学生对历史事物进行想象、联想和初步的分析、综合、比较、概括等认知活动，对有关的历史问题进行简要的评述，培养学生的历史思维能力。"[①]2001年颁布的《全日制义务教育历史课程标准（实验稿）》明确把"形成丰富的历史想象力"作为能力目标之一。[②]同时，教育部基础

---

① 课程教材研究所编：《20世纪中国中小学课程标准·教学大纲汇编·历史卷》，第28、31、172、715页。

② 中华人民共和国教育部：《全日制义务教育历史课程标准（实验稿）》，北京：北京师范大学出版社，2001年，第4页。

教育司组织、历史课程标准研制组编写的《全日制义务教育历史课程标准解读（实验稿）》中把想象力作为历史学科能力之一，认为历史学科能力"包括观察力、记忆力、思维力、创造力"①，并简要地勾勒了想象力与认知能力、创造能力和阅读能力的关系。这意味着真正确立了"历史想象力"在中国历史教育中的地位。②英美两国的历史课程标准亦将"神入"写入课标，2007年新修订的英国国家历史课程标准在第二学段（7岁—11岁）对历史神入有要求："了解所研究时期与社会的主要特征，包括历史上男性、女性与儿童的观念、信仰、态度和经历。"第三学段（11岁—14岁）也有类似要求："描述并分析各个时期与社会的典型特征（包括历史上的男性、女性和儿童的实践和观念、信仰与态度）之间的联系。"1994年美国颁布的历史学科国家课程标准中，对5—12年级的"历史理解"能力目标这样规定："富有想象力地阅读历史叙述，考虑叙述所展示的人物个性：他们可能的动机、希望、恐惧、性格、优点和缺点。鉴赏历史观点：①通过从文学作品、日记、信件、艺术、文物及其他东西中反映出来的当时人的眼光和经历，用专业术语来描述历史；②避免'从现在出发的主观臆断'，不要只从今天人们的价值观来裁判过去。""想象历史的影响，既包括以往决策的局限性，也包括可能出现的机遇。"加利福尼亚州的《历史与社会科学课程标准》中，历史学习领域的第一条要求就是发展研究技能和历史神入的意识，具体要求："在历史学习中，学生应该认识到：历史学习包括对过去进行富有想象力的重构。更理想的结果是，学生应该有一种身临其境的意识，并意识到历史事件处于悬而未决的状态，当时的人们不知道事件的最终结局将是怎样的。通过运用原始资料，诸如历史文献

---

① 朱汉国、王斯德主编：《全日制义务教育历史课程标准解读（实验稿）》，北京：北京师范大学出版社，2002年，第157页。
② 王世光：《"想象"何为——对现行义务教育历史课程标准的反思》，《历史教学》（中学版）2007年第5期。

和历史模型,学生能够重构过去以及人们的思想和行为。通过他们对原始资料的分析,学生逐渐深入理解了事件以及经历事件的人们。在每个学段,历史学习都应该鼓励学生站在历史当事人的角度去分析问题,以帮助发展学生一种历史神入的意识。学生应该理解,每个历史事件都是发生在特定的历史背景之中的,还应该认识到历史上不同时空的文明具有许多共同的特征,也有它们自身的独特方面。"[1]既然中外历史课标都如此重视想象问题,那么讨论一下此问题就显得非常必要了。

关于历史教学中历史想象问题,中学历史学界已有多篇文章讨论,如:谈历史想象力在历史教学中具有的重要作用;"神入"历史教学的案例分析;历史教学中如何运用历史假设的;历史假设能不能在历史教学中使用;如能使用,它合理性的基础在哪里;历史想象在命题中应注意哪些问题;等等。这些文章大致肯定了想象在历史教学中的重要作用,并认为想象不是随意的,而是戴着镣铐跳舞,应该注意使用历史想象的合理性。冯一下的《试论历史想象的基本原则》一文认为历史想象是历史思维的一种特殊形式,进而提出"选择想象对象时,要重视细节原则和价值原则;运用各种方法进行想象时,要把握证据原则和逻辑原则;表述想象情景时,要体现模糊原则"[2]。这些讨论大大推进了中学历史教学中历史想象的研究。

而关于中学历史教学中想象的类型,亦有学者讨论过。如王世光的《历史教科书的"想象"之维》认为教科书在叙事方面可以运用形象推演、虚构性的想象和具有史料性的文学想象,激发学生的想象力;在活动设计方面,教科书可以围绕文献资料、故事和历史剧、反事实想象设计活动,加强学生的想象力;在图像运用方面,教科书可以运用想象画和文物

---

[1] 转引自陈新民:《"神入"在英美两国历史教学中的运用》,《全球教育展望》2010年第5期。

[2] 冯一下:《试论历史想象的基本原则》,《中学历史教学》2016年第1期。

图像等，提升学生的想象力。①冯一下的《历史想象与历史教学》提出历史教学中的想象有：借助相关史料进行想象，根据历史人物的作品（言论）想象，依据历史人物的身份性格想象，依据常识想象，参照类似情景想象，在历史推断的基础上想象，转换角度想象，根据自己的生活经验进行想象。②两位学者的讨论都是积极、有意义的，对历史想象的讨论走向深层次，他们所言的想象类型似可并入笔者上文的讨论中。因此，本章将尝试去历史教科书中寻觅本书所述四种想象的类型，略备中学历史教学中想象类型分类的一种说法，以此说明历史想象在历史书写中的普遍性，并希冀更多学者参与历史想象这一课题的讨论。此外，关于中学历史教学学术界的讨论还存在一些问题，这里尝试提出来，以供参考。

第一，装饰性的历史想象。我们以赵高的"指鹿为马"这个典故为例。《史记》原文是这样的：

> 持鹿献于二世，曰："马也。"二世笑曰："丞相误邪？谓鹿为马。"问左右，左右或默，或言马以阿顺赵高。或言鹿，高因阴中诸言鹿者以法。③

华东师范大学出版社出版的历史教科书中是这样书写这段文字的：

> 有一天，赵高献一头鹿给秦二世，他指着鹿说："这是我献给陛下的一匹马！"秦二世笑着说："丞相跟我开玩笑吧？这明明是一头鹿，怎么说是一匹马！"赵高蛮横地说："谁敢同陛下开玩笑！这明明是一匹马。你要不信，请问别人。"赵高的亲信和讨好赵高的一部分臣子，都说是马；一部分臣子害怕赵高的威势，也随声附和，较多的则默不作声；少数正直的臣子实说是

---

① 王世光：《历史教科书的"想象"之维》，《课程·教材·教法》2007年第10期。

② 冯一下：《历史想象与历史教学》，《历史教学》（中学版）2011年第17期。

③ 《史记》卷六《秦始皇本纪》，第273页。

鹿，但不久都被赵高杀害。①

这种想象在历史教科书中经常见到，如教科书中用白话文书写的"叔孙通制礼""公孙贺拒受印""垓下之围""风声鹤唳"等。②

第二，非事实的历史想象。这类例子在历史教学中也非常多，如："如果宋神宗多活几年，王安石变法会成功吗？"③"假如没有商鞅变法，秦国能统一六国吗？"④"假设没有萨拉热窝事件，第一次世界大战会爆发吗？"⑤"假如袁世凯没有要求当大总统，辛亥革命的进程会怎样？""假设林则徐没有去禁烟，中国近代史将会怎样发展？""假如清军不入关，李自成农民起义军会不会建立起全国统一的政权？"⑥"如果中国的好东西不传到欧洲去，中国不就比欧洲先进了吗？"⑦"假如秦始皇没有统一文字、货币、度量衡，秦朝会是怎样一种社会状况？""假如没有四大发明，我们现代生活会有哪些不便？"

第三，填补空白处的历史想象。关于庞涓是如何死的，《史记·孙子吴起列传》说："庞涓自知智穷兵败，乃自刭，曰：'遂成竖子之名'！"这是说庞涓自杀。如果庞涓自杀，司马迁怎么可能知道庞涓所说

---

① 王斯德：《中国历史·初中一年级（七年级）上》，上海：华东师范大学出版社，2001年，第50页。

② 王世光：《历史教科书的"想象"之维》，《课程·教材·教法》2007年第10期。

③ 张明智：《如果宋神宗多活几年，王安变法会成功吗》，《历史教学》（中学版）2003年第5期。

④ 孙元池：《浅谈历史假设在初中历史教学中的作用》，《中学历史教学参考》2017年第4期。

⑤ 彭虹媛：《中学历史"假设教学"方法探讨——以"第一次世界大战"为例》，《中学历史教学参考》2015年第11期。

⑥ 张一平：《初中历史新课程教学法》，北京：首都师范大学出版社，2007年，第107页。

⑦ 韩春玲：《如果中国的好东西不传到欧洲去，中国不就比欧洲先进了吗？——研究性学习案例》，《历史教学》（中学版）2004年第7期。

的"遂成竖子之名"？如果认为司马迁所说不合理，就可推测庞涓如何被杀。《史记·白起王翦列传》记长平之战赵括的结局："秦军射杀赵括"。这是推测。而对于被射杀的场景，则是想象，《史记·孙子吴起列传》说"齐军善射者万弩，夹道而伏"。庞涓被射杀这一事件中，射杀是推测，万箭齐发则是想象。这种推测想象则是填补历史空白的想象。又如，《汉书·张骞传》记载，张骞第一次出使西域，被匈奴拦截并"予妻"让其成家。后张骞与其下属逃离匈奴，到达大月氏，因不得月氏"要领"，只得返回，再次为匈奴截留。一年后，趁匈奴内乱，"骞与胡妻及堂邑父俱亡归汉"。关于张骞和胡妻的婚姻状况，班固没有描述，因此，这期间的空白和裂缝可以由史学家想象。胡妻是一位善良美丽的匈奴姑娘，她深爱张骞，理解和支持他的事业，为此，她心甘情愿地献出了一切。[1]

第四，建构性的历史想象。关于昭君出塞这一历史事件，教科书经常书写其"为汉匈两大民族的友好相处和交流，作出了重要贡献"，并记昭君和亲后"边城晏闭，牛马布野，三世无犬吠之警，黎庶无干戈之役"[2]。这是将昭君出塞书写为一幕喜剧。但同时，我们知道，王昭君是楚人，入宫后因为被冷落，"积悲怨，乃请掖庭令求行"，《汉书》《后汉书》皆记载明确，昭君是负气走的。那么，昭君去匈奴，她是否能适应匈奴的生活习惯、社会习俗？这些《汉书》《后汉书》都没有记录，但我们可以根据汉族人的生活习惯、社会风俗填补以下历史的空白。想象可知，她必须面对游牧民族的食物，大漠风沙是不可避免的，满脸细沙一定会使她沮丧。今后的生活习惯也不同于过去，更不能容忍的是，老单于死后，小单于要娶她为妻。昭君上书求归，汉成帝命其"从胡俗"。昭君只活到33岁。她留下的诗句"高山峨峨，河水泱泱，父兮母兮，道路悠长，呜呼哀

---

[1] 冯一下：《历史想象与历史教学》，《历史教学》（中学版）2011年第17期。
[2] 人民教育出版社历史室编：《中国历史教学指导与参考　第一册（一年级用）》，北京：人民教育出版社，1992年，第113页。

哉，忧心惙伤"，反映了昭君内心的凄凉、无助和绝望。①同一个昭君，因为不同的主题，构建出来两种完全不同的形象。又如，在近百年的历史教科书中，黄帝的形象就不断被构建，曾先后出现"建国始祖""民族始祖""人文初祖"三种形象。②

在中学历史教学中，装饰性的历史想象、非事实的历史想象、填补空白的历史想象、建构性的历史想象等都用到了。相比较而言，在一定时期内，情节结构构建的想象在中学历史教学有着固定的表现形式。这是因为，中学历史教学有其特殊性，它承载着历史教育的功能。比如，通过普通高中历史课程的学习，不仅希望拓宽学生的历史视野，发展历史思维，提高历史学科核心素养，更重要的是"能够从历史发展的角度理解并认同社会主义核心价值观和中华优秀传统文化，认识并弘扬以爱国主义为核心的民族精神和以改革创新为核心的时代精神，具有广阔的国际视野，树立正确的世界观、人生观、价值观和历史观，为未来的学习、工作与生活打下基础"③。就像王汎森所言："自从教科书出现以来，读者所读到的不只是历史。在历史叙述中，同时也表现了丰富的政治观念、公民概念、道德概念与对未来的想法等。它们形塑了一代又一代人的理念世界，而历史教科书中所传递的各种理念，远比其他教科书要来的有影响力。"④在这个意义上，"昭君出塞"会被书写成"为汉匈两大民族的友好相处和交流，作出了重要贡献"，而不会被构建书写为昭君生活在异域，内心凄凉，无助绝望。但是，我们也应知道，中学历史教学不仅仅是让学生掌握一点历史知识，知道一些历史故事，而是要启发学生的发散性思维，吸引他们主动学

---

① 《昭君出塞的记载和想象》，《历史教学》（中学版）2011年第7期。
② 王世光：《百年教科书中的三张黄帝面孔》，《中华读书报》2013年2月27日。
③ 教育部基础教育课程教材专家工作委员会、普通高中课程标准修订组：《普通高中历史课程标准》，2017年，第1页。
④ 王汎森：《历史教科书与历史记忆》，见《思想编委会》编：《思想》第9辑《中国哲学：危机与出路》，台北：联经出版事业有限公司，2008年，第137页。

习；也要培养他们提出问题，探究历史的能力；更要培养他们科学的态度，健全的人格。因此，让中学生们了解建构性想象也是非常必要的事情。

由上可知，中学历史学界对历史想象的讨论，已取得很大的成绩，但也存在一些理论问题。笔者归纳如下。

第一，混淆了逻辑推理和想象的区别。如冯一下《历史想象与历史教学》中举过这样一个例子：

> 《史记·吕不韦列传》记载，吕不韦组织各派学者写成《吕氏春秋》后，"布咸阳市门，悬千金其上，延诸侯游士宾客有能增损一字者予千金"。有人应征吗？有人得赏金吗？司马迁没有交代，但我们可以想象。一种想象是：重赏之下，必有勇夫，有人前来"挑刺"，吕不韦讲诚信，如当年商鞅"徙木立信"一样，兑现了赏格。但这与吕不韦的身份、性格不符，因而不是合情合理的想象。另一种想象：无人敢来挑刺，自然无人得到奖赏。因为此时吕不韦身为"相国"，年少的秦王政称其"仲父"，他家僮万人，食客三千，显赫无比，肯定会认为自己主持编写的《吕氏春秋》已十分完备，尽善尽美，怎么可能还有问题呢？高诱在《吕氏春秋·序》中说："诱以为时人非不能也，盖惮相国畏其势耳。"即是按此种思路想象的。[①]

其实，冯文中所言的三处想象并不是想象，而是推理。在有的历史书写中，逻辑推理和历史想象是单独使用的。但在有的历史书写中，逻辑推理和历史想象是混合使用的，两者的适当搭配完成了历史书写。事实上，它们之间是有区别的，逻辑推理是以一种抽象的思维形式运用于历史叙述中的，而历史想象的产物则是历史事件或者场景的具象；此外，在历史书写中，想象比逻辑推理复杂一点，也比推理多了一些东西，即想象中一定

---

① 冯一下：《历史想象与历史教学》，《历史教学》（中学版）2011年第17期。

会有推理，而推理中不必一定有想象。读者可参考第一章第二节的内容。

第二，误解海登·怀特建构性想象理论。如冯一下《历史想象与历史教学》中讲到海登·怀特的建构性想象理论时，谈虎色变。他认为海登·怀特的"历史若文学"的大旗，试图泯灭文、史的界限。随后，冯先生发表了自己的看法：

> 这种观点对我国现阶段的中学历史教学已有影响，帕帕迪、二毛及其"回忆录"、阿牛及其"日记"、出现在某老师《秦王扫六合》一课中的秦代农民秦白劳、儒生破万卷等，即是"历史想象Ⅱ"的产物。"历史想象Ⅱ"的特点一是不仅不要求依托史料，而且认为可以杜撰史料；二是不仅可以虚构历史细节，而且着力虚构至关重要的事件、人物和情景；三是为虚构的东西贴上真实的标签，引导读者以假当真。因此，"历史想象Ⅱ"不是历史想象，而是文学虚构。其实，文学虚构也讲究细节真实，阿Q吃什么，闰土穿什么，必须与他们所处时代相符。从这个角度看，当前历史教学中的某些虚构，比文学艺术的虚构还要虚一些。对此，笔者难以认同。

> 平心静气地说，历史想象也包涵虚构的因素，要把历史想象之虚与文学虚构之虚完全区别开来，也很困难。正因如此，有的学者称被认为是"实录"，但有一定的想象（虚构）因素的《史记》为"历史小说集"。可是，历史和文学毕竟是不同的，即令海登·怀特在说"历史若文学"时，他也知道历史和文学向来不是一回事，只不过他想让二者变成一回事。但当历史和文学一样了，历史学还存在吗？历史课还存在吗？[①]

可见，冯文对海登·怀特的建构性想象理论存在很多误解。海登·怀

[①] 冯一下：《历史想象与历史教学》，《历史教学》（中学版）2011年第17期。

特所说的"历史若文学",并不是认为可用杜撰史料、虚构历史细节或者着力虚构至关重要的事件、人物和情节,以至于为虚构的东西贴上真实的标签,而是说历史学构建想象主题的形式和文学相似,并且海登·怀特自始至终都反对用杜撰史料书写历史。详细辩论这里不再重复,读者可参考第四章的相关内容。

第三,讨论非事实的想象时存在概念不清。如张永谦的《尊重历史:走出"反设事实"的教学误区——有感于〈求真、求实是历史教学的底线〉》,在分析何种历史假设是合理的时候,作者举了三个例子:

1. 恩格斯在《致瓦·博尔吉乌斯德信》中写道:"恰巧某个伟大人物在一定时间出现于某一国家,这当然纯粹是一种偶然现象。但是,如果我们把这个人去掉,那时就会需要另外一个人来代替他,并且这个代替者是会出现的……假如没有拿破仑这个人,他的角色就会由另一个人来扮演。这一点可以由下面的事实来证明:每当需要有这样一个人的时候,他就会出现,如恺撒、奥古斯都、克伦威尔等。"[1]

2. 毛泽东在《中国革命和中国共产党》一文中说:"中国封建社会内的商品经济的发展,已经孕育着资本主义的萌芽,如果没有外国资本主义的影响,中国也将缓慢地发展到资本主义社会。外国资本主义的侵入,促进了这种发展。"[2]

3. 郭沫若在《甲申三百年祭》一文写道:"假使初进北京时,自成听了李岩的话,使士卒不要懈怠而败了军纪,对吴三桂等及早采取了牢笼政策,清人断不至于那样快的便入了关。又假使李岩收复河南之议得到实现,以李岩的深得人心,必能独当一面,把农民解放的战斗转化而为种族之间的战争。假使形成了那

---

[1]《马克思恩格斯文集》(第10卷),北京:人民出版社,2009年,第669页。
[2]《毛泽东选集》(第2卷),北京:人民出版社,1991年,第626页。

样的局势，清兵在第二年绝不敢轻易冒险去攻潼关，而在潼关失守之后也决不敢那样劳师穷追，使自成陷于绝地。假使免掉了这些错误，在种族方面岂不就可以免掉了二百六十年间为清朝所宰治的命运了吗？"①

张文认为，郭沫若在《甲申三百年祭》中对李岩的那一段假设是合理的，他分析道："郭沫若则在遵循农民战争局限性的基础上，从'以史为鉴'的角度，通过'一果多因'的分析，说明李自成占领北京之后，不听李岩的主张，被胜利冲昏头脑，忽略敌人，不讲政策，有些首领生活腐化，发生宗派斗争，最后导致失败的教训。其基本历史前提是——大凡一位开国的雄略之主，在统治一固定了之后，便要屠戮功臣，这差不多是自汉以来每次改朝换代的公例。自成的大顺朝即使成功了（假使没有外患，他必然是成功了的），他代表农民利益的运动早迟也会变质，而他必然也会做到汉高祖、明太祖的藏弓烹狗的'德政'，可以说是断无例外。"②张文认为历史假设应建立在分析因果关系的基础上，为史学鉴戒功能奠定逻辑基础。这个论断是正确的。不过这里忽略了一个问题，即能成立和有意义。所有的历史假设都是有意义的，毛泽东、恩格斯、郭沫若的历史假设都有一定意义，但并不是有意义的历史假设一定成立，郭沫若的这个假设就不成立，读者可参考第三章相关内容。③

---

① 郭沫若：《历史人物》，第183—184页。
② 张永谦：《尊重历史：走出"反设事实"的教学误区——有感于〈求真、求实是历史教学的底线〉》，《历史教学》（中学版）2007年第11期。
③ 单磊认为，李岩其人为子虚乌有，初经懒道人向壁虚造，复为江左樵子等小说家接受、改编和散播而为世人传信，并经吴伟业、计六奇等史学家"史籍化"处理而成为"史籍人物"，继被《明史》列为"正史人物"。郭沫若的李岩想象主要凭借计六奇《明季北略》中的叙述。参见单磊：《计六奇的李岩叙述与郭沫若的李岩想象》，《近代史学刊》2015年第13辑。

结　语

说到历史想象，一般而言，实证主义史学家可能对之都嗤之以鼻，甚至根本不愿谈起。因为在他们看来，自己的研究是"有一份材料说一分话，没有材料不说话"。当你告诉他，他的某项研究中包含有想象的成分，他会认为这是对他研究的否定，甚至是一种侮辱、亵渎或者不尊重。但通过书中的学术史回顾以及本书的研究会发现，历史想象无处不在，甚至在那些非常有名的考据学者的研究中亦可找到案例。因此，正视并研究历史想象尤为重要。

本书的研究属于历史认识论问题，通常来说，首先得弄清何谓历史想象。对于历史想象是什么，国内外学者都有过明确的定义。但这些定义或简单，或涵盖不够，或未击中要害。在历史书写中，与历史想象有密切关系的概念是历史记忆、逻辑推理和文学虚构，只有搞清楚这几个概念以及其与历史想象的联系和区别，才有助于理解叙事中的历史想象是什么。笔者认为，历史想象，即研究历史时，在学术界研究成果的基础上，史学家根据自身的生活阅历、研究经历以及整个人类的生活经验，在历史事件体验、移情、理解的基础上，建构起一张动态的、形象的历史画面，并尽可能地给出一个合理的或者合逻辑的诠释。关于历史书写中想象的分类，中外学者也都有过分类，分类有同有异。这些分类略显混乱，且又有重复。以"求同存异"为原则，书中按照想象的功能将历史想象分为四类：第一，装饰性的历史想象；第二，非事实的历史想象；第三，填补空白处的历史想象;第四,建构性的历史想象。书中依次展现历史书写中想象的这四种类型,分别讨论每类历史想象所面临的理论困境。上述主题为笔者博士论文主要关注的问题。新增第六章为对中学历史教学中想象问题的讨论,以求全面覆盖所有的历史书写中的想象。由于历史书写中的想象,不仅涉及传统历史学讨论的问题,而且涉及文学、语言学、后现代的相关理论。因此,在讨论中,就必须首先弄清核心概念的原意是什么,核心概念之间的区别和联系,否则极易陷入概念混乱的陷阱。一旦陷入进去,所讨论的问题会越来越模糊,也越来越没有说服力。笔者之所以在本书的开始就讨论清楚历史想象与历史记忆、逻辑推理、文学虚构之间的区别以及关系,着眼点即在此。与此同时,要对西方的一些理论有真正准确的认识,不能因为他们一句极端的话语,我们就以更极端的方式予以彻底否定,而应该看到它的合理性。不管是讨论历史书写中何种历史想象的类型,还是讨论其面临的理论问题,书中以大量的例子为依托来加以说明,希冀达到事理融合且能清楚易懂地表达己意。理论研究易流于空疏,让人感觉不接地气。就像张耕华所言:"理论研究者与一般学者之间难以交流沟通,恐怕是中外学术界普遍存在的现象。一般的历史学者认为,史学理论的这种研究,有故弄玄虚之嫌,不仅无益,反而有害,甚至是人为地把问题复杂化。而理论学者则像法国哲学家雷蒙·阿隆所表达的那样:大多数的历史学家还没能走出康德所说的'教条式的昏睡',他们没能意识到自己学科里的问题。这种沟通、交流上的隔阂,就中国史学界而言,在进入新世纪之后,好像也未见得有什么改观。"[①]因此,本课题虽属于史学理论问题,但此书即尝试沟通理论研究者和实践史学家之间的鸿沟,从资料里来到资料里去,以例子说明理论,章学诚的"古人未尝离事而言理"仍然值得借鉴。

---

① 张耕华:《历史哲学引论》(增订本),引言第1页。

参 考 文 献

一、著作

[1] 托波尔斯基. 历史学方法论[M]. 张家哲，等译. 北京：华夏出版社，1990.

[2] 何兆武. 历史理论与史学理论：近现代西方史学著作选[M]. 北京：商务印书馆，1999.

[3] 张文杰. 历史的话语：现代西方历史哲学译文集[M]. 桂林：广西师范大学出版社，2002.

[4] 陈启能、倪为国. 书写历史[M]. 上海：上海三联书店，2003.

[5] 怀特. 后现代历史叙事学[M]. 陈永国，张万娟，译. 北京：中国社会科学出版社，2003.

[6] 伊格尔斯. 二十世纪的历史学：从科学的客观性到后现代的挑战[M]. 何兆武，译. 沈阳：辽宁教育出版社，2003.

[7] 余英时. 史学、史家与时代[M]. 桂林：广西师范大学出版社，2004.

[8] 怀特. 元史学：十九世纪欧洲的历史想像[M]. 陈新，译. 南京：译林出版社，2004.

[9] 克罗齐. 历史学的理论和历史[M]. 田时纲，译. 北京：中国社会科学出版社，2005.

[10] 吕森. 历史思考的新途径[M]. 綦甲福，来炯，译. 上海：上海人民出版社，2005.

［11］杜维运. 史学方法论［M］. 北京：北京大学出版社，2006.

［12］布洛赫. 历史学家的技艺［M］. 张和声，程郁，译. 北京：中国人民大学出版社，2006.

［13］柯林武德. 历史的观念［M］. 何兆武，译. 北京：商务印书馆，2007.

［14］多曼斯卡. 邂逅：后现代之后的历史哲学［M］. 彭刚，译. 北京：北京大学出版社，2007.

［15］帕克蕾丝-伯克. 新史学：自白与对话［M］. 彭刚，译. 北京：北京大学出版社，2007.

［16］李剑鸣. 历史学家的修养和技艺［M］. 上海：上海三联书店，2007.

［17］李振宏，刘克辉. 历史学的理论与方法［M］. 郑州：河南大学出版社，2008.

［18］卡尔. 历史是什么？［M］. 陈恒，译. 北京：商务印书馆，2008.

［19］戴维斯. 马丁·盖尔归来［M］. 刘永华，译. 北京：北京大学出版社，2009.

［20］张耕华. 历史哲学引论：增订本［M］. 上海：复旦大学出版社，2009.

［21］彭刚. 叙事的转向：当代西方史学理论的考察［M］. 北京：北京大学出版社，2009.

［22］陈新. 历史认识：从现代到后现代［M］. 北京：北京大学出版社，2010.

［23］王汎森. 近代中国的史家与史学［M］. 上海：复旦大学出版社，2010.

［24］余英时. 现代学人与学术［M］. 桂林：广西师范大学出版社，2011.

［25］怀特. 话语的转义：文化批评文集［M］. 董立河，译. 郑州：大象出版社，2011.

［26］朗格诺瓦，瑟诺博司. 历史研究导论［M］. 李思纯，译. 北京：中国

人民大学出版社，2011.

[27] 弗格森. 虚拟的历史 [M]. 颜筝，译. 北京：中信出版社，2012.

[28] 孔飞力. 叫魂：1768年的中国妖术大恐慌 [M]. 陈兼，刘昶，译. 北京：生活·读书·新知三联书店，2012.

[29] 斯坦福. 历史研究导论 [M]. 刘世安，译. 北京：世界图书出版公司，2012.

[30] 李怀印. 重构近代中国：中国历史写作中的想象与真实 [M]. 岁有生，王传奇，译. 北京：中华书局，2013.

二、论文

[31] 杨周翰. 历史叙述中的虚构：作为文学的历史叙述 [J]. 当代，1988（29）.

[32] 杜维运. 可以看到听到的历史 [J]. 政治大学历史学报，1991（8）.

[33] 周建漳. 历史与假设 [J]. 史学理论研究，1994（3）.

[34] 周振鹤. 假如齐国统一天下 [J]. 二十一世纪，1995（2）.

[35] 田余庆. 《代歌》《代记》和北魏国史：国史之狱的史学史考察 [J]. 历史研究，2001（1）.

[36] 斯通. 历史叙述的复兴：对一种新的老历史的反思 [M]. 古伟瀛，译 // 陈恒，耿相新. 新文化史. 郑州：大象出版社，2005.

[37] 陈俊良. 历史的制作与想像：唐初与南宋对"淝水之战"在诠释上的不同 [J]. 史学汇刊，2003（18）.

[38] 王汎森. 历史方法与历史想象：余英时的《朱熹的历史世界》[J]. 刘东. 中国学术，2004（2）.

[39] 周建漳. 历史与故事 [J]. 史学理论研究，2004（2）.

[40] 陈新. 历史·比喻·想象：海登·怀特历史哲学述评 [J]. 史学理论研究，2005（2）.

[41] 张耕华.试论历史叙事中的想象问题[J].史学理论研究，2005（4）.

[42] 彭刚.叙事、虚构与历史：海登·怀特与当代西方历史哲学的转型[J].历史研究，2006（3）.

[43] 李友东.历史想象与历史假设的理论与实践尝试[J].历史教学：中学版，2007（6）.

[44] 王世光.历史教科书的"想象"之维[J].课程·教材·教法，2007（10）.

[45] 赵庆云.也说历史研究中的"假设"问题[J].近代史研究，2008（1）.

[46] 伊格尔斯.介于学术与诗歌之间的历史编纂：对海登·怀特历史编纂方法的反思[J].王贞平，译.史学史研究，2008（4）.

[47] 王东.从学术传统看史学与文学的关系[J].学术研究，2009（3）.

[48] 张小忠.叙述的主体间性：历史想象与文学纪实[J].学术研究，2009（3）.

[49] 冯一下.历史想象与历史教学[J].历史教学：中学版，2011（17）.

[50] 骆扬.史事与想象：《左传》叙事的一种张力[J].北京师范大学学报：社会科学版，2013（4）.

[51] 顾晓伟.试析历史事实、历史推论与历史想象的关联：以布莱德雷和柯林武德的历史哲学为讨论中心[J].史学月刊，2014（1）.

[52] 金嵌雯.西方史学思想中的历史想象观念探析[J].史学月刊，2021（6）.

[53] 许津桥.历史想像与社会结构：评黄仁宇的《万历十五年》[M]//社会理论与政治实践.台北：圆神出版社，1987.

[54] 张元.谈想像力在历史教学中的作用[M]//"人文及社会学科教育指导委员会".历史科教学研究.台北：幼狮文化事业公司，1993.

[55] 江政宽.历史、虚构与叙事论述：论黄仁宇的《万历十五年》[M]//卢建荣.文化与权力：台湾新文化史.台北：麦田出版社，2001.

后　　记

　　2009年，教育部推出了全日制专业硕士，搭着此股春风，我进入华东师范大学研究生面试。当年面试入围的人数比较多，规则是先录取学术型硕士，后再择优录取专业型硕士。我本科所学为哲学，因此就报了张耕华老师的硕士研究生，蒙张老师不弃，如愿跟随张老师读研究生。

　　在研究生一年级时，读陈启能先生、倪为国先生主编的《书写历史》（第1辑）中格奥尔格·G.伊格尔斯的《学术与诗歌之间的历史编纂：对海登·怀特历史编纂方法的反思》和海登·怀特的《旧事重提：历史编纂是艺术还是科学》两篇文章后，根据当时所想，撰写了一篇读书笔记，交给张老师，张老师看后说："历史想象"蛮有意思，你的硕士论文可以做这个。此后七八年，我就围绕着"历史想象"进行探索。2012年5月，完成硕士论文《论历史想象》，此文更多是在哲学意义上的讨论，浅尝辄止，不够深入。研究生毕业后，本计划跟随张老师继续读博，但张老师说他要退休了，不再带博士生，于是将我推荐到胡逢祥老师处读博。胡老师允许我继续深入探索这一课题，并给了我绝对的自由，任由我发挥。

　　张老师有个习惯，每周三叫学生来办公室聊天，聊聊论文，聊聊学习，聊聊生活，我读博后继续参与，写好的论文也常请张老师修改。读博不久，在一次聊天中，张老师基本确定了我文章的框架结构，他带来一张纸条，将想象分为五种：连接、文学、结构、反事实、揭示历史隐蔽处。虽然后来在实际的写作中，有些许调整，但主要内容没有变化。又因为硕士论文写得太过哲学化，张老师专门在一次聊天中讲如何去写历史学的论文。他以第一章"历史想象是什么"为例做了解释，从生活中切入问题，讲历史想象和记忆的多重关系：有材料的想象，没有材料的想象；有史实依据的想象，没有史实依据的想象；有直接证据的想象，有间接证据的想象；等等，并且还指出应该具体读哪些书。其实，第一章中的有些观点完全是张老师提出的，我不过是加了些材料而已。

2014年始，我的研究兴趣慢慢转向搜集杨宽先生的文献。2014年3月至2014年7月，我受华东师范大学资助，赴台湾政治大学访学，此访主要寻找与博士论文及杨宽先生相关的材料。回来后，我将所搜集到的材料补充进已写好的论文，2014年底，我的博士论文基本完成。2015年起，我则多次到上海市档案馆、上海市图书馆查询杨宽先生的各种材料，收获颇丰。2016年初，我将论文初稿发给胡老师，请胡老师审阅。1月6日，胡老师回信，他认为"全文逻辑关系把握可以，条理也基本清楚"，要我特别注意例证的选择、引文的核对，还提出文中"在谈论史实和加入主观想象之间关系时，有时因侧重不同，会给人一种失衡的感觉"。此后，我就胡老师的意见进行了充分吸收。5月，博士论文顺利通过盲审，专家意见较好。

2016年5月，华东师范大学史学理论与史学史教研室一共有6位博士顺利毕业，规模比较大，感谢参与答辩的主席张广智老师、委员陈勇老师。张广智老师，温厚和善，循循善诱，谦虚治学，所著《西方史学史》修订多版，学习史学史的无人不读，成为学术界的畅销书；陈勇老师，治学严谨，平易近人，关爱学生，出版专著《钱穆传》《钱穆与20世纪中国史学》，是国内外钱穆史学研究的名家。华东师范大学史学理论与史学史教研室有这么多博士，得益于教研室雄厚的师资力量。已故朱政惠老师研究海外中国学，热心提携后学，常年在国外找材料，创办了海外中国学研究中心；胡逢祥老师研究中国近现代史学史，以史学流派研究见长，兼及李平心史料的整理；邬国义老师擅长考据，能以极小的问题为切口，"左右逢源"地使用各种史料，兼及吴泽史料的整理；张耕华老师研究历史哲学，兼及吕思勉史料的整理与研究；路新生老师研究历史美学，犹记得烟雾缭绕的教研室，章学诚、钱锺书的美学思想从他口中娓娓道来；房鑫亮老师擅长整理文献，治学严谨，在办公室带领学生读整理本王鸣盛的《十七史商榷》，指出哪些整理是正确的，哪些整理是有问题的，是《王国维全集》的主编之一；王东老师，态度谦和，乐于提携后学，善于思辨，理论性强，兼及客家学研究，是《中国近代史学文献丛刊》主编；李孝迁老师研究域外史学在中国的传播，治学严谨，所写文章能见人所未见的材料，视角独特，兼及中国近代史学文献的整理，也是《中国近代史学文献丛刊》主编。总之，重视新史料的搜集和整理，是教研室老师们共同关心的话题，而这对学生也有潜移默化的影响。老师们数十年如一日，在自己研究的领域，精耕细作，结出了丰硕的果实。毕业后，老师们依旧给予学生源源不断的鼓励、支持和帮助。

本书主体为我的博士论文，因是对历史想象问题的初论，题目遂由《论叙事中的历史想象》改为《历史想象概论》。结构上，第三、四、五章有较大调整，在细节上也有一些修改。2020年始，因指导学科教学（历史）的研究生，又将历史教学中的想象纳入，增加第六章"中学历史教学中的想象"，以此更充分、更完整地覆盖所有的历史书写，此章由王晓瑜撰写。

本书序由张耕华老师撰写，能够入门并进入史学研究，张老师是我的领路人，对我的影响和帮助最大。他的专著《历史哲学引论》由复旦大学出版社2004年出版，增订本于2009年出版。2020年，又在增订本的基础上补充了不少内容，改名为《历史学的真相》，由东方出版社出版。在书中，张老师谦虚地说，他的书是一本史学理论入门书，可作为初学者的"一种门径和阶梯"。张老师的史学理论研究在学界有着自己鲜明的特点，独树一帜。张老师常讲，写史学理论文章要有案例，如此所写的文章才带有实证性，而不是空谈。虽然所写的是理论文章，但张老师也有着深深的现实关怀，这种现实关怀更多的是批评性的、反思性的。我尝试模仿张老师的治史方法，奈何水平有限，学不到精髓，只学到点皮毛。张老师温文尔雅，不喜社交，淡泊名利，有博雅君子之风。无论是在学问还是在道德修养上，张老师都是我学习的楷模。

本书得以顺利出版，感谢陕西省社科联合会的社科著作出版资助，感谢延安大学研究生院教材建设经费支持。感谢陕西师范大学出版总社的编辑，他们认真、负责，提出了诸多宝贵的修改意见。最后，特别感谢我的家人为我提供坚强有力的后勤保障。

由于学识有限，书中难免有不成熟或者错误的地方，敬请读者朋友们批评指正。